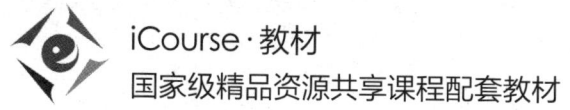

运动生物化学

主　编　林文弢
副主编　翁锡全　孟　艳

高等教育出版社·北京

内容提要

本教材是在国家级精品资源共享课"运动生物化学"的基础上,参考国内外多个版本的《运动生物化学》教材和相关研究成果,结合近年来的教学经验和科研成果编写而成的。全书共分为8章,包括绪论、人体化学组成与健康和体能、运动时人体的无氧代谢供能过程、运动时人体的有氧代谢供能过程、运动训练的生物化学原理、运动训练方法的生物化学分析、运动训练监控的生物化学分析、运动训练适应与效果的生物化学评定。本教材可作为体育院校和师范院校体育教育专业、运动训练专业和武术与民族传统体育专业的教材,也可供体育科研人员、教练员、运动员及相关人员学习和参考。

图书在版编目(CIP)数据

运动生物化学 / 林文弢主编. --北京:高等教育出版社,2019.1

ISBN 978-7-04-050998-4

Ⅰ. ①运⋯ Ⅱ. ①林⋯ Ⅲ. ①运动生物化学-高等学校-教材 Ⅳ. ①G804.7

中国版本图书馆 CIP 数据核字(2018)第 262521 号

运动生物化学
Yundong Shengwu Huaxue

| 策划编辑 | 王 曼 | 责任编辑 | 王 曼 | 封面设计 | 张 志 | 版式设计 | 徐艳妮 |
| 插图绘制 | 于 博 | 责任校对 | 张 薇 | 责任印制 | 陈伟光 | | |

出版发行	高等教育出版社	网 址	http://www.hep.edu.cn
社 址	北京市西城区德外大街 4 号		http://www.hep.com.cn
邮政编码	100120	网上订购	http://www.hepmall.com.cn
印 刷	北京印刷集团有限责任公司印刷一厂		http://www.hepmall.com
开 本	787 mm × 960 mm 1/16		http://www.hepmall.cn
印 张	14		
字 数	250 千字	版 次	2019 年 1 月第 1 版
购书热线	010-58581118	印 次	2019 年 1 月第 1 次印刷
咨询电话	400-810-0598	定 价	32.00 元

本书如有缺页、倒页、脱页等质量问题,请到所购图书销售部门联系调换
版权所有 侵权必究
物 料 号 50998-00

前　言

随着社会的进步和经济的发展，"科学运动""健康第一"等现代体育观已深入人心。科学运动，不仅能强身健体，也能防病治病、延年益寿。运动生物化学是运动人体科学的基础学科之一，其主要是从分子水平和基因水平揭示运动的本质和规律，探索和了解运动过程中物质代谢和能量代谢的规律，以阐明体育锻炼的原理，为运动训练和体育锻炼提供科学的方法，为全民健身、防病治病、增强体质提供理论依据。

近年来，运动生物化学在机体代谢特点与运动训练监控、基因技术与运动能力、运动员科学选材、细胞信号转导与运动适应机理、神经-内分泌-免疫网络理论与运动时代谢调节等方面取得了较大进展，广泛应用于我国高水平运动员的运动训练，取得了丰硕的成果。

本教材从运动生物化学的原理出发，以人体基本化学组成为基础，以运动时能量代谢和物质代谢为核心，阐述运动训练和体育锻炼时的生物化学变化，论述竞技体育和全民健身的生物化学基础，介绍提高运动训练水平，提高人体体质的生物化学原理、方法与效果评定等，同时简单介绍慢性病患者体育锻炼的生物化学原理及锻炼方法。

本教材是在国家级精品资源共享课"运动生物化学"的基础上，参考国内外多个版本的《运动生物化学》教材和相关研究成果，结合近年来的教学经验和科研成果编写而成的。在内容顺序安排方面，本教材注意前后知识的铺垫和衔接，以求知识的循序渐进，有利于学生逻辑思维的训练。在阐述运动生物化学基本理论的基础上，本教材重点介绍运动生物化学的最新进展和应用。全书共分为 8 章，主要介绍人体化学组成及运动物质代谢和能量代谢的特点和规律，阐述运动能力的生物化学基础，分析运动训练和体育锻炼的生物化学原理，此外还介绍了提高运动能力的训练方法和提高体质健康的体育锻炼方法的生物化学分析，以及运动负荷的生物化学评定、训练适应生物化学分析、训练效果生物化学评定等。本教材在介绍运动生物化学基本理论和基本技术的同时，还与时俱进地介绍了运动生物化学的新进展和新技术，体现了教材的科学性、时代性和实用性，使学生能够学以致用，更好地为体育运动实践服务。

本教材可作为体育院校和师范院校体育教育专业、运动训练专业和武术与民族传统体育专业的教材，也可供体育科研人员、教练员、运动员及相关人员研习和参考。

前言

  本教材由林文玭、翁锡全和孟艳共同完成。教材完成后,虽经多次研究、讨论、征求意见,但由于收集资料的局限性,所以书中难免存在不足之处,敬请各位同行斧正。

编 者

2018 年 8 月

目　　录

绪　论 ··· 1
 第一节　运动生物化学的学科发展 ·· 2
 第二节　运动生物化学的研究内容及展望 ··· 7
 第三节　运动生物化学与其他学科的关系 ··· 12
 第四节　运动生物化学的学习方法 ·· 14

第一章　人体化学组成与健康和体能 ·· 16
 第一节　人体化学组成概述 ·· 17
 第二节　蛋白质与健康和体能 ·· 18
 第三节　脂类与健康和体能 ·· 24
 第四节　糖类与健康和体能 ·· 30
 第五节　水、无机盐与健康和体能 ·· 34
 第六节　核酸及其化合物与健康和体能 ·· 38
 第七节　酶、维生素、激素与健康和体能 ··· 42

第二章　运动时人体的无氧代谢供能过程 ·· 53
 第一节　运动时物质和能量代谢 ··· 54
 第二节　运动时磷酸原的代谢 ·· 58
 第三节　运动时糖酵解供能过程 ··· 64

第三章　运动时人体的有氧代谢供能过程 ·· 71
 第一节　运动时糖有氧代谢与运动能力 ·· 72
 第二节　运动时脂肪有氧代谢供能过程 ·· 75
 第三节　运动时蛋白质有氧代谢 ··· 85
 第四节　运动时物质代谢的关系 ··· 94

第四章　运动训练的生物化学原理 ··· 98
 第一节　运动时骨骼肌的能量供应系统 ·· 99
 第二节　运动性疲劳的生物化学分析 ··· 105
 第三节　过度训练的生物化学特点 ·· 112
 第四节　运动中物质恢复的生物化学特点与应用 ··································· 116
 第五节　运动训练计划制订的生物化学原则 ··· 120

第五章　运动训练方法的生物化学分析 ··· 124
 第一节　运动训练方法监控的生物化学基础 ··· 125

第二节　磷酸原供能系统能力训练的生物化学分析 …………… 127
　　第三节　糖酵解供能系统能力训练的生物化学分析 …………… 132
　　第四节　有氧代谢供能系统能力训练的生物化学分析 ………… 138
第六章　**运动训练监控的生物化学分析** ……………………………… 152
　　第一节　运动训练的生物化学监控概述 ………………………… 153
　　第二节　运动训练监控常用生物化学指标 ……………………… 158
　　第三节　运动训练的生物化学监控方法与原则 ………………… 182
第七章　**运动训练适应与效果的生物化学评定** ……………………… 191
　　第一节　运动训练适应的生物化学特点 ………………………… 192
　　第二节　力量训练和速度训练效果的生物化学评定 …………… 196
　　第三节　速度耐力训练效果的生物化学评定 …………………… 203
　　第四节　有氧耐力训练效果的生物化学评定 …………………… 207
参考文献 ……………………………………………………………………… 215

绪 论

绪 论

在当今高度发达的体育领域里，运动生物化学无时不有，无时不在；运动生物化学知识，无处不用。特别是我国推行并实施的"奥运争光"和"全民健身"两个新计划，使运动生物化学更显示出前所未有的潜力。无论是体育运动行政管理人员、体育科研人员、教练员和运动员，还是普通老百姓，对运动生物化学在运动中的作用都有比较深刻的体会。运动生物化学渗透到体育运动实践各个层级之中，运动员科学选材、运动训练科学化、体育锻炼科学化、运动负荷的评定、身体机能的评定、训练效果的评定、运动损伤的诊断、运动营养的调配和运动性疲劳的检测等，均与运动生物化学有着十分密切的关系。可见，运动生物化学是体育科学中必不可少的专业基础学科。

第一节 运动生物化学的学科发展

运动生物化学是生命机体不可或缺的表现形式，是人类生存精神的一种物化体现，也是人类实现挑战自我的一种重要方式。运动生物化学是生物化学的分支，是体育科学中的应用基础性学科。

一、运动生物化学的概念

地球上的动物千姿百态，种类繁多，但它们均是由各种化学物质组成的；生物界的生命活动形形色色，有动有静，走跳腾跃，但物质代谢和能量代谢均有规律可循。研究生物体的化学组成，生物分子的结构与功能，物质代谢及调控的科学就是生物化学。生物化学是研究生命的科学，它从分子水平和化学组成变化的深度阐明生命活动的机理。然而，生物化学的研究对象几乎是静态的。当人体从静态转入动态时，体内的化学组成及物质代谢将发生更大的变化。因此，运动生物化学与其他生物化学既有着联系，又有着区别，其是从分子水平上研究运动对人体化学组成的影响，以及运动时物质代谢和能量代谢特点及规律的一门学科。

二、运动生物化学学科的发展进程

从发展的历史上看，运动生物化学是体育科学和生物化学结合的产物，它起源于20世纪20年代，40—50年代得到较大的发展，60年代成熟并成为一门独立学科，80年代进入蓬勃发展时期。目前，运动生物化学已与其他生物化学学科的研究同步，其研究成果在运动训练和健康促进领域中得到广泛应用。

（一）运动中人体生物化学变化的早期研究

早期在研究肌肉收缩过程的生物化学变化时，就涉及运动生物化学的问题，最早的研究可以追溯到1807年英国学者Berzelius关于肌肉收缩产生乳酸的研究，其后在1887年Chauveau报道了运动时血糖代谢的特点。20世纪20年代开始，相继有学者对不同运动状态下体内物质代谢和能量代谢特点做了大量的研究，如1920年Meyerhof、1923—1925年Hill报道了乳酸生产与缺氧关系、肌糖原是乳酸的前提物质等。1928年，Lohmann在研究肌肉收缩过程中能量释放的化学反应时，首先在肌肉的浸出物中发现了ATP。但正式研究运动对机体生物化学的影响是始于1927年G. K. Enbden有关运动能提高骨骼肌糖原和磷酸肌酸含量的研究报道，他提出运动锻炼可以促进机体物质合成。因而可以认为，研究运动时物质和能量代谢及其效果是运动生物化学的一个重要起点。

（二）国外运动生物化学与健康促进的研究和成果

第二次世界大战以后，生物化学研究技术的发展推动了运动生物化学的研究进展，尤其是苏联雅科夫列夫等进行了较为系统的研究，于1955年出版了世界第一本运动生物化学专著《运动生物化学概论》，初步建立了运动生物化学的学科体系。这一时期，欧美也开始从血液分析研究运动对身体物质代谢影响的规律，特别是1962年Bergsttrom应用肌肉活检技术直接研究运动时骨骼肌的物质代谢特点，从而使人们对肌肉运动时能量的储存、消耗、供应和代谢物的转变等有了更深入的了解。同时，运动生物化学在运动训练和健康指导实践中的应用也日益广泛和深入，出现了大量运动生物化学研究成果。在这种形势下，1968年在联合国教科文组织的国际体育科学和体育教育理事会（ICSSPE）倡议下，成立了国际运动生物化学研究组（IRGBE），并于同年在比利时布鲁塞尔举办了第一届国际运动生物化学学术会议（IBEC），标志着运动生物化学学科的成熟，与此同时成了一门独立的学科。从1973年第二届国际运动生物化学学术会议以后，定为每三年召开一届，至2018年共举办了17届（表绪-1）。第17届国际运动生物化学学术会议于2018年10月23-25日在中国北京举行，本次会议主要围绕运动与慢性病，运动与女性健康，运动与儿童、少年体质，整合运动生理学，生物化学和分子生物学等议题展开，对运动生物化学最新研究成果和发展趋势等热点问题进行了广泛深入的交流和讨论。同时，国际运动生物化学研究组还针对运动训练的生物化学、生理生化问题举办了5次专题讨论会。此外，在其他国际学术会议中，如世界运动医学大会、奥林匹克科学大会等也涉及了运动生物化学的研究内容。

表绪-1 第1~17届（1968—2018年）国际运动生物化学学术会议简介

届	年份	地点	主题
1	1968年	比利时布鲁塞尔	激烈运动时身体变化
2	1973年	瑞士马林津	长时间运动代谢适应
3	1976年	加拿大蒙特利尔	运动时代谢调节
4	1979年	比利时布鲁塞尔	运动时激素调节
5	1982年	美国波士顿	运动性疲劳
6	1985年	丹麦哥本哈根	运动时生物化学基础与保持健康
7	1988年	英国伦敦	运动机能提高的生物化学适应
8	1991年	日本名古屋	医学和体育科学的结合
9	1994年	苏格兰阿伯丁	肌肉收缩的生物化学
10	1997年	澳大利亚悉尼	疲劳与代谢
11	2000年	美国阿肯色州小石城	运动与衰老的分子观点
12	2003年	荷兰马斯特里赫	运动健康效果的生物学基础
13	2006年	韩国首尔	从骨骼肌信号到脂肪利用的关系
14	2009年	加拿大圭尔夫	肌肉和分子代谢机制
15	2012年	瑞典斯德哥尔摩	骨骼肌代谢
16	2015年	巴西圣保罗	肌肉疲劳的生物化学
17	2018年	中国北京	运动是医学的未来

另外，20世纪80年代以来，随着运动生物化学的迅猛发展，有关运动生物化学的教材和专著也陆续出版，如J. R. Poortmans的 Principles of Exercise Biochemistry（《运动生物化学原理》），Wayne C. Miller的 The Biochemistry of Exercise and Metabolic Adaptation（《运动和代谢适应的生物化学》），Ron Maughan、Michael Gleeson、Paul L. Greenhaff的 Biochemistry of Exercise and Training（《运动和训练生物化学》），Atko Viru和Mehis Viru的 Biochemical Monitoring of Sport Training（《运动训练的生化监控》），Ron Maughan和Michael Gleeson的 The Biochemical Basis of Sports Performance（《运动能力的生化基础》），Vassilis Mougios的 Exercise Biochemistry（《运动生物化学》），Michael E. Houston的 Biochemistry Primer for Exercise Science（《运动科学的生化原理》），

Eric Newsholme 与 Anthong Leech 合作出版的 *Functional Biochemistry in Health and Disease*（《健康与疾病的功能生物化学》）以及 Donald MacLean 的 *Biochemistry for Sport and Exercise Science*（《体育和运动科学的生物化学》）。

从历届国际运动生物化学学术会议和其他相关学术会议的主题可以归纳出运动生物化学研究的历程和当今运动生物化学的研究动向。运动生物化学研究从开始了解运动时体内物质代谢的特点和规律，进而探讨运动对身体化学组成影响及其运动生物化学适应，从而进一步明确运动训练提高运动能力的生物化学本质；随着现代生活方式的改变及其对健康的影响，从第 6 届国际运动生物化学学术会议开始关注运动促进健康的生物化学作用，紧接着的几届会议均涉及运动锻炼与健康，以及运动预防衰老的生物化学机制研究。由此可见，运动生物化学研究成果日益丰富，在科学训练和健康促进中地位也日益重要。因此，可以说运动生物化学是运动人体科学中的一门重要学科。

（三）我国运动生物化学与健康促进的研究与成果

我国运动生物化学的教学和研究始于 20 世纪 50 年代，当时主要是引进苏联的研究成果和理论，如运动时物质代谢过程和神经调节、超代偿理论和应用、运动素质的生物化学基础等。我国运动生物化学在竞技运动中的研究工作也开始于 20 世纪 50 年代，在运动员身体机能评定、血乳酸和血乳酸阈与运动训练、运动与内分泌调节、运动疲劳与物质恢复、运动与免疫、运动与自由基、运动与反兴奋剂的使用等方面研究均取得了巨大的成果。

我国第一代著名的运动生物化学家杨天乐、许豪文和冯炜权教授（图绪-1）等，对运动训练中运动生物化学的应用进行了研究和探索，他们应用运动生物化学的理论与方法，研究和解决高水平运动员在运动训练中的实际问题，创立了我国运动生物化学的理论、实验与方法，如杨天乐教授的杨氏血乳酸改良法和反兴奋剂使用的理论与方法；许豪文教授的运动与自由基的理论与应用；冯炜权教授的运动疲劳与物质恢复的理论和运动员身体机能的评定方法等。这些老一辈运动生物化学家的研究成果，创立了我国运动生物化学学科的理论，指导了我国运动生物化学的发展，为我国竞技体育和全民健身的发展做出了伟大的贡献。

1958 年，北京体育学院首先开设"运动生物化学"必修课程。1979 年，北京体育学院成立了运动生物化学教研室，1982 年，开设了运动生物化学专业，同时招收了运动生物化学专业的硕士研究生和博士研究生，全面培养全国各层次的运动生物化学教学和科研人员。1980 年以后，全国各体育院校和师范院校体育教育专业和运动训练专业等均开设"运动生物化学"课程。1982—1983 年，教育部在华东师范学院连续举办了两届全国运动生物化学教

杨天乐教授　　　　　许豪文教授　　　　　冯炜权教授

图绪-1　我国第一代著名的运动生物化学家

师进修班，培训运动生物化学的教学师资（图绪-2）。1979年，中国体育科学学会成立后，在运动医学会中设有运动生物化学和营养学组；2010年9月，中国体育科学学会运动生理与生化分会成立，并在成都体育学院召开了首届年会。在历届的全国体育科学大会、运动医学学术会议及运动生理、生化学术会议中，运动生物化学都作为专门的学科组参加活动。这些充分证明了在我国运动生物化学一直得到高度重视。表绪-2为我国生物化学教材建设一览表。

图绪-2　全国高师运动生物化学教师进修班合影

表绪-2　我国运动生物化学教材建设一览表

序号	年代	编者	书名	出版社
1	1983年	体育院、系教材编审委员会	《运动生物化学》	人民体育出版社
2	1986年	全国高师体育系	《运动生物化学》	高等教育出版社

续表

序号	年代	编者	书名	出版社
3	1990年	冯炜权等	《运动生物化学》	人民体育出版社
4	1990年	许豪文	《运动生物化学概论》	华东师范大学出版社
5	1990年	王永清　王元勋　郝盛发	《运动生物化学指南》	人民体育出版社
6	1990年	张林　郑植友	《简明运动生物化学》	人民体育出版社
7	1995年	冯炜权	《运动生物化学原理》	北京体育大学出版社
8	1998年	许豪文　冯炜权　王元勋等	《运动生物化学》	高等教育出版社
9	1998年	冯炜权	《运动训练的生物化学》	北京体育大学出版社
10	1999年	林文弢	《运动生物化学》	人民体育出版社
11	1999年	冯美云	《运动生物化学》	人民体育出版社
12	2000年	徐晓阳	《运动生物化学》	广西师范大学出版社
13	2005年	张爱芳	《实用运动生物化学》	北京体育大学出版社
14	2006年	张蕴琨　丁树哲	《运动生物化学》	高等教育出版社
15	2008年	谢敏豪　林文弢　冯炜权	《运动生物化学》	人民体育出版社
16	2009年	林文弢	《运动生物化学》	人民体育出版社
17	2016年	翁锡全　李裕和	《运动训练生物化学》	广东高等教育出版社
18	2016年	翁锡全　李裕和	《运动健康生物化学》	广东高等教育出版社
19	2001年	许豪文	《运动生物化学概论》（研究生用）	高等教育出版社
20	2007年	冯炜权等	《运动生物化学研究进展》（研究生用）	北京体育大学出版社

第二节　运动生物化学的研究内容及展望

"更高、更快、更强"是奥林匹克体育精神宗旨，在训练中如何科学地制订训练计划、选择适宜的训练方法、有效地加快机体恢复等是运动生物化学在运动训练中研究的主要内容。生命在于科学运动，运动能否延年益寿，这是当前体育界研究的热题，也是运动生物化学研究的重要课题之一。适宜的体育锻炼，能促进身体健康，增强体质，这是无可非议的。然而，如果不注意锻炼方法，不控制锻炼强度、时间，不仅不能达到预期的目的，反而会对身体造成损害。因此，运动生物化学的研究内容也围绕着健康与长寿主题展开。

一、运动生物化学的研究内容

运动生物化学的研究内容十分广泛。从总体来说，主要是以能量代谢为中心，深入研究体育运动对人体的影响，从而达到提高人体运动能力、促进身体健康、增强体质的目的。运动生物化学研究的主要内容包括：

（一）研究人体基本化学组成与健康体能的关系

当人体从安静状态转入运动状态后，身体组成成分也发生了相应的变化。运动能改善人体的化学组成，早期的运动生物化学研究证实，不同动物体的运动能力与化学组成的关系密切，如兔子肌肉中的磷酸肌酸含量比龟的多，故兔子比龟跑得快；不同动物体内基本成分一致，如蛋白质、糖类、脂类、水、无机盐等，而体内的化学组成、不同代谢途径中酶活性在运动中的适应性变化，便成了提高运动能力和增强体质的基础。例如，有氧运动可减体脂、控体重、防治糖尿病和心血管疾病等；在竞技运动训练中，增加肌肉蛋白质有助于提高力量；增加骨骼肌糖原、提高血红蛋白有助于提升自行车、长距离跑、游泳等运动项目运动员的耐力。

体育运动对人体化学组成的变化是相适应的，适应的本质是要符合提高运动能力和促进健康的要求，主要表现在两个方面：

1. 基本化学组成的适应

肌肉蛋白质是实现肌肉收缩的基本成分；肌糖原、肝糖原是运动时的主要能量来源；水和电解质是维持体内环境相对稳定的主要成分；微量元素对某些特殊机能十分重要；脂肪在体内要保持适当的数量；身体化学成分的适应性改变还要适合于运动专项、性别、年龄和体质状况等。因此，在当前运动训练中如何增加肌肉收缩蛋白及健康人如何减肥等，都是运动生物化学研究的热门课题。这些研究发现人体与其他动物的化学组成基本一致，但他们之间的运动能力却存在着很大差别，如人跑 100 m 迄今最好成绩为 9.58 s（2009 年 8 月 16 日德国柏林田径世锦赛牙买加运动员博尔特创造），而豹的最好成绩为 6.13 s（美国动物园饲养的雌性猎豹"莎拉"创造），两者相差 3.45 s，而导致这种结果的原因正与其机体某些物质含量不同有关。另外，体力活动或运动训练（锻炼）可使机体化学组成及代谢发生适应性变化，从而促进健康、增强体质，并且可以提高运动能力；而缺乏体力活动或运动训练，则可能引起身体代谢紊乱而危害健康。

2. 功能性物质的适应

体内功能性物质主要是指酶、激素、某些氨基酸、多肽、微量元素和维生素等。运动可以改善体内代谢调节功能，提高运动能力，促进健康。酶、微量元素、神经递质等都可适应体育运动对身体的要求，如力量与骨骼肌中肌酸激酶活性提高有关，血清皮质醇和睾酮升高可加速对运动调节的适应，随着运动员对营养的需求而增加微量元素（铁、锌、镁等）和维生素的供给，这些都是以化学组成适应来提高运动能力。

（二）研究运动时人体能量供应过程和供能能力与运动训练的关系

从生物化学角度来看，人体运动时能量代谢过程不单是以供氧为依据，而是以物质代谢和能量代谢为理论基础。无氧代谢过程主要包括两个供能系统，即磷酸原系统和糖酵解系统；有氧代谢运动时，除磷酸原代谢外，还包括糖类、脂肪和蛋白质分解供能系统的代谢过程，因此，可将其供能系统分为磷酸原系统、无氧糖酵解系统、糖有氧代谢系统和脂肪、蛋白质有氧代谢系统4个供能代谢系统，从而概括了在不同运动方式和运动持续时间运动时的供能特点。当然，在人体运动或进行某一项目运动时，都不可能是单一系统供能，一定是以某一系统为主与其他系统共同参与供能。例如，进行100 m跑、50 m游泳、举重等运动时，能量主要来源于磷酸原系统；400 m跑、100 m游泳则主要靠糖酵解系统供能；有氧代谢系统则主要用于长时间运动的项目，如马拉松跑等。因此，以物质代谢为基础，深入研究不同运动项目、不同运动方式、不同训练周期基质代谢及供能特点，研究消耗、恢复与提高物质代谢和能量代谢间的协调性特征，为科学健身、运动康复和提高健康水平提供科学基础均是重要的研究课题。

（三）探讨运动训练适应对体能影响的生物化学变化特点

提高人体的运动能力，除遗传因素外，运动训练是决定性的因素。从运动生物化学的观点分析，人体的运动能力主要取决于人体各供能系统的供能能力。不同的运动项目，由于运动的特点不同，运动时所需的能量供应系统也不同。因此在训练时，应根据运动时供能系统的特点来制订训练计划和选择训练方法。

运动训练科学化的另一个难点是运动负荷的控制与评定问题。适宜的运动负荷，不仅可提高训练效果，更重要的是可以提高人体机能。一般来说，同一运动负荷，施加于不同的运动员，其反应是不同的；同一运动负荷在不同的时间、不同环境施加于不同的运动员，其反应是不同的；同一运动负荷在不同的时间，不同环境施加于同一运动员，其反应也不一定相同。因此，应用运动生物化学的理论和相应的生物化学指标对运动人体机能进行评价和监控,已广泛应用于体育实践中,并作为监控运动负荷、合理掌握运动强度和运动量、了解身体疲劳和物质恢复程度、评定运动训练效果等的高效手段和工具。客观、准确地进行生物化学评定和监控,可使运动训练更科学、更符合运动员的实际,更具有针对性和高效性,使运动生物化学指标更客观、准确地评定运动负荷。

(四)探讨体育锻炼适应对健康影响的生物化学分析

适宜的体育锻炼,能促进身体健康,增强体质。然而,如果不注意锻炼方法,不控制锻炼强度、时间,不仅不可以达到预期的目的,反而可能不利于身体健康。因此,应根据人体运动时机体物质代谢和能量供应的特点及其调节的规律,作为体育锻炼的理论基础和依据,指导人们科学地安排运动负荷和方式,使机体的化学组成或代谢能力产生最佳的适应性变化,提高体育锻炼的效果;如何采取合理的运动节奏和营养措施等加速运动疲劳的消除和机能的恢复;怎样进行适宜的锻炼防止慢性疾病的发生和发展。流行病学研究显示,随着社会的发展,一些慢性病,如糖尿病、肥胖症、动脉粥样硬化、高血压病的发病率急剧增加,缺乏运动是引发这些疾病的共同因素。从细胞和分子水平探讨这些疾病的病因及运动对这些疾病产生作用的原理和途径,可使人们更好地理解运动对于防治这些慢性疾病的独特价值。总之,应用运动生物化学理论指导,可提高运动的科学性和高效性,从而达到增强体质、增进健康、提高运动能力的目的。

二、运动生物化学的研究展望

进入21世纪以来,生命科学成为主导科学,分子生物学是生命科学新的生长点,当前及今后一段时间,运动生物化学的研究必定发展得更快、更深入。一方面,在研究单个化学成分作用的基础上,更深入探讨机体化学组成之间的相互作用与运动能力关系,如糖类、脂肪、无机盐和水之间的关系,运动与内环境的酸碱平衡等。另一方面,更深入探讨运动时代谢机制之间,运动时代谢过程之间的相互关系,如运动时供能物质磷酸肌酸、糖类、脂肪和蛋白质之间存在互补、互动和互克的关系,采用不同项目、不同运动强度和不同运动量时各代谢机制间关系,有氧健身运动时的机制代谢特点等,这些都将成为重要的研究课题。同时,分子生物学的发展及其大量的研究成果已渗透到运动生物化学研究的所有领域,如细胞信号转导与运动适应的机理,运动代谢调节与神经—内分泌—免疫网络理论,基因多态性与运动员选材等研究已成为运动生物化学基础研究的前沿热点,其研究成果也直接为运动实践提供必要的理论基础,在后基因组时代,运动生物化学研究将更注重从基因与运动能力的遗传角度研究人体运动时代谢变化,以及运动能力提高的分子生物学机制。

(一) 身体化学组成的相互作用与运动能力的关系

之前的研究主要着重于运动前后单个身体成分的变化,很少研究同类物质间的相互作用和非同类物质间的相互作用。近十几年来,研究者们开始非常重视蛋白质组学的研究。研究表明,目前所知的基因数远远少于蛋白质的数,其原因在于一个基因在转录、剪切、翻译过程中可能合成多个蛋白质,还是蛋白质和蛋白质相互作用而生成新的蛋白质?或是蛋白质生成是否还有新的机理?运动是否可诱发新生成的蛋白质?它的机理是什么?运动能力提高单一蛋白质和蛋白质间的关系如何?蛋白质组学就是要研究人体内蛋白质的种类、结构与功能的关系及各种蛋白质的相互关系。此外,糖类、脂肪、无机盐和水之间的关系,运动与内环境的酸碱平衡、脱水和补水等都是重要的研究课题。随着近年来健身运动在流行病学中的广泛应用,可以预见,在不久的将来,流行病学和运动生物化学的交叉领域将是运动科学研究的一个热点。

(二) 运动时代谢过程的相互关系

目前,运动时不同代谢基质的代谢过程在生物化学基础上已经基本清楚,运动时具有的运动特点也逐步弄清,有些成果已在运动训练中应用,如乳酸阈和乳酸稳态的理论成果等。然而,运动时代谢基质之间的相互关系却比较复杂,如运动时的供能物质磷酸肌酸、糖类、脂肪和蛋白质之间存在互补、互助和互克的关系,糖类供应量和储量充足可减少脂肪和蛋白质的消耗;在运动恢复期中,同时足量供应糖类与蛋白质对肌肉能源与运动能力的恢复有较大帮助。因此,需要进一步研究不同项目、不同生理负荷量和不同强度运动时各代谢基质间的关系,训练期和比赛期的特点,健身运动时运动处方的基质代谢特点,使用单方、复方营养补充品与合理营养以及身体成分和代谢的关系等。

(三) 运动时的物质代谢和能量代谢的调节

人体运动能力是整体协调的表现,是在神经支配下各种调节协同作用的结果,一般来说,在运动时物质代谢和能量代谢具有几种代谢调节:即神经—内分泌—免疫与代谢的调节网络和神经—肌肉或其他内脏器官的代谢调节等。运动生物化学的根本任务是从分子水平上研究各组织和器官细胞代谢中分子的网络调节,因此,运动时代谢调节尤其是分子网络调节将成为今后运动生物化学研究的重点。人体运动能力是整体高度协调的表现,是在神经支配下各种调节因素协同作用的结果。在运动应激下，机体存在着神经内分泌免疫与代谢网络的调节、神经肌肉或其他内脏器官的代谢调节、分子网络调节等。构成网络调节的每一个生物活性分子只有高度协调与配合、共同作用才能发挥其功能，虽然其中的许多问题还不清楚，但已引起运动生物化学研究者的高度关注与兴趣，并显示出广阔的研究前景。

（四）提高人体运动能力和增强体质依然是运动生物化学研究的主题

运动生物化学研究的最终目的是提高人体运动能力和增强体质。然而，有关的问题尚待进一步的研究和论证：如在体育锻炼中，如何科学应用健身运动处方，合理控制体重和防治代谢综合征、糖尿病、高脂血症、冠心病、亚健康状态和慢性疲劳综合征等；在竞技运动的科学化训练中，如何以专项的有氧和无氧代谢能量供应为基础，结合运动员的专项水平，科学选择训练方法；如何科学进行训练的生物化学监控、物理负荷和生理负荷关系的综合评定、运动员负荷后的机能评定等；研究运动员训练期中应如何避免过度训练，如何促进运动性疲劳的消除和物质恢复等。

第三节 运动生物化学与其他学科的关系

运动生物化学是体育科学中一门专业基础课，它和运动解剖学、运动生理学、运动医学等学科存在着紧密的关系。运动生物化学的发展和应用不可能是孤立的，因此，必须了解相关学科的内容，处理好其相互关系，并与其他自然科学和人文社会科学相互渗透、相互交叉，才能加速本学科的发展。

一、运动生物化学与运动训练学的关系

运动训练学是研究运动训练规律的科学。运动训练是为了提高运动员的竞技能力和运动成绩。现代运动训练过程与科学技术发展密切相连，人文社会科学和自然科学在运动训练过程中发挥着各自的作用。运动生物化学中的物质和能量代谢——有氧代谢和无氧代谢在不同运动项目竞技过程中的需求，已成为提高运动能力的重要物质基础。运动时血乳酸浓度变化的特点是评定专项素质训练方法和负荷强度的重要指标之一；血清睾酮、血清肌酸激酶、血尿素、血红蛋白和尿液指标是评定训练和比赛期运动员身体机能状态的常用指标；在运动员的合理营养和特殊营养补充的过程中、监测运动员滥用兴奋剂时，运动生物化学的理论和技术是不可缺少的。2001年，Viru A. 和 Viiru M. 编写的《运动训练监控的生物化学》和 Janssen P. 编写的《乳酸阈训练》，1996

年林文弢编著的《运动负荷的生化评定》和 2006 年冯连世等编写的《运动训练的生理生化监控方法》，均说明运动生物化学在运动训练中已具有系统的理论和应用体系，运动生物化学的知识已成为运动训练科学化的重要基础。

二、运动生物化学与健康学科的关系

健康是人类生活的头等大事，运动生物化学与人体健康密切相关，身体健康是任何人的生命活动基础。由于当代科学与技术的发展，机械化和自动化程度越来越高，人们的体力活动减少、生活节奏加快、心理压力加剧、生活水平提高，而又不注意合理膳食，从而出现运动不足和现代文明病，主要表现为代谢综合征，如肥胖症、高脂血症、糖尿病和高血压病等及亚健康和慢性疲劳综合征等。在这种情况下，通过加强体育活动，合理营养，以充沛的精力、乐观的精神投入工作和各种体育活动，是当前社会发展的需要。目前，为提高健康水平的各种运动随之兴起，有氧代谢运动是促进身体健康、增强体质的科学锻炼手段。具备运动与健康的运动生物化学知识，对加强研究有氧代谢运动与减肥，防治高脂血症、糖尿病和心血管病等疾病，发挥运动生物化学在全民健身中的作用等，均具有重要的意义。

三、运动生物化学与运动人体科学中其他学科的关系

运动人体科学研究的对象是复杂的人体，它为全民健身中的促进健康、防治某些疾病和增强体质的生物学意义提供理论基础；在竞技运动中为运动员选材、训练监控中的训练方法和负荷监控、机能监控、加速消除运动疲劳、合理营养和兴奋剂监测等提供科学依据，因此，运动人体科学是体育科学中的应用性基础学科。运动生物化学是运动人体科学中的一门学科，是直接为运动实践服务的专业基础课。运动生物化学与运动营养学、运动生理学、运动医学、运动生物力学、运动心理学和运动解剖学等都有着密切的关系，在各自的学科体系中互相渗透，互相促进。但各学科都有自己的研究任务和内容，不能合而为一，否则会影响各学科的发展。在科学研究中，既要注意运动人体科学的整体性，又要突出本学科的系统性，在教学中要避免重复，以免增加学生负担。

第四节 运动生物化学的学习方法

运动生物化学在内容上着重从能量代谢角度介绍人体不同运动能力素质生物化学基础，以及运动时物质代谢和能量代谢的特点与规律，并在此基础上探讨提高专项运动能力素质的训练方法、训练监控与效果的评定。因此，全面了解和掌握不同运动能力素质的生物化学基础内容是学习运动生物化学的基础。

一、掌握课程知识点和基本原理

在学习方法上，首先要掌握"知识点"，即先要掌握人体的化学组成，特别是能源物质与运动能力素质关系的基本知识；其次，要掌握不同运动能力素质或运动项目运动时物质和能量代谢的特点与规律，并以运动时能量代谢为主线，将各"知识点"贯穿起来，充分理解不同运动状态下能量代谢的联系性和主次性以及以此制订的训练、锻炼计划，选择和发展不同性质运动项目和锻炼目的训练方法的理论。

二、整体辩证学习与分析

学习运动生物化学时，要明确运动时不同运动能力素质的发挥与对应的能源物质基础的关系并不是绝对的，与其他能源物质的代谢也有一定的关系，因此，学习时就不能机械地、静止地和孤立地对待每个问题，而必须特别注意它们之间的相互联系、相互制约及发展变化，自觉地运用辩证的观点来学习和分析问题。

三、理论联系实际，参与运动探究性实践

学习运动生物化学要理论联系实际，通过实验与实践环节加强对理论的理解。因为运动时机体的物质变化特点和规律都可以通过实验来验证，因此，学生可通过运动测试生物化学指标、实验验证和应用运动训练生物化学的理论知识，使生物化学与运动实践相结合，达到强化理论联系实际，提高生物化学原理评价运动实践的应用能力。

四、利用网络资源进行学习

在学习手段上要充分利用多媒体和网络资源，本课程为国家级精品资源共享课程，其网络学习资源比较全面，包括教学大纲、教学进度、章节教学录

像、授课教案、课堂课件、课程实验、学习指南、课外资源、在线测验和网上答疑等，学生可根据教学进度进行预习、自习和复习，并就学习中的问题通过网络与同学、老师进行交流和探讨。

本章小结

运动生物化学是从分子水平上研究运动对人体化学组成的影响，以及运动时物质代谢和能量代谢的特点及规律的一门学科。

本章主要介绍了运动生物化学的学科发展和研究成果，并提出运动生物化学主要的研究内容：①研究人体基本化学组成与健康体能的关系；②研究运动时人体能量供应过程和供能能力与运动训练的关系；③探讨运动训练适应对体能影响的生物化学变化特点；④探讨体育锻炼适应对健康影响的生物化学分析。同时，从人体化学组成的相互作用与运动能力的关系、运动时代谢过程的相互关系、运动时的物质代谢和能量代谢的调节及提高运动能力和增强体质等方面提出了研究展望。简要概括了运动生物化学与运动训练学、健康学科、运动人体科学中其他学科的关系。最后，从不同层次提出学习运动生物化学的方法与要求。

思考与练习

1. 解释运动生物化学的概念。
2. 谈谈运动生物化学在运动训练、运动健康促进中的指导作用。

第一章 人体化学组成与健康和体能

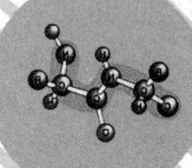

人类生命活动的本质就是物质代谢过程，在人体复杂的化学组成中，蛋白质是细胞的基本结构物质，核酸是遗传的物质基础，两类生物信息大分子都是生命的重要物质基础和存在形式。糖类、脂类是人体运动时能量的主要来源。水、无机盐、维生素的含量及其代谢平衡对人体正常的生理功能和运动起着重要作用。酶和激素是人体各种代谢过程的重要调节物质。生命活动及运动过程中人体化学组成均呈动态平衡状态，当任何一种化学组成物质含量发生变化时，均会引起健康及身体机能状态的变化。

第一节 人体化学组成概述

人的身体健康状态及身体机能、体能水平都是由人体化学组成的数量、结构、功能及其代谢状态决定的，任何化学组成的数量、结构出现变化，功能及代谢状态出现异常，均会引起身体机能的减退，甚至出现疾病。如体脂过高会引起肥胖，继而导致高脂血症、动脉粥样硬化、高血压病和脂肪肝等疾病的发生。适宜的运动能优化人体的化学组成，使人体更趋于健康。

一、人体的基本化学组成

自然界的任何生物体都由一定的物质构成，人体也不例外。从生物化学角度来讲，人体化学组成从原子水平上主要由碳、氢、氧等元素组成，从分子水平上主要由蛋白质、脂肪、糖类、水、核酸、维生素和无机盐7大类物质组成。构成人体的各种物质根据其分子结构特点可分为有机分子和无机分子，其中有机分子包括蛋白质、糖类、脂肪和核酸等；无机分子包括水和无机盐等。根据其供能特点可分为能源物质和非能源物质，其中能源物质包括ATP、CP、糖类、脂肪、蛋白质，非能源物质包括核酸、维生素等。人体含水60%~70%、蛋白质15%~18%、脂类10%~15%、无机盐3%~4%及糖类1%~2%。除水和无机盐外，主要是蛋白质、脂类和糖类。这些化学物质在人体内的功能各异，它们构成了人体的各种细胞和细胞间质，并供给细胞活动的能量。任何一种物质的缺乏，都会导致人体的障碍和损伤。人体的各化学物质组成及其功能见表1-1。

表1-1 人体的化学物质组成及其功能

物质组成	含量	功能
水	60%~70%体重	主要构成人体的体液

续表

物质组成	含量	功能
糖类	2%人体干重	供能与储能，细胞的组成成分
脂肪	30%~40%人体干重	储能与供能，细胞的组成成分
蛋白质	54%人体干重	人体主要的结构和功能物质
核酸	5%~15%细胞干重	储存和传递遗传信息
无机盐	4%~5%体重	既可以作为结构物质，也可与蛋白质相结合
维生素	含量很低	参与体内辅酶的构成，调节代谢等

二、人体的化学组成与体能健康

构成人体的各项化学物质在体内的含量并不是一成不变的，而是时刻处于新陈代谢过程中。在生命活动及运动过程中，新陈代谢可分为物质代谢和能量代谢两个方面，根据代谢过程是否存在能量产生特点又分为合成代谢和分解代谢。体内各项化学物质的新陈代谢均处于动态平衡过程中，并且随着机体的需要量和客观条件的变化呈现出相应的改变，即化学物质的适应。在身体活动和运动训练过程中，机体会产生物质代谢和能量代谢的变化，身体形态、结构和机能也会随之变化，以对抗身体活动的刺激，使这种刺激对身体的破坏或影响越来越小，从而使身体机能得到提高。长期的体力活动和运动训练可使机体各项目化学物质的组成、物质代谢及能量代谢的能力发生适应性的改变，且运动性质不同，所引起的这种变化也有所差异。例如，长期的、系统的力量训练可使肌肉蛋白质含量增加，骨骼肌增粗；耐力训练可使脂肪的氧化代谢能力增强等。

第二节 蛋白质与健康和体能

蛋白质是一类重要的生物大分子，是生命的物质基础，人体的生长、发育、运动、繁殖、遗传等一切生命活动过程都离不开蛋白质。蛋白质不仅是构成细胞的基本结构物质，还是多种生物活性物质，如酶、多肽类激素、神经递质等的基本成分，参与机体代谢或生理机能的调节。蛋白质的种类不同，其功能也不同。

一、蛋白质的化学组成

所有蛋白质都有类似的元素组成，一般含有 50%～60% 的碳、6%～8% 的氢、19%～24% 的氧、13%～19% 的氮，有的蛋白质还含有少量的硫、铁、铜、磷、锡、镁、锰等元素。不同生物来源的不同蛋白质，其含氮量非常接近，平均约为 16%，即 1 g 氮就相当于 6.25 g 蛋白质。故常用组织的含氮量来评定组织的蛋白质含量，即：样品中蛋白质含量＝样品含氮量×6.25。

蛋白质的分子很大，结构复杂，但它的组成单位并不复杂。对不同种类的蛋白质进行分析，结果表明所有的蛋白质都是由 20 种基本氨基酸组成，只是在不同的蛋白质中，这 20 种氨基酸的排列组合不同。

氨基酸是指含有氨基的羧酸。在自然界中，参与蛋白质组成的 20 种氨基酸都是 α-氨基酸，不同氨基酸间的差别主要是侧链"R"基团的不同。α-氨基酸的基本结构为：

$$R-\underset{NH_2}{\overset{H}{C}}-COOH \quad \text{R指氨基酸的侧链}$$

从人体的组成和营养学上可将 20 种氨基酸分为必需氨基酸和非必需氨基酸两类。必需氨基酸是指人体需要，但体内不能合成或合成不足，而必须要从食物中摄取的氨基酸；非必需氨基酸并不是说人体不需要这些氨基酸，而是指人体可以自身合成或由其他氨基酸转化而得到，不一定要从食物中摄取。表 1-2 是氨基酸的名称及营养分类。有些非必需氨基酸，如胱氨酸和酪氨酸，如果供给允足，可以节省必需氨基酸中蛋氨酸和苯丙氨酸的需要量。

表 1-2 氨基酸的名称及营养分类

必需氨基酸	英文名称及缩写	非必需氨基酸	英文名称及缩写
赖氨酸	Lysine（Lys）	甘氨酸	Glycine（Gly）
苯丙氨酸	Phenylalanine（Phe）	丙氨酸	Alanine（Ala）
亮氨酸	Leucine（Leu）	天门冬氨酸	Aspartic acid（Asp）
异亮氨酸	Isoleucine（Ile）	天门冬酰胺	Asparagine（Asn）
苏氨酸	Threonine（Thr）	谷氨酸	Glutamic acid（Glu）
蛋氨酸	Methionine（Met）	谷氨酰胺	Glutamine（Gln）
缬氨酸	Valine（Val）	精氨酸	Arginine（Arg）
色氨酸	Tryptophan（Trp）	半胱氨酸	Cysteine（Cys）

续表

必需氨基酸	英文名称及缩写	非必需氨基酸	英文名称及缩写
		丝氨酸	Serine（Ser）
		酪氨酸	Tyrosine（Tyr）
		组氨酸	Histidine（His）
		脯氨酸	Proline（Pro）

二、蛋白质的分子结构特点

蛋白质的分子结构是指蛋白质分子中氨基酸的联结方式，氨基酸组成和排列顺序以及蛋白质的空间结构。

（一）肽键和肽链

蛋白质分子中氨基酸之间是靠肽键连结成链状结构。一个氨基酸分子的 α-羧基可与另一个氨基酸分子的 α-氨基脱水缩合，所形成的酰胺键称为肽键（图1-1），氨基酸通过肽键联结的化合物叫作肽。两个氨基酸分子缩合成二肽，三个氨基酸分子缩合成三肽，多个氨基酸分子缩合成的肽叫多肽。多肽呈链状结构，故称为多肽链。多肽链中的氨基酸称为氨基酸残基。多肽链有两端，一端具有自由氨基，称为氨基末端（N末端）；另一端具有自由羧基，称为羧基末端（C末端）。书写时，习惯上将氨基末端写在左侧。从蛋白质的元素及分子组成来看，认为蛋白质是由氨基酸通过肽键联结组成的含氮的高分子有机化合物。

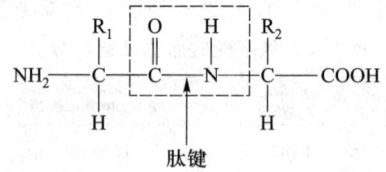

图1-1 肽键的形成

（二）蛋白质分子的空间结构

根据蛋白质分子结构的水平可分为一级结构、二级结构、三级结构和四级结构（图1-2）。蛋白质分子的一级结构是指蛋白质分子内氨基酸以肽键联结的排列顺序。其所含氨基酸的种类及比例是蛋白质的基本结构，是决定蛋白质生物学活性和结构特点的基础。蛋白质的二级结构是指多肽链本身有规则的盘曲折叠形成的重复性结构，二级结构的基本类型有 α 螺旋和 β 折叠。氢键在维持蛋白质分子的二级结构上具有重要意义。

在二级结构的基础上，蛋白质多肽链借助各种次级键（氢键、盐键、疏水键、范德华力、二硫键）的相互作用，进一步折叠盘曲形成球状或椭圆状的三级结构。由两条以上具有三级结构的多肽链通过非共价键缔合而成蛋白质的四级结构。四级结构中每个球状蛋白质称为亚基或亚单位，它们没有活性，必须通过次级键结合力形成特定的结构后，才具有生物学活性。例如，肌红蛋白是肌细胞内储氧和运氧的蛋白，由一条多肽链和一个血红素辅基构成，它和血红蛋白的亚基在氨基酸顺序上具有明显的同源性，功能上也十分相似。而血红蛋白是由4条多肽链分别与辅基血红素形成两种亚基，并当两种亚基相互交叉结合成四聚体的血红蛋白时，才具有运输氧气的功能。

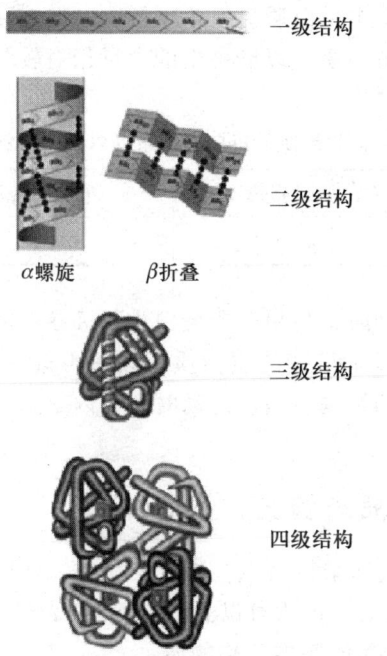

图1-2　蛋白质分子的空间结构

（三）蛋白质结构与功能的关系

蛋白质生物功能的结构基础，取决于它的一级结构。因此，一级结构的确定意味着相应空间结构的确定，而空间结构的确定又意味着蛋白质功能的确定。例如，"镰刀型贫血病"由于血红蛋白中有两条肽链上的两个谷氨酸被缬氨酸替代，这种替代改变了血红蛋白的一级结构，进而导致血红蛋白空间结构的改变，因而使血红蛋白的氧运输能力下降，形成"镰刀型贫血病"。根据蛋白质结构与功能间的关系，人们可通过人工合成生产具有治疗作用的蛋白质类药物，或是人工设计蛋白质去修复损伤的组织。

三、人体内蛋白质的分布与储量

人体的每一个细胞和各种组织，都有蛋白质的存在，组成人体的蛋白质约占人体体重的 18.3%。在人体内蛋白质无固定的储存量与储存部分，所以必须经常不断地从食物中摄取才能满足正常的生理需要。例如，骨骼肌中蛋白质分布不均匀，用总氮百分数表示其分布状况（表 1-3），其中 65.6% 是收缩纤维蛋白。成年人体内每天总计有 600 g 蛋白质被分解及再合成，其中肌肉蛋白质占 450 g。可见即使在不运动时，肌肉蛋白质代谢至少在数量上是最大的。肌肉蛋白质中，肌纤维蛋白更新一半的时间为 7.2 天，其他肌蛋白更新一半的时间为 2.8 天，肝组织中蛋白质更新速度最快。但实际人体各组织中仍然存在着数量可变化的少量蛋白质，以肝脏中的含量相对较多些，人体内可变蛋白质的总量只有 300 g 左右。

表 1-3　人体骨骼肌的蛋白质分布（以腿肌为例，总氮/%）

非蛋白氮	肌浆蛋白	纤维蛋白	细胞外蛋白
9.7	22.0	65.6	4.6

在进行长时间运动时，如果需要蛋白质积极参与能量代谢，首先消耗的是这些"生理储备量"少而可变的蛋白质，然后再进一步消耗组织细胞的结构蛋白，尤其是骨骼肌的结构蛋白。运动时，体内氨基酸代谢库的质和量都会出现相应的变化。

四、人体蛋白质与健康和体能

蛋白质分子的组成和结构特点，决定其种类、性质和功能的多样性和复杂性，人体内蛋白质的种类达 10 万种以上。它们之间表现出千差万别的性质和功能。

（一）蛋白质是细胞的基本结构物质

蛋白质是细胞的主要组成成分，占细胞干重的 80% 以上，蛋白质构成细胞膜和细胞内物质。头发、皮肤、指甲、腱和韧带都是特殊结构的蛋白质。血液内也有一些特殊蛋白质的成分，如血液凝血酶原等参与血液凝结，红细胞内可以络合氧的血红蛋白等。构成身体结缔组织的胶原蛋白直接决定了皮肤的弹性。机体的组织细胞处于不断衰老更新的平衡之中，蛋白质是维持组织的修复和新生的原料。体育运动使人体新陈代谢得到加强，骨骼粗壮，肌肉发达，体内蛋白质含量相对提高。

（二）蛋白质具有调节机体的生理机能

人体内的各种生物化学反应，包括运动时糖类、脂肪与蛋白质的分解代谢反应等都必须在酶的参与下才能完成，而酶的化学本质就是蛋白质。蛋白质在调节体液酸碱平衡中也起着重要作用，当剧烈运动引起酸性增强时，血液蛋白就起着十分重要的缓冲作用，从而保持了机体内环境的相对稳定。调节生理功能的激素中也有很多是由不同氨基酸和蛋白质所组成的化合物。例如，调节血糖水平的胰岛素和脑垂体激素等。

（三）蛋白质可作为机体的能源物质

蛋白质主要维持机体组织的生长发育、更新和修补，同时也可作为机体的能源物质。在长时间大强度运动中，蛋白质也可以作为细胞能源物质，机体内存在一定量游离的氨基酸，其中大部分存在于骨骼肌中。组织更新代谢下来的蛋白质也能分解成为不同的氨基酸，在有关酶的催化作用下，一些氨基酸也能够分解释放能量。1 g 蛋白质完全氧化分解可产生 16.76 kJ 的能量。人体处于基础代谢状态时，蛋白质供能大约占总能量代谢的 17% 左右。通常蛋白质供能可由糖类和脂肪部分代替，所以蛋白质的供能不占主要地位。例如，长时间大强度运动引起肌糖原大量消耗时，肝脏和运动肌内蛋白质分解加速，肝脏中有 300 g 左右的生理上可变的储存蛋白，是运动时蛋白质氧化供能的主要来源。但总体参与比例不高，一般为总能耗的 5%~18%。

（四）蛋白质具有收缩与运动作用

人体内某些蛋白质具有细胞和器官收缩的功能，可使其改变形状或运动。例如，骨骼肌收缩过程中，肌细胞中的肌球蛋白和肌动蛋白组成的粗肌丝、细肌丝，在神经的调节下，相互滑行而实现肌肉的收缩和舒张，完成各种动作。

五、人体磷酸肌酸组成与健康和体能

磷酸肌酸（CP）是一种由精氨酸、甘氨酸、蛋氨酸和磷酸结合的高能磷酸化合物，是人体内重要的能源物质，其分子内均含有高能磷酸键，在代谢中均能通过转移磷酸基团的过程释放能量。磷酸肌酸在肌肉或其他兴奋性组织（如脑和神经）中的一种高能磷酸化合物，是高能磷酸基团的储存形式。

（一）磷酸肌酸的化学组成

在骨骼肌、心肌、大脑等身体组织成分中都含有磷酸肌酸，磷酸肌酸是一种氨基酸，其分子结构表示如下：

$$\begin{array}{c} \text{NH}\!\sim\!\text{P} \!\!\begin{array}{c}\nearrow\text{OH}\\ =\text{O}\\ \searrow\text{OH}\end{array}\\ \text{C}\!=\!\text{NH}\\ \text{N}\!-\!\text{CH}_2\text{COOH}\\ |\\ \text{CH}_3 \end{array}$$

（二）人体内磷酸肌酸的分布与储量

磷酸肌酸广泛分布于身体各个组织，不同组织细胞中的磷酸肌酸储量不同，由于肌肉组织是主要的耗能器官，故有 90% 的磷酸肌酸存于肌肉组织中。研究发现，正常人骨骼肌（干肌）中磷酸肌酸含量为 (75.5±7.63) mmol/kg，也有人检测安静时骨骼肌磷酸肌酸浓度为 20 mmol/kg 左右湿肌。不同类型肌纤维内磷酸肌酸含量不同，有人研究发现，在安静状态下，人体骨骼肌 II 型纤维中的磷酸肌酸含量高于 I 型纤维。肌肉内磷酸肌酸的含量是 ATP 含量的 3～4 倍。

由于不同的运动有不同的供能方式，故磷酸肌酸在不同运动中的含量变化也有不同的特点，与运动强度密切相关。研究发现，当受试者在功率自行车上以 60%～70% $\dot{V}O_{2max}$ 强度运动 75 min 后，骨骼肌的磷酸肌酸水平仅下降到安静时的 40%。Norman 等人让受试者以 68% $\dot{V}O_{2max}$ 强度运动 80 min 后，也得出相似的结论。当以低于 60% $\dot{V}O_{2max}$ 强度运动时，磷酸肌酸储量几乎不下降；当以 75% $\dot{V}O_{2max}$ 强度持续运动达到疲劳时，磷酸肌酸储量可降到安静值的 20% 左右，ATP 储量略低于安静值。极量运动至力竭时，磷酸肌酸储量接近耗尽，其含量在安静值的 3% 以下，而 ATP 储量不会低于安静值的 60%。已经证实，在 50%～100% $\dot{V}O_{2max}$ 范围的运动中，肌肉磷酸肌酸储量下降几乎与运动强度呈线性关系。

（三）磷酸肌酸的生物学功能与体能健康

磷酸肌酸分子是高能磷酸基团的储存库，内含有一个高能磷酸键，每 mmol 化合物释放 10.3×4.184 J 的自由能，比 ATP 释放的能量 (7.3 kcal/mol) 多些，由于骨骼肌不能直接利用磷酸肌酸分解释放的能量，所以磷酸肌酸不是骨骼肌的直接能源物质。但肌肉收缩时，ATP 水解释放能量生成 ADP 的同时，胞质中的肌酸激酶对 ADP 浓度变化极为敏感，几乎与 ATP 水解同步作用，催化磷酸肌酸分解，将高能磷酸基团转移至 ADP，快速合成 ATP。另外，由于细胞的线粒体合成的 ATP 不能透过线粒体膜，只有在肌酸激酶的作用下，将能量转移给肌酸，以磷酸肌酸的形式将能量转移到胞质中。

第三节 脂类与健康和体能

脂类是构成人体组织的重要物质，大量储存在脂肪组织、肝脏和骨骼肌内。脂类是人体正常安静状态、饥饿或中低强度运动时体内能量的主要来源。

一、脂类的化学组成

脂类是一大类有机化合物，它们在化学组成和分子结构上有很大差别，但都有一个共同的物理特性，即不溶于水，易溶于乙醚、氯仿和苯等有机溶剂中。

（一）元素组成

根据化学分析，脂类的元素组成与糖类相似，主要是由碳（C）、氢（H）、氧（O）三种元素组成，有的也含有氮（N）和磷（P）。与糖类比较，脂类分子中原子之间的结合方式不同，特别是氢与氧原子数比值不同，碳、氢所占比例更大。例如，最普通的脂肪是硬脂酸甘油酯（$C_{21}H_{42}O_4$），其分子内氢与氧原子数比值是 42∶4，而葡萄糖（$C_6H_{12}O_6$）分子内比值是 12∶6。

（二）分子组成

按照脂类的化学组成，可分为三大类。一类是单纯脂质，是由脂肪酸和甘油形成的酯，如甘油三酯（三酰甘油）和蜡。另一类是复合脂质，除含脂肪酸和醇外，尚有其他称为非脂分子的成分，如磷脂和糖脂。还有一类是衍生脂质，由单纯脂质和复合脂质衍生而来或与之关系密切，但也具有脂质一般性质的物质，如固醇类包括胆酸、性激素、肾上腺皮质激素、脂酰辅酶（脂酰CoA）、脂多糖和脂蛋白等。

1. 单纯脂质

单纯脂质中的甘油三酯又叫脂肪，是能源储备的主要形式。由 1 分子的甘油和 3 分子的脂肪酸脱水缩合而生成的甘油酯，分子中含有三个酯键（图 1-3）。

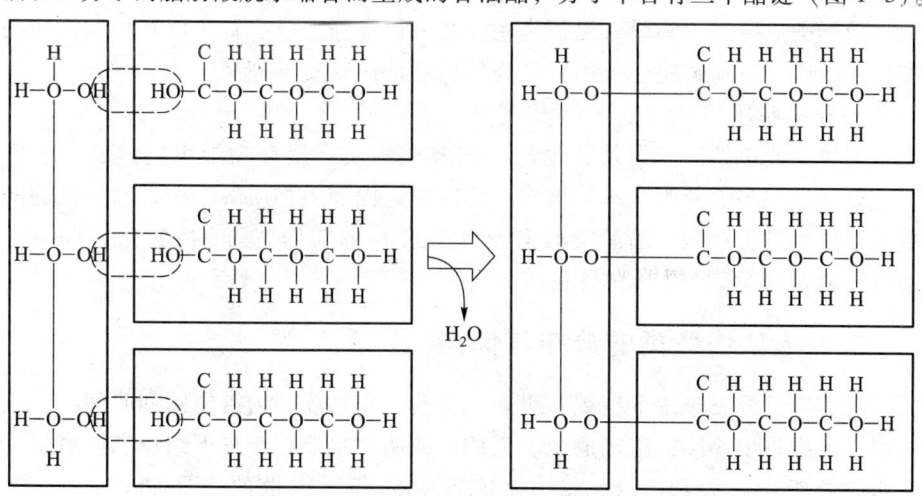

图 1-3　甘油三酯的合成

自然界中，脂肪酸通常具有偶数碳原子，碳氢链长一般为12～22个碳原子（图1-4）。碳氢链有的是饱和的，如硬脂酸（十八碳酸）和软脂酸（十六碳酸）等，为饱和脂肪酸；也有的是碳氢链含有一个或几个双键，为不饱和脂肪酸，如油酸（十八碳烯酸）、亚油酸（十八碳二烯酸）、亚麻酸（十八碳三烯酸）和花生四烯酸（二十碳四烯酸）等。人体内含量最多的饱和脂肪酸有硬脂酸和软脂酸，不饱和脂肪酸是油酸。人体能够合成饱和脂肪酸和单个双键的不饱和脂肪酸，但亚油酸和亚麻酸只能从植物中摄取，而花生四烯酸只能由亚油酸合成。通常把维持人体正常生长所需而体内又不能合成的脂肪酸，称为必需脂肪酸，如二十碳五烯酸（EPA）和二十二碳六烯酸（DHA），其主要生物学功能是合成前列腺素、降血脂、抑制血小板聚集和延缓血栓形成等。

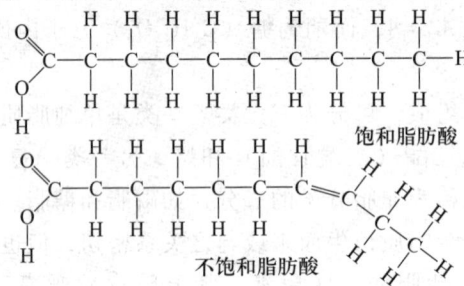

图1-4 脂肪酸的分子结构

2. 复合脂质

复合脂质包括磷脂和糖脂。磷脂在体内主要有卵磷脂、脑磷脂、丝氨酸磷脂和肌醇磷脂等，磷脂是细胞的组成成分，有其特殊的功能，因而，在食物中增加磷脂类成分对细胞膜有保护作用，尤其可加强在肝、肾中抗自由基损伤的能力，所以，目前磷脂已被用来作为特殊功能的膳食补充品。

3. 衍生脂质

衍生脂质包括固醇类及其他酯。固醇类物质广泛存在于生物体的一切细胞，以环戊烷多氢菲为基本结构式。胆固醇是固醇类物质的一种，它是细胞的重要组分，是胆汁酸、固醇类激素及维生素D的前体，具有维持生物膜正常透过能力和神经鞘绝缘体的作用。

二、人体内脂类的分布与储量

脂类广泛分布于皮下组织、腹腔大网膜、肠系膜、内脏周围和肌间结缔组织中。类脂是生物膜的组成成分。人体内的脂肪主要存于皮下组织和内脏周围的脂肪组织中，大约有12 kg。骨骼肌中也有一定量的脂肪储存，为7～40 mmol/kg湿肌，人体肌肉内储存脂肪的总量大约为300 g，但其变化幅度比肌糖原要大。在血液中也有少量脂肪以脂蛋白的形式进行运载，少量脂肪与清蛋白结合而存在，血浆中甘油三酯的含量大约有 4 g，而血浆游离脂肪酸约有 0.4 g。下面以常用于衡量人体内脂肪含量及代谢状况的体脂和血脂进行阐述。

（一）体脂

人体内总脂肪量占体重的百分比随年龄、性别、生理状况等不同而有所不同。近年研究表明，从婴儿出生到成年期间，脂肪细胞的数目和体积都增加了 4~5 倍。常参加体育锻炼的人其体成分与正常人相比，瘦体重较大、体脂较少。这是由于经常性的体育锻炼所至。此外，运动水平和运动项目不同，其体脂也会有所不同（表 1-4）。

表 1-4　不同人群体脂占体重百分比

不同人群	性别	体脂占体重百分比/%
7 岁	男	13.4±2.0
	女	17.8±3.4
10 岁	男	18.5±6.4
	女	23.9±5.0
13 岁	男	15.8±5.1
	女	29.3±4.4
15 岁	男	10.7±3.2
	女	26.1±4.8
正常成年人	男	18~19
	女	28~30
老年人	男	26
	女	38
短跑运动员	男	9~11
	女	15.5~17.4
竞走运动员	男	12.8±4.4
	女	19.8±3.5
花样游泳运动员	女	12~22.5

（二）血脂

血浆所含脂类统称为血脂，主要有甘油三酯、磷脂、胆固醇及其酯和游离脂肪酸等。血脂的来源有两个方面，一为外源性，从食物摄取的脂类经消化吸收进入血液；二是内源性，肝、脂肪细胞及其他组织合成后释放进入血液。血脂含量不如血糖恒定，受膳食、年龄、性别、职业及代谢等的影响，波动范围较大。患糖尿病时，由于脂类代谢紊乱，血脂一般都是明显升高；短期饥饿也可因储存的脂肪大量动员，而使血脂暂时升高。血脂在血浆中不是以自由状态存在，而是与血浆中的蛋白质结合，以脂蛋白的形式运输。根据其密度由小到大把血浆脂蛋白分为乳糜微粒（CM）、极低密度脂蛋白（VLDL）、低密度脂蛋白（LDL）和高密度脂蛋白（HDL）4种，不同血浆脂蛋白其功能不一样。血浆脂蛋白的分类、组成、功能及含量见表1-5。

表1-5 血浆脂蛋白的分类、组成、功能及含量

分类		乳糜微粒	极低密度脂蛋白	低密度脂蛋白	高密度脂蛋白
组成/(干重/%)	蛋白质	1~2	10	25	50
	甘油三酯	84~85	50	5	3
	磷脂	8	18	21	27
	胆固醇	2	8	9	3
合成部位		小肠黏膜细胞	肝细胞	血浆	肝、肠
功能		转运外源性甘油三酯及胆固醇	转运内源性甘油三酯及胆固醇	转运内源性胆固醇	逆向转运胆固醇
正常参考值/(mg/100 mL)	男	痕量	150	458	241
	女	痕量	87	422	345

三、人体脂类与健康和体能

人体内脂类不仅是体内最大的能量储存库，还是构成生物体的主要成分，是维持机体正常生命活动不可缺少的物质。其生物学功能主要如下：

（一）脂类是细胞的重要结构成分

脂类是组成生物膜（细胞膜、核膜、线粒体膜、内质网膜等的总称）的基本原料。细胞的各种膜主要是由类脂（磷脂和胆固醇）与蛋白质结合而形成的脂蛋白构成。此外，磷脂和胆固醇还是神经髓质的重要成分，有绝缘作用，可维持神经系统的正常传导；在胆汁中，磷脂与胆盐、胆固醇一起形成胶粒，有利于胆固醇的溶解和排泄。

（二）脂肪储存并提供能量

脂肪是较理想的能量储存形式，从其 C、H、O 元素组成分析，脂肪的 C、H 元素含量比糖类和蛋白质要多，故单位质量脂肪携带的能量比糖类和蛋白质多。每 g 脂肪在体内完全氧化可释放能量 37.71 kJ，是等物质的量葡萄糖或蛋白质氧化释放能量的两倍之多。但是，脂肪酸氧化时的耗氧量高，如 80 kg 体重的男性成年人和 60 kg 体重的女性成年人，具有正常范围平均体脂百分率，各自可以提供 $4.5×10^5$ kJ 和 $5.5×10^5$ kJ 的能量。用马拉松跑的速度进行运动，脂肪供能从理论上可以跑 119 h 之多。长时间低强度运动时，机体所需的大部分能量是由脂肪提供的。

（三）脂肪是脂溶性维生素的溶剂

食物脂肪是脂溶性维生素的吸收携带者，当脂类吸收不良时，脂溶性维生素的吸收大大减少，甚至会引起维生素缺乏症，因此，摄入适量的脂类食物是必需的，故在控体重节食期间，应注意适当补充脂溶性维生素。

（四）脂肪具有防震和隔热保温的作用

脂肪具有隔热和防震的作用。在冷环境下运动时，如游泳、各种冰雪运动等，较厚的皮下脂肪有利于运动员体温的保持；但在热环境下运动时，则不利于散热。人体各大内脏器官周围的脂肪，可在一定程度上避免由于跑动、跳跃、翻腾或翻滚时对内脏器官的震动。

（五）脂肪的氧化利用具有降低蛋白质和糖类消耗的作用

在耐力性运动中，脂肪作为能源物质被氧化动用能力提高时，则与糖类一样，具有降低蛋白质消耗的作用，有助于延长运动时间和提高运动能力。运动员进行长时间耐力训练后，体内动用脂肪氧化供能的能力提高。高水平耐力运动员脂肪氧化分解的能力明显高于一般人，运动时脂肪供能的比例显著增加，还可降低糖类的消耗，维持血糖的稳定，有效地提高运动能力。

（六）脂肪组织可作为内分泌器官分泌细胞因子，参与机体某些生理和病理过程

脂肪组织不仅是能量储存器官，还是通过分泌各种激素及细胞因子参与能量代谢及导致与肥胖相关疾病发生的内分泌器官。瘦素是一种饱食因子，它的主要功能是调节能量平衡，另外还能够影响神经内分泌及免疫功能。脂肪组织的性激素及糖皮质激素代谢决定了体脂分布，参与心血管病的发生。其他一些由脂肪组织产生的蛋白质，如前炎症细胞因子、补体、纤溶凝血成分也介导了与肥胖有关的心血管疾病及代谢疾病的发生。

第四节 糖类与健康和体能

糖类是自然界中分布最广泛的一类有机化合物，是生物体内重要成分之一，也是生物体的重要能源物质。自然界中，绿色植物利用太阳光能将所吸收的二氧化碳和水经光合作用合成糖类，人和动物则利用植物所合成的糖类化合物。

一、糖类的化学组成

糖类是自然界存在的一类有机化合物，是自然界最丰富的物质之一。绝大多数糖类由碳（C）、氢（H）和氧（O）组成，其分子式通常以 $C_m(H_2O)_n$ 表示。由于一些糖类分子中氢和氧之比往往是 2∶1，故习惯上把糖类称为碳水化合物。但是，有的糖类中氢和氧的比例不是 2∶1，如脱氧核糖（$C_5H_{10}O_4$），而有些物质氢和氧的比例是 2∶1，但不是糖类，如甲醛（CH_2O）。

自然界中存在的糖类，种类繁多，其结构也是复杂多样。糖类根据能否水解成更简单的糖类，可把它分成单糖、寡糖和多糖三类。下面分别从这三类糖简述其分子组成。

（一）单糖

单糖是指不能再水解的糖类。它是构成各种糖类分子的基本单位，通常单糖分子含有 3~7 个碳原子。生物体内重要的单糖有核糖、脱氧核糖、葡萄糖和果糖等。葡萄糖是单糖中重要的一种，其分子是由 6 个碳原子、12 个氢原子和 6 个氧原子组成，分子式为 $C_6H_{12}O_6$，其化学结构式可用链式与环状立体结构式表示（图1-5）。从结构上看，6 个碳原子连成葡萄糖的碳链骨架，在第一个碳原子上是由碳、氢、氧三个原子组成的原子团，称作醛基（-CHO），

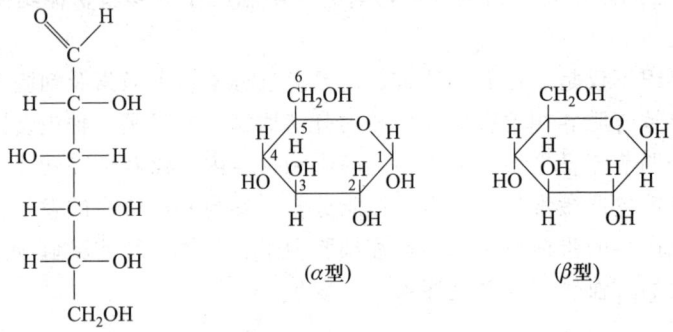

图1-5 葡萄糖的链式和环状立体结构式

在第2、3、4、5、6碳原子上均连接由氢、氧组成的羟基（-OH）基团。因此，葡萄糖是具有多个羟基的醛，简称为多羟基醛。

果糖也是由6个碳原子、12个氢原子和6个氧原子组成的糖类（$C_6H_{12}O_6$），但从其分子结构分析（图1-6），却与葡萄糖不完全相同，果糖分子结构中具有酮基和多个羟基，故将果糖称多羟基酮。

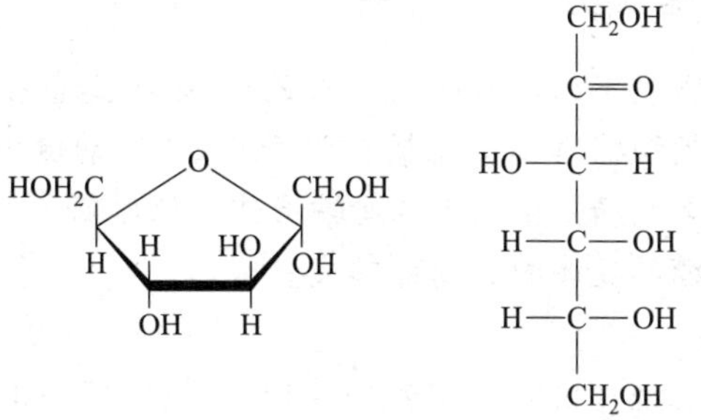

图1-6 果糖的链式和环状立体结构式

（二）寡糖

寡糖又称为低聚糖，是由2~10个单糖分子脱水缩合后由糖苷键连接而成的低聚化合物。在体内，低聚糖常常与蛋白质或脂类以共价键结合，以糖蛋白或糖脂的形式存在。最主要、最简单的寡糖是双糖。

双糖是两个单糖分子缩合脱去1分子水后而成的，主要的双糖有蔗糖、麦芽糖和乳糖。

蔗糖——→葡萄糖+果糖
麦芽糖——→葡萄糖+葡萄糖
乳糖——→葡萄糖+半乳糖

（三）多糖（高聚糖）

多糖是一类高分子有机化合物，一般由300~500单糖（或单糖衍生物）分子脱水缩合而成。一般无甜味，大多不溶于水。

自然界中多糖分布甚广，是最常见的糖类，通常可分植物多糖和动物多糖两大类。

淀粉和纤维素是植物多糖的两种常见形式。淀粉是植物的储存养料，也是人类食物中的主要营养素之一。淀粉可分为直链淀粉（10%~20%）和支链淀粉（80%~90%）两类。纤维素组成植物纤维或者植物结构成分，主要存在于叶、茎、根、种子和果实的外皮等处。由于人类的消化系统内缺乏分解纤维素的酶，故无法直接利用，但纤维素能促进肠胃蠕动，有利于食物消化。

糖原又称动物淀粉，是存在于人和动物体内的多糖。糖原分子在结构上与支链淀粉相似，但链的分支长度较支链淀粉短，数目更多。通常由几百至几千葡萄糖脱水缩合后连接而成。

综上所述，从单糖、寡糖和多糖的组成和结构特点，可以从化学结构上给予糖类确切的定义，即糖类是一类含有多羟基醛或多羟基酮及其衍生物的化合物。

二、人体内糖类分布与储量

人体内糖类的含量不超过人体干重的2%。以游离态和化合态两种形式广泛分布于人体内各组织器官中，总量约为500 g，运动员可达550~750 g；游离态的糖类主要是葡萄糖，是糖类的运输形式，如血糖；而化合态的糖类是肌糖原和肝糖原，是糖类在体内的储存形式。

（一）血糖

血糖的基本来源是食物糖（主要是淀粉）。饥饿状态下，肝脏释放葡萄糖是血糖的又一来源。血糖的去路主要是进入组织细胞合成糖原、氧化分解供能及转换成脂肪和氨基酸（图1-7）。

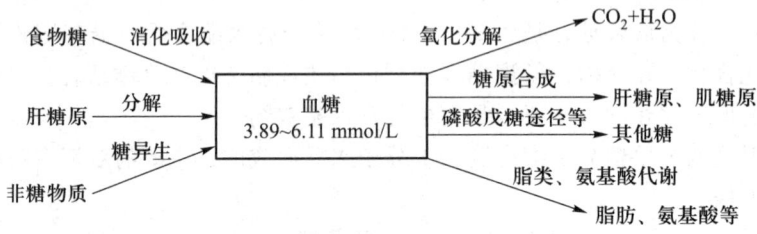

图1-7 血糖的来源和去路

血糖正常水平相对恒定，维持在3.89~6.11 mmol/L，这是血糖来源和去路相对平衡的结果。空腹状态人体血糖浓度低于3.33~3.89 mmol/L 时称为低血糖，脑组织几乎完全依赖摄取血糖进行能量代谢，因此，在进行耐力运动时，血糖浓度显著降低，就会出现中枢神经系统功能紊乱，而使机体出现显著疲劳。

临床上将空腹血糖浓度高于7.22~7.78 mmol/L 称为高血糖。当血糖浓度高于8.89~10.00 mmol/L，即超过了肾小管的重吸收能力，则可出现糖尿，这一血糖水平称为肾糖阈。运动增加机体能量消耗，使骨骼肌吸收葡萄糖增加，并可改善胰岛素的功能，提高机体各组织对胰岛素的敏感性，提高胰岛素的利用效率。因此，长期坚持适量的运动，可促进物质代谢，增强免疫功能和抵抗力，预防或减少糖尿病的发病概率。

（二）肌糖原

人体骨骼肌中的糖原含量为100 g 湿肌 1~1.5 g，总量为350~400 g。但不同肌肉中糖原的含量也不相同，股四头肌、腓肠肌中的糖原平均含量为 100 g 湿肌 1.4 g，三角肌中只含有 0.98 g。一般认为快肌纤维中糖原含量比慢肌纤维中略多。

机体的肌糖原储量对于有氧运动和无氧运动能力的发挥都有重要意义。提高体内肌糖原储量、加快运动后的糖原恢复，对运动能力的提高尤其重要。例如，在长时间（45~200 min）持续运动中，运动前肌糖原储量决定运动力竭出现的时间，直接影响耐力训练和比赛成绩，其原因主要在于：① 糖原在不同肌纤维内数量不同，当运动肌内糖原耗尽时，难以从非运动肌内得到补充；② 肌糖原含量低者，完成相同负荷运动时，肌肉要较多地摄取血糖供能，可能引起低血糖症，影响中枢神经系统的能量供应；③ 肌糖原是脂肪氧化供能的代谢引物，缺糖将影响脂肪氧化供能能力和供能量；④ 肌糖原储量不足，脂肪酸供能比例增加，使运动能力下降。

（三）肝糖原

休息状态下，肝糖原含量波动较大，100 g 肝组织含糖原为 1.5~8.0 g，平均 4.4 g，总量为 75~100 g。故肝糖原总量比肌糖原总量要少得多，只占体内储存糖原总量的 20% 左右，但是肝糖原对于维持血糖浓度的正常水平、保持良好的运动能力及健康有极重要的作用。安静状态下，由肝脏输出的葡萄糖中，有 70%~75% 来自肝糖原的分解。

三、人体糖类与健康和体能

正常生理活动中，能量主要来自糖类的氧化过程，所以糖类是体内主要能源物质。同时对于某些重要的生命器官，如脑组织则更是主要的能源物质。此外，糖类还参与组成细胞内结构成分，且与细胞膜的抗原性有关，并可组成某些功能性物质，如糖蛋白等。

（一）糖类可以提供能量

糖类是人体的基本供能物质，正常生理活动中 60%~70% 的能量来自糖氧化的过程。1 g 糖类含能量 18 kJ；以体重 80 kg 成年男性为例，全身糖能产生能量 8 000 kJ。而且糖类是体内唯一能进行无氧和有氧氧化分解代谢，为肌肉在不同运动状态下提供能量的物质。无氧条件下，糖类在细胞液进行酵解合成 ATP，是速度耐力运动项目所需能量的主要来源；有氧条件下，糖类在细胞液和线粒体彻底氧化，释放大量 ATP，是长时间持续运动能量的主要来源。

不同组织对糖类的依存性有所不同，大脑存在血脑屏障，且缺乏能源物质，糖类的储量仅 2 g 左右，而大脑每天需要氧化约 120 g 葡萄糖，血糖可通过血脑屏障，故大脑主要依靠血糖在脑中氧化而获得能量，以维持其正常生理功能。当血糖浓度降低时，首先影响中枢神经系统的机能，产生疲劳或头晕等现象，从而影响运动能力。

服用含糖类丰富的食品，运动后恢复期明显缩短，如对长距离跑和自行车运动员的实验表明，一个运动员进行剧烈的运动后，若食用高糖膳食，其体力可在 42 h 内完全恢复；但食用高蛋白低糖膳食，体力则需要 5~7 天才可完全恢复。

（二）糖类参与脂肪代谢的调节

当摄入糖类超过体内能量消耗时，除合成少量糖原储存在肝及肌肉外，还可转变为脂肪储存在脂肪组织中。然而，脂肪分解代谢的强度有赖于糖代谢的正常进行。当饥饿或糖类供给不足或糖代谢障碍时，会引起脂肪大量动员，部分脂肪不能被完全氧化，将产生中间产物——酮体，酮体具有强酸性，它的大量堆积，会造成酮体中毒症。而糖类的充足可以使酮体完全氧化（图1-8）。因此，糖类具有调节脂肪代谢和抗酮体生成的作用。

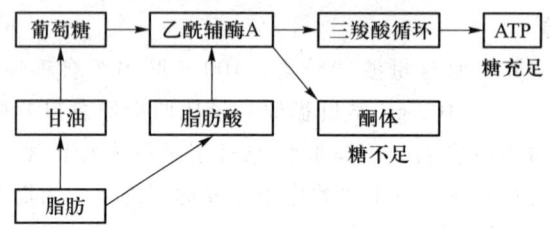

图1-8 糖类对脂肪代谢和抗酮体生成的调节作用

（三）糖类参与蛋白质的调节

蛋白质在体内主要起维持和修复组织作用，满足机体生长需要，较少起供能作用。但是，当糖类在体内的储量下降，不能满足机体能量需要时，蛋白质分解代谢加强，参与氧化供能比例增加。长时间耐力运动中，蛋白质氧化供能起着补充糖类的作用更为突出。但体内蛋白质降解增多，尤其是肌肉蛋白质数量会暂时减少，会造成机能下降，引起疲劳的产生。因此，机体保持充足的糖类储备，将减少运动中蛋白质的消耗，有利于组织蛋白质数量的保持和机能的发挥。

（四）糖类是重要的结构成分

糖类与脂类形成的糖脂，是神经组织与细胞膜的重要成分。糖类与蛋白质结合生成的糖蛋白，是骨骼、肌腱、黏液、眼球玻璃体和角膜的重要成分。

第五节 水、无机盐与健康和体能

水、无机盐是人体的重要组成部分，其含量和代谢平衡对人体正常的生理功能和运动健康起着重要作用。

一、人体水与健康和体能

水是人体各种细胞和体液的重要组成部分，人体的许多生理活动一定要有水的参与才能进行。水是生命体内各种化学反应的介质；水是运输媒介，它可以将氧气和各种营养素直接或间接地带给人体各个组织器官，并将新陈代谢的废物和有害有毒物质通过大小便、出汗和呼吸等途径及时排出体外。

（一）水平衡

人体每日从食物和饮料中获取所需水分。在饮水量方面，由于个体差异及气候条件、活动强度与生理状况等不同而有较大的差别。一般情况下，成年人每天饮水量波动在 1 200~1 500 mL，从食物中摄入的水量约为 1 000 mL，食物在体内氧化产生的代谢水约为 300 mL。

人体每天排出水的数量与其每天摄取水的数量有密切关系，多摄取则多排出，少饮水则少排出。正常成年人一般情况下每天随尿液排出的水为 500~1 500 mL，由于成年人每天须经肾排出 35 g 左右固体溶质（主要是蛋白质代谢终产物和电解质），尿液的最大浓度为 6 g%~8 g%，因此排出 35 g 固体溶质的最低尿量应为 500 mL，称为最低尿量。除此之外，每天经呼吸道黏膜不感蒸发所排出的水约为 350 mL，经皮肤不感蒸发和发汗排出的水约为 500 mL，而随粪便排出的水约为 150 mL。

从上述可见，正常人每天的出入水量是相等的。在一般情况下，正常成年人的出入水量约为 2 500 mL，从而保证了水的平衡。

人体在剧烈运动时，体内产热量增加，若环境温度增高时，则排汗成为调节体液平衡的主要或唯一途径。一次大强度、大运动量训练的排汗量可高达 2 000~7 000 mL，如不能及时补充适量水分，将会造成脱水，引起人体机能的明显降低，严重时还会危害健身者的身体健康，因此，健身运动时要特别重视水的平衡问题。

（二）运动中水的生物学功能

水是仅次于氧气维持生命所必需的物质，是人体最重要的营养素之一。人体在水分充足时才能维持良好的细胞功能，调节体温，获得最佳体能。

1. 水是构成细胞和体液的重要组成部分

人体细胞内外都充满了水。成年人体内细胞水分含量约占体重的 65%，血液中含水量占 80% 以上，水广泛分布在组织细胞内外，构成人体的内环境。

2. 水是生物化学反应进行的场所并参与人体内物质代谢

水是良好的溶剂，能使物质溶解，加速化学反应，有利于营养物质的消化、吸收、运输和代谢废物的排出。机体内大部分生物化学反应都在细胞中进行，并由此完成各种新陈代谢和生理活动。

3. 调节体温

水的比热容大，1 g 水升高或降低 1 ℃需要约 4.2 J 的热量，大量的水可吸收代谢过程中产生的能量，使体温不致显著升高。水的蒸发热量也大，在 37 ℃体温的条件下，蒸发 1 g 水可带走 2.4 kJ 的热量。因此在高温下，体热可随水分经皮肤蒸发散热，以维持人体体温的恒定。

4. 润滑作用

在关节、胸腔、腹腔和胃肠道等部位，都存在一定量的水分，对器官、关节、肌肉、组织能起到缓冲、润滑、保护的功效。关节液对于关节活动可起润滑作用，而食管与胃肠道保持湿润有助于食物的吞咽和蠕动及残渣的排泄。

（三）水的摄入过量或缺乏与健康和体能

机体摄入或输入水过多，导致水在体内潴留，引起血液渗透压下降和循环血量增多，称为"水中毒"或稀释性低钠血症，开始表现为头昏眼花、呕吐、虚弱无力和心跳加快等症状，严重时甚至会出现痉挛、意识障碍和昏迷。由于水的摄入受口渴感调节，排出受神经中枢系统和肾排尿的调节实现，因此，一般情况下不会出现水中毒。但在夏季运动时，汗流浃背，体内钠盐等电解质流失，如果此时大量饮用淡水而电解质摄入不足，吸收的水分很快进入血液，就可造成体内水分过多，引起水分过多症或水中毒。任何原因造成的人体内水分增加超过正常水平的 10%或以上时，都会表现为水肿。水分的大量丢失会引起脱水，对健康和运动能力都会产生一定的影响。在运动过程中，不可避免地出现大量出汗，当水摄入不足或水丢失过多时，可引起体内失水，也称脱水。根据水与电解质丧失比例不同，脱水分为三种类型。

1. 高渗性脱水

高渗性脱水的特点是以水的丢失为主，电解质丢失相对较少。当失水量占体重的 2%~4%时，为轻度脱水，表现为口渴、尿少、尿比重增高及工作效率降低等。失水量占体重的 4%~8%时，为中度脱水，除上述症状外，可见皮肤干燥、口舌干裂、声音嘶哑及全身软弱等表现。如果失水量超过体重的 8%时，则为重度脱水，可见皮肤黏膜干燥、高热、烦躁和精神恍惚等。若脱水达 10%以上，可危及生命。

2. 低渗性脱水

低渗性脱水以电解质丢失为主，水的丢失较少。此种脱水特点是循环血量下降，血浆蛋白质浓度增高，细胞外液低渗，可引起脑细胞水肿，肌肉细胞内水过多并导致肌肉痉挛。早期多尿，晚期尿少甚至尿闭，尿比重低，尿 Na^+、

Cl⁻降低或缺乏。

3. 等渗性脱水

此类脱水较为常见，表现为水和电解质按比例丢失，体液渗透压不变。其特点是细胞外液减少，细胞内液一般不减少，血浆 Na^+ 浓度正常，兼有上述两型脱水的特点，有口渴和尿少表现。

失水或脱水会影响运动能力。一般人的失水量达到体重的2%时，工作能力会下降10%~15%；失水量为体重的5%时，运动员的运动能力可下降10%~30%。运动员在训练或比赛中发生肌肉抽搐与严重的脱水可能有关。运动员在热环境下运动时，物质代谢产热过程激烈，加上高温环境的作用，为了防止机体过热，会大量排汗散热来维持体热的平衡。排汗所丢失的主要是水分。这些水主要来自血浆、细胞间液和细胞内液体。运动中的排汗率和排汗量与运动强度、密度和持续时间等因素有关。例如，在气温27 ℃~30 ℃条件下，4 h 长距离跑训练的出汗量可达到4.5 L；在气温37.7 ℃时，70 min 的足球运动，出汗量可达到6.4 L，水丢失量可达到体重的6%~10%。

二、人体无机盐与健康和体能

无机盐是人体的组成成分，总储量为43~44 g/kg.wt，约占人体重量的4%~5%。人体已发现有20余种必需的无机盐，其中含量较多的（>5 g）为钙、磷、钾、钠、氯、镁、硫7种；每天膳食需要量都在100 mg 以上，称为常量元素。另外一些含量低微，随着近代分析技术的进步，利用原子吸收光谱、中子活化等离子发射光谱等痕量的分析手段，发现了铁、碘、铜、锌、锰、钴、钼、硒、铬、镍、硅、氟、钒等元素也是人体必需的，每天膳食需要量为1~100 000 μg 的称为微量元素。由于新陈代谢，每天都有一定数量的无机盐从尿液、汗液和粪便等各种途径排出体外，因此必须通过膳食予以补充。无机盐的代谢可以通过分析血液、头发、尿液或组织中的浓度来判断。在合适的浓度范围内有益于人的健康，缺乏或过多都可能致病，而疾病又影响其代谢，往往增加其消耗量。在我国，钙、铁和碘的缺乏较常见；硒、氟等随地球化学环境的不同，既有缺乏病，如克山病和大骨节病、龋齿等，又有过多症，如氟骨症和硒中毒。

（一）人体无机盐分布和组成

由于无机盐在人体各部位发挥的功能不同，因此，无机盐在人体内体液、组织、细胞分布和组成各不一样。

1. 体液各部分无机盐

人体内电解质主要是指体液中的无机盐。体液中含有大量电解质，对维持人体内环境的渗透平衡和酸碱平衡起着十分重要的作用。其中，各系统中的阳离子与阴离子总数相同，以此保持电荷平衡，维持体液电中性。

细胞内液中的离子分布与细胞外液截然不同。细胞内液中的阳离子以 K^+ 为主，其次为 Mg^{2+} 和 Na^+。阴离子以 HPO_4^{2-} 和蛋白质为主，Cl^- 极少。细胞内液中蛋白质含量又多于血浆，这将十分有利于细胞内与组织间液之间的物质交换。此外，细胞内液中还含有少量的 Ca^{2+}、Na^+、SO_4^{2-}、HCO_3^- 与 Cl^- 等。

2. 其他主要部位的无机盐类

无机盐在体内的分布极不均匀。例如，钙和磷绝大部分在骨和牙等硬组织中，铁集中在红细胞，碘集中在甲状腺，钡集中在脂肪组织，钴集中在造血器官，锌集中在肌肉组织。人体骨骼中含有丰富的钙、磷、镁等无机盐，它们构成骨骼的主要无机成分，如羟磷灰石结晶。骨骼除了作为机体的支架外，还在维持细胞外液钙、磷的含量方面起着重要作用。人体骨骼肌中也储存着一定数量的 Ca^{2+}，而骨骼肌的收缩也是由 Ca^{2+} 启动和控制的。

（二）运动时无机盐的生物学功能

无机盐虽不供给能量，但对维持机体正常功能具有重要的作用。

1. 构成机体组织的重要材料

人体许多组织、器官含有无机盐，如硬组织骨骼和牙齿，大部分是由钙、磷和镁组成，而软组织含钾较多。

2. 调节体液平衡

无机盐可以维持机体的渗透平衡和体液的酸碱平衡，对细胞内外水分的转移、物质交换和内环境起稳定作用。

3. 调节神经肌肉的兴奋性

无机盐可以维持神经肌肉的兴奋性，以保持其正常的应激能力，参与神经活动和肌肉收缩等。

4. 参与体内某些酶和激素的组成

有些无机盐构成酶的辅基及激素、维生素、蛋白质和核酸的成分，或作为多种酶系统的激活剂，参与许多重要的生理功能。例如，Ca^{2+} 作为第二信使，转而激活许多具有生理活性的酶或蛋白质，如钙调蛋白等，从而发挥重要的生理作用。

第六节 核酸及其化合物与健康和体能

在人体的化学组成中，有一类很重要的分子，即遗传的基础物质多核苷酸——核酸及能量代谢过程中重要的能源物质单核苷酸——三磷酸腺苷（ATP）。

一、人体核酸与健康和体能

核酸称为多核苷酸，可分为两大类，即核糖核酸（RNA）和脱氧核糖核酸（DNA），它们都由单核苷酸组成。

（一）核酸的化学组成

组成核酸的主要元素有碳（C）、氢（H）、氧（O）、氮（N）和磷（P）。与蛋白质比较，核酸的元素组成有两个特点，一是天然核酸不含硫（S），二是核酸中磷的含量较多，并且相对恒定，平均为9%~10%。因此，通常以测定样品中磷的含量来计算组织中核酸的含量。

核酸的基本组成单位是核苷酸。组成DNA的核苷酸是脱氧核糖核苷酸，组成RNA的是核糖核苷酸。核苷酸可以进一步水解为核苷和磷酸，核苷又可以水解为戊糖和碱基。

核苷酸中的戊糖有核糖和脱氧核糖两种，分别存在于核糖核酸和脱氧核糖核酸中。核苷酸中的碱基均为含氮杂环化合物，分属于嘌呤衍生物和嘧啶衍生物。核苷酸中的嘌呤碱基主要有鸟嘌呤和腺嘌呤；嘧啶碱基主要有尿嘧啶、胞嘧啶和胸腺嘧啶。其中，尿嘧啶只存在于RNA中，而胸腺嘧啶只存在于DNA中。碱基与戊糖以糖苷键相连接构成核苷，通常是戊糖的C_1与嘧啶碱的N_1或嘌呤碱的N_9相连接。核苷中的戊糖与磷酸以磷酸酯键连接构成核苷酸。

（二）核酸的生物学功能

核酸在人体内分布广泛，具有多种生物学功能。体育锻炼和运动训练能促进蛋白质的合成，蛋白质的合成正是通过核酸的活动来实现的。研究运动对核酸的影响，可作为运动能力的遗传与选材及运动训练对身体在分子水平上影响的依据，以便科学地提高训练效果。

1. 核酸是细胞结构的重要成分

核酸只存在于细胞内，细胞以外的细胞间质和细胞外液都无核酸存在，自然界最简单的生物，如病毒，其组成成分除蛋白质外，就是核酸。

2. 核酸是遗传物质的组成成分

核酸作为构成DNA、RNA的组成成分，其遗传功能主要表现在：核酸具有储存、复制和传递遗传信息的功能；核酸能指挥体内蛋白质的生物合成，包括具有特殊功能的酶蛋白等的合成。

3. 核酸是运动员选材的基础和依据

运动能力是由控制人体运动方面各性状的基因决定的，而基因是DNA分子的某一特定节段,由于性状的遗传性,使其能在人的一生中保持一定的稳定性,所以,在运动员科学选材中,可依据这一遗传的稳定性,预测待选运动员将来可能达到的运动水平,为科学选材提供有力的证据和依据。

4. 部分核酸还具有特殊生理功能

三磷酸腺苷是机体唯一的直接能源物质,ATP 是体内重要单核苷酸。

二、人体三磷酸腺苷与健康和体能

三磷酸腺苷(ATP)是核苷酸的衍生物,广泛参与体内糖类、脂类、蛋白质、核酸等物质代谢过程。它不仅是体内多种合成反应的直接能源物质,而且是肌肉收缩时唯一的直接能源物质。

(一)ATP 的化学组成

ATP 是体内重要的单核苷酸,根据元素分析,ATP 由碳(C)、氢(H)、氧(O)、氮(N)、磷(P)组成。ATP 由 1 分子腺嘌呤、1 分子核糖和 3 分子磷酸残基组成,有活性的 ATP 分子内还结合 Mg^{2+} 或 Mn^{2+}。细胞在 pH = 7 时,ATP 分子离子化,由于分子内双键外的电子是均匀分布的,使三磷酸残基的氧原子带负电荷(图 1-9)。ATP 分子中含有两个高能磷酸酯键(~P),在体外标准条件下测定的结果,每一个 ~P 水解时可释放约 30.5 kJ/mol 能量或者更多一些。当运动引起钙离子释放进入肌液时,启动 ATP 水解,反应释放的能量直接供肌纤维利用,是肌纤维收缩过程唯一可使用的能量。ATP 水解产物是二磷酸腺苷(ADP)和磷酸(Pi)。

$$ATP + H_2O \xrightarrow{ATP\ 酶} ADP + Pi + 能量$$

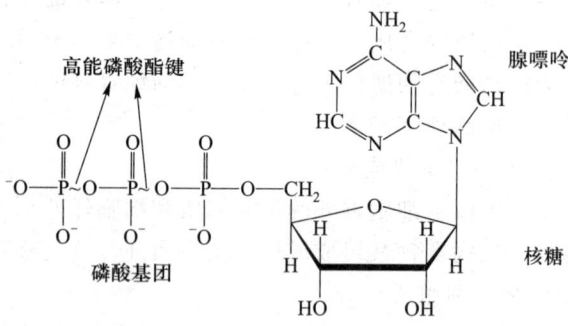

图 1-9 ATP 分子结构

(二)人体内 ATP 的分布与储量

细胞内 ATP 被分隔存在于线粒体、细胞核和其他亚细胞器内,或者结合在细胞液内某些组成成分上。在细胞核和细胞液之间,不存在 ATP 浓度的明显差异。不同组织细胞内的 ATP 浓度相差很大，骨骼肌一般在 4.7~7.8 mmol/kg 湿肌，心肌细胞的 ATP 浓度较低，约为 5 mmol/kg 湿肌。即使是同类细胞，由于物种不同，也存在不同水平的 ATP 浓度。此外，生理条件、年龄、生长速度、药物和营养等因素也影响细胞内 ATP 浓度。

骨骼肌细胞的 ATP 储量少。当以最大输出功率进行运动时，只能为肌肉工作提供 0.5~0.8 s。然而运动训练不能明显增加 ATP 储量，肌细胞也不能直接吸收血液或邻近细胞的 ATP。运动时，骨骼肌消耗的 ATP 必须随时得到补足，才能维持正常的能量平衡。所以，从能量观点看，肌内 ATP 消耗后的恢复速度是影响运动能力的最重要因素。

(三) ATP 的生物学功能与健康和体能

生物体内各种活动所需要的能量形式都是由 ATP 直接水解提供的，但由于 ATP 在组织细胞内含量极少，为保持恒定的肌力产生，要求释放能量的代谢系统不断地合成 ATP，其作用特点如下：

1. ATP 是肌肉工作时唯一的直接能源

ATP 分解所释放的能量能直接提供肌肉工作时的能量，其他能源物质在代谢过程中所释放的能量必须通过 ADP 磷酸化合成 ATP，才能作为肌肉工作的能量。即其他能源物质分解时所释放的能量，通过磷酸化合成 ATP，来维持 ATP 供能的相对稳定，确保运动训练的持续进行。

2. ATP 含量少，转化率高而快

ATP 在骨骼肌、心肌的储存量很少，很快就水解，每 kg 骨骼肌（湿肌）含 6 mmol，每 kg 心肌（湿肌）约含 5 mmol，而肌肉收缩时所需要的 ATP 数量为 10 mmol/kg·s，因此需要 ATP 的再合成，以维持 ATP 的相对稳定。细胞内 ATP 不断地消耗和重新合成，虽然储量较少，但转换率却极高，利用的 ATP 总量非常大。研究表明，大运动量运动过程中 ATP 转化量相当于 70 kg 体重的人。为了维持肌肉收缩强度，必然相应地加快 ATP 的合成速率，以保证 ATP 浓度处于较高水平的动态平衡之中。从能量的观点来说，运动水平的高低取决于其 ATP 的再合成能力。

ATP 合成基本上是 ATP 水解过程的逆转：

$$ADP + Pi + 能量 \longrightarrow ATP + H_2O$$

ATP 合成的能量依赖于细胞内能源物质的分解。运动状态不同，细胞内提供能量合成 ATP 的分解代谢途径也有所不同。

3. ATP 不能透过细胞膜，只能在细胞内生成而被利用

线粒体是"能量工厂"，但在线粒体内所生成的 ATP 却不能直接透过膜状结构为肌纤维提供能量，必须经 CP 的携带后再合成 ATP，才能作为肌肉的直

接能源。

第七节 酶、维生素、激素与健康和体能

机体除了具备完整的糖类、脂类、蛋白质、氨基酸以及核苷酸与核酸代谢和与之偶联的能量代谢外，还存在着复杂完整的代谢调节网络，这些复杂的代谢调节网络是由一系列参与调节生物化学反应的酶、维生素和激素组成的，维生素参与组成辅酶，在物质代谢中起重要作用；其中酶的调节又称为细胞水平的调节，激素往往通过细胞水平的酶进行调节，两者之间是层层相扣，密切关联的。

一、酶与健康和体能

细胞内有多种酶，催化不同物质的物质代谢与能量代谢。但不同的细胞，不同的代谢状态，酶的含量、分布及活性是不同的，因而酶参与代谢的调节包括酶的含量、分布和活性等调节。代谢调节表现为酶活性的升高、降低或酶含量的增加、减少来调节代谢进行的速率与方向。在体育锻炼和运动训练中，物质代谢的化学反应极为顺利和迅速，如在 21 s 左右完成 200 m 跑，机体需提供近 250 kJ 的能量，其根本原因就在于体内存在一种起催化作用的特殊物质——酶。体育锻炼和运动训练引起细胞内酶活性发生的适应性变化，是身体健康和机能提高的基础。

（一）酶的概念及其化学组成特点

酶是生物细胞产生的具有催化功能的物质。绝大多数酶的化学本质是蛋白质，少数酶是由其他生物大分子组成，如核酶的化学本质是核糖核酸（RNA）。酶所催化的反应称为酶促反应。在酶促反应中被酶催化的物质称为底物，反应的生成物质称为产物。酶所具有的催化能力称为酶活性。如果酶失去催化能力称为酶的失活。

酶具有蛋白质的理化性质，也具有蛋白质的各级结构，酶的催化功能是由其特定的空间结构所决定的。根据酶的化学组成，可将酶分为单纯蛋白质酶和结合蛋白质酶两类。单纯蛋白质酶仅由蛋白质所构成，其催化活性由蛋白质结构所决定。人体大多数水解酶类都属于单纯蛋白质酶，如蛋白酶、淀粉酶和脂肪酶等。结合蛋白质酶除有蛋白质部分（即酶蛋白）外，还有非蛋白质部分，即所谓酶的辅助因子。辅助因子可以是金属离子，也可以是辅酶或辅基，维生素可通过组成辅酶或辅基的形式，参与酶的活性的调节及体内的物质能量代

谢。表1-6是某些含金属离子的酶及其生物学功能，表1-7是体内重要辅酶的组成与维生素及其生物学功能。辅酶与酶蛋白结合疏松，可以用透析和超滤方法除去；辅基与酶蛋白结合紧密，不能用透析或超滤方法除去。酶蛋白与辅助因子单独存在时均无催化活性，只有当两者结合成全酶才具有催化活性。

表1-6 某些含金属离子的酶及其生物学功能

酶	金属离子	生理功能
质膜ATP酶	Na^+	加速ATP的水解
ATP酶	Ca^{2+}	加速ATP的水解
细胞色素	Fe^{2+}/Fe^{3+}	传递电子，加速氧化还原
细胞色素氧化酶	Cu^+/Cu^{2+}	氧化还原
己糖激酶	Mg^{2+}	加速糖分解或合成
碳酸酐酶	Zn^{2+}	加速CO_2生成和H_2CO_3分解
丙酮酸激酶	K^+	加速糖代谢过程中丙酮酸的生成

表1-7 体内重要辅酶的组成与维生素及其生物学功能

辅酶名称及英文缩写	含维生素	生理功能
辅酶Ⅰ（NAD^+）	维生素PP	传递氢原子
辅酶Ⅱ（$NADP^+$）	维生素PP	传递氢原子
黄素单核苷酸（FMN）	维生素B_2	传递氢原子
黄素腺嘌呤二核苷酸（FAD）	维生素B_2	传递氢原子
焦磷酸硫胺素（TPP）	维生素B_1	丙酮酸脱羧氧化，加速糖代谢
磷酸吡哆醛（B_6-P）	维生素B_6	转氨基作用，加速氨基酸代谢

（二）酶分子结构特点

酶分子结构与蛋白质分子一样具有特定的空间构型，而决定酶催化功能是由空间构型中的特定区域——活性中心决定的。如果其空间构型遭到破坏，酶的催化活性就会降低或完全丧失。

1. 酶分子组成特点

根据对组成酶蛋白分子的多肽链分析，酶蛋白分子具有以下特点：有的酶只由一条多肽链组成，称为单体酶，如大多数水解酶；有的酶是由两条至10

多条多肽链聚合组成,称为寡聚酶,其最小单位的肽链称为亚基。例如,琥珀酸脱氢酶由两个亚基组成,乳酸脱氢酶由4个亚基组成。此外,由几种酶彼此嵌合形成的复合体称为多酶体系,如丙酮酸脱氢酶体系,是由三种酶组成的多酶体系。

2. 酶活性中心

酶促反应时,并不是整个酶分子都参与催化作用,而是少数带有功能基团(或称活性基团)。例如,-NH$_2$、-COOH、-SH、-OH 等的氨基酸残基,才与酶的催化功能有关。这些氨基酸残基常分散在酶分子肽链的各处,当肽链盘绕折叠形成特定的空间构型时,可使某些活性基团集中到酶分子的特定区域,形成活性中心。因此,酶分子中活性基团比较集中并与底物结合起催化作用的区域,称为酶的活性中心。酶活性部位见图 1-10。

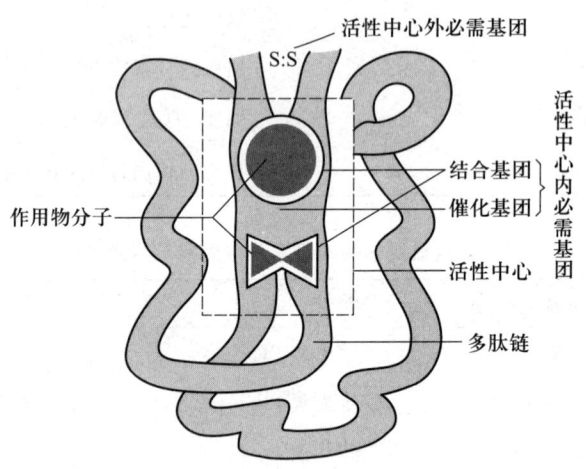

图 1-10 酶活性部位示意图

构成酶活性中心的活性基团又称必需基团,按其功能的不同分为结合基团和催化基团。结合基团是与底物结合的基团;催化基团是催化底物转变为产物的基团。此外,在活性中心以外的区域,尚有某些参与维持酶活性中心空间构型所必需的基团,称为活性中心以外的必需基团。

(三) 酶促反应特点及酶的作用机理

酶促反应包括酶与底物的结合和催化反应的加速两个过程。酶的活性中心中催化基团的精确位置对酶促反应尤为重要,当酶蛋白变性时,使这些基团在空间的排列状态受到破坏,酶因而失去活性。酶的活性中心及中心以外的必需基团对酶的催化活性具有决定性的作用。酶作为生物催化剂,它除具有催化剂的一般特殊性外,还具有以下独特的催化特点。

1. 不稳定性

酶的催化功能依赖于酶的结构。酶蛋白具有蛋白质的结构特性，易受各种理化条件的影响，体温变化和失水使体内环境离子浓度、酸碱度改变，各种代谢基质或产物改变都可以对酶活性发生影响，体现酶的不稳定性及可调控性。例如，大强度运动时，肌肉 pH 下降，可使糖无氧代谢的关键酶——磷酸果糖激酶（PFK）活性下降，甚至被抑制；湿热环境下长时间运动时，机体产热增加而散热不良，体温升高后可使体内一系列能量代谢酶的活性下降，从而容易产生运动性疲劳。酶促反应的环境一般宜在体温（37 ℃左右）和近中性（pH≈7）的溶液中进行。

2. 高效性

酶的催化效率极高，比一般催化剂要高 $10^6 \sim 10^{13}$ 倍。例如，蔗糖酶催化蔗糖水解的速率要比用氢离子催化蔗糖水解的速率高 2.5×10^{12} 倍。每个酶分子，每分钟能催化 $10^2 \sim 10^5$ 个反应分子发生反应。因而，在生物体细胞内，酶表现出量微而催化效率极高的特点。在运动时，代谢过程的速率更高，比平常要高几十甚至上千倍，可见酶活性大小和运动能力关系十分密切。

3. 特异性

酶对其作用的底物有严格的选择性并产生一定的产物，这就是酶的特异性，常称为酶与底物间的锁匙结构关系（图1-11）。一般催化剂，如盐酸可以促进蛋白质、脂肪和淀粉等多种物质的水解，即对作用物无严格要求。但酶促反应则不同，一般酶只能催化一种底物，或同一类型的化学键，如淀粉酶只能

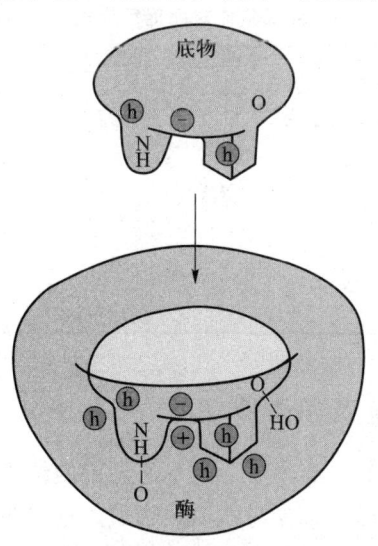

图 1-11　酶与底物间的锁匙结构关系

催化淀粉水解，蛋白水解酶只能催化蛋白质水解，脂肪酶只能催化脂肪水解。酶的这种特性，也表现在对不同专项代谢机能训练的适应不同，酶会产生专项的适应，因此，要求训练要有针对性，如力量、速度与 ATP 酶、肌酸激酶（CK）的活性关系最为密切；耐力则和柠檬酸合成酶、琥珀酸脱氢酶及细胞色素氧化酶的活性关系最大。

（四）影响酶促反应速率的因素

生命活动过程中的物质代谢和能量代谢都是由一系列的酶促反应组成，酶活性的大小，直接影响到酶促反应的快慢，从而影响运动训练中的物质能量代谢。

酶是蛋白质，其催化功能除由自身结构决定外，一切影响蛋白质性质的因素都可影响酶的催化功能，从而影响酶促反应，包括温度、pH、物质浓度、激动剂和抑制剂等（表1-8）。在一定范围内，底物浓度越高，反应速率越快，增加酶浓度也可越有效提高反应速率。合理的运动训练可提高体内组织细胞中相关的酶含量及相关底物的储存量；环境 pH 会影响酶分子中某些基团的解离程度而改变酶分子的空间结构从而影响酶的催化活性，在运动过程中，骨骼肌糖、脂肪等分解代谢加快，酸性代谢产物增多，可引起肌细胞 pH 下降，抑制某些酶的活性而影响物质代谢的速率；化学反应的速率随温度的增高而加快，但对于酶促反应，过高的温度会破坏酶分子的空间结构，使酶失去催化能力，运动前常要求做准备活动，原因之一就是准备活动能提高肌肉的温度，有利于提高酶的活性，以适应运动中快速的物质代谢要求。

表1-8　外部条件对酶促反应速率的影响

条件变化	酶促反应速率
温度升高（0~40 ℃），最适温度为37 ℃	升高，遵循化学反应的温度与速率关系原理
pH（6~8）	升高（一定范围内）
底物浓度增加	升高，达最大值后不再升高
加激动剂	升高
加抑制剂	下降

二、维生素与健康和体能

维生素既不是体内的能源物质，也不是细胞的结构材料，它的营养价值是通过组成辅酶或辅基的形成，参与体内的物质能量代谢。在体育锻炼和运动训练中，运动员体内的物质代谢和能量代谢明显增强，维生素消耗量随之增加，加上运动使肠道对维生素吸收功能下降,运动时排汗使维生素排出增加及体内维生素的周转率增加等因素,使血液中维生素含量发生不同程度的减少,因此补充维生素能够提高机体的抗疲劳能力和加速恢复过程。

(一) 维生素的概念与分类

维生素是维持人体正常生长发育和健康所必需的一类低分子有机化合物。维生素种类很多,但人体对维生素的需求量很小,每日仅为若干 mg 或 μg。大多数维生素不能在体内自行合成,体内储存量很少,必须由食物供给。

根据维生素的溶解性质通常将其分为两大类:一类是脂溶性的维生素,脂溶性维生素有维生素 A、维生素 D、维生素 E 和维生素 K 等;另一类是水溶性维生素,水溶性维生素有维生素 B_1、维生素 B_2、维生素 PP、维生素 B_6、维生素 B_{12}、叶酸和维生素 C 等。

(二) 常见维生素的生物化学特点与健康和体能

维生素与运动能力关系密切。不同维生素由于其分子结构不同,其化学性质及生物学功能也不同,对机体的机能能力影响也有差异。以下简要介绍体内几种重要维生素的分子结构特点、生理功能、供给量、来源、缺乏时的危害及与运动间的关系。

1. 维生素 B_1 与健康和体能

维生素 B_1 的分子中含有噻唑环和含氨基的嘧啶环结构(图 1-12),其前体物质是硫胺素。

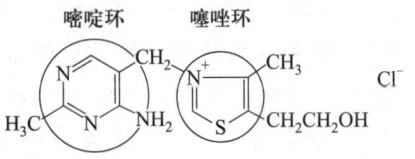

图 1-12 维生素 B_1 的分子结构

维生素 B_1 是糖代谢中丙酮酸等氧化脱羧所必需辅酶的组成成分,并与神经介质乙酰胆碱的合成与分解有关,参与神经肌肉的正常传导功能。当维生素 B_1 充足时,可促进肌肉中磷酸肌酸和糖原的合成,加速运动后血乳酸和丙酮酸的消除,提高耐久力。

维生素 B_1 的日常供给量为男性 14 mg/d,女性 13 mg/d。瘦猪肉、动物内脏、花生、核桃、豆类等食物中含丰富的维生素 B_1。维生素 B_1 缺乏时,糖类的氧化供能受阻,能量供应不足,运动后的丙酮酸及乳酸堆积,使机体容易疲劳,并可引起乳酸脱氢酶和乙二醛酶活力降低,损害有氧运动能力,导致脚气病。耐力性运动和神经系统负担较重的运动,如游泳、乒乓球、健身操等需要较多的维生素 B_1。

2. 维生素 C 与健康和体能

维生素 C 的分子结构特点是含有烯二醇式羟基（图 1-13），故维生素 C 有很强的还原性，可参与氧化还原反应，维持组织细胞的正常代谢，促进铁吸收；增加机体的抗病能力，促进伤口愈合；促进心肌利用葡萄糖和心肌糖原合成。

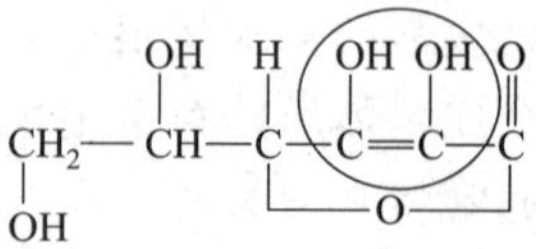

图 1-13 维生素 C 的分子结构

维生素 C 供给量，出生至 12 岁为 30~50 mg/d；少年、成年、老年皆为 60 mg/d；孕妇为 80 mg/d；母乳喂养中的婴儿为 100 mg/d。维生素 C 主要来源于新鲜水果和蔬菜，在水果中的酸枣、山楂、柑橘和草莓，蔬菜中的辣椒最多，叶比茎多，新叶比老叶多。

维生素 C 缺乏时，可引起毛细血管脆性增加，牙龈肿胀和出血；伤口愈合不良等，易患坏血病。古时，航海的人由于长时间吃不到新鲜的蔬菜和水果而患此病，18 世纪欧洲航海人发现吃新鲜水果和蔬菜可以达到预防的作用。摄入维生素 C 量过高时，可出现高尿酸症。维生素 C 参与运动中氨基酸和蛋白质代谢。运动使机体的维生素 C 代谢加强，短时间运动后血液维生素 C 的含量升高，但长时间运动后下降。不同的运动负荷后，不论血中维生素量是升高还是下降，组织维生素 C 均表现为减少。运动机体维生素 C 不足时，白细胞的吞噬功能下降。运动员在过度训练时，血液维生素 C 的水平和白细胞吞噬功能都会下降。维生素 C 还有提高耐力、消除疲劳和促进创伤愈合作用，保护 DNA 不受氧化损伤，改善肌肉收缩能力。适当剂量的维生素 C 补充对于防止肌细胞受损，缓解肌肉酸痛及由此引起的运动后肌肉的恢复过程均存在一定程度的益处。

3. 维生素 A 与健康和体能

维生素 A 分子中有一个羟基（图 1-14），易被氧化。维生素 A 是形成眼视网膜中视紫质的原料，其活性形式——视黄醇是视网膜感觉光线明暗的基础物质，并具有保护眼角膜上皮防止角质化的作用。

维生素 A 供给量为，成年人 800 μg 视黄醇当量；儿童 700 μg 视黄醇当量。动物的肝脏、肉类，植物中的胡萝卜等含有丰富的维生素 A。维生素 A 缺乏时，肾上腺皮质可萎缩和性功能紊乱，同时会引起夜盲症；过量时，可出现慢性中毒反应，表现为头痛等。因此，维生素 A 不足将影响要求视力集中的

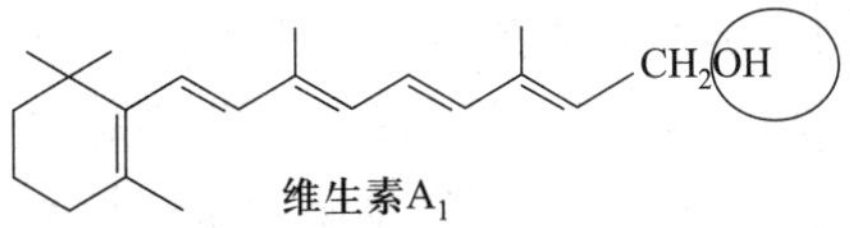

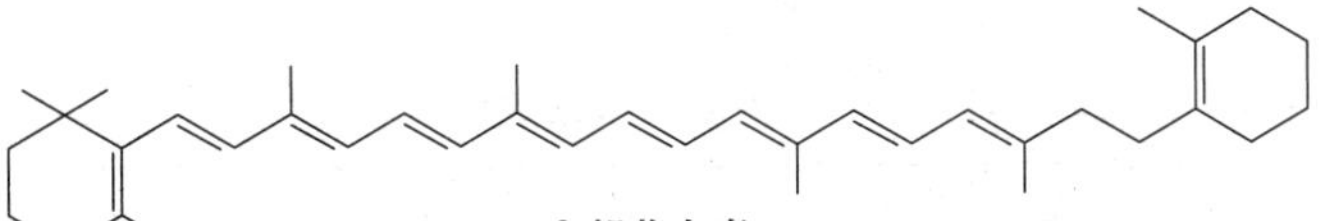

图 1-14 维生素 A_1 及胡萝卜素的分子结构

运动项目,如击剑、射击、滑翔、乒乓等运动员的运动能力。

4. 维生素 E 与健康和体能

维生素 E 的分子结构特点是 C_6 上有一个羟基(图 1-15)及多不饱和双键,有较强的还原性。

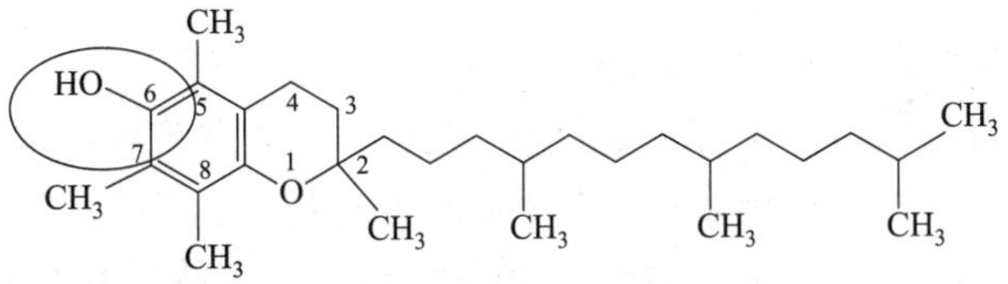

图 1-15 维生素 E 的分子结构

维生素 E 具有抗氧化,改善循环系统,促进蛋白质的合成和防止肌肉萎缩等生物学作用,可提高肌肉力量。成年人维生素 E 供给量为 $100\sim800$ mg/d。食用油、蛋类、谷类、水产品等食物中含有丰富的维生素 E。

维生素 E 缺乏时,可导致肌肉营养不良,神经系统功能异常。维生素 E 可提高最大吸氧量,减少血乳酸;减弱蛋白质分解,对需要肌肉增长的人非常重要。在提高运动能力中的作用主要体现为:能改善循环系统,使肌肉和心脏组织微血管舒张,增加动脉血液的流通量,提高组织对氧的利用率,减少耗氧量,使运动耐久力得到保障。

三、激素与健康和体能

激素是体内某些器官或特殊组织不经导管而直接向体液分泌的微量生理活性物质,它们是机体内传递调节信息的重要物质。激素随体液运到全身各部位,并对与其敏感的一种或几种组织或细胞产生一定的生物效应,以调节物质代谢和生理机能。

(一)激素的分类

体内的激素按其化学本质可分为氨基酸衍生物、多肽蛋白质、类固醇和脂肪酸衍生物4类（表1-9）。不同化学本质的激素进入细胞发挥作用的方式不同，氨基酸衍生物、多肽蛋白质等属水溶性激素，主要通过细胞膜受体发挥作用；类固醇和脂肪酸衍生物等属脂溶性激素主要在细胞胞浆或细胞核中的受体发挥作用。

表1-9 体内重要激素的化学本质

化学本质	激素
氨基酸衍生物	甲状腺素、肾上腺髓质激素、松果体激素等
多肽蛋白质	胰岛素、胰高血糖素、甲状旁腺素、垂体下丘脑激素、胃肠激素、降钙素等
类固醇	肾上腺皮质激素、性激素等
脂肪酸衍生物	前列腺激素等

（二）激素对体内代谢的调节作用

由于激素发挥调节作用首先必须与相应受体、非共价可逆识别结合，且其结合具有高度亲和力、可饱和性，各靶细胞上有各种激素特异受体分布，故激素调节具有微量、高效、放大效应，并有较高的组织特异性与作用效应特异性，其产生的生物效应决定于激素与受体结合的量，而不单纯决定激素的量或血中的浓度。激素本身不直接参与糖类、脂类、蛋白质等代谢，而是通过关键酶、限速酶的磷酸化、环腺苷酸化等化学修饰发挥调节作用，另外，还可调节基因开放、控制酶蛋白量等发挥调节作用（表1-10）。

表1-10 激素对体内代谢的调节作用

代谢类型	激素
糖代谢	胰岛素及高血糖素、肾上腺素、甲状腺激素、生长激素、糖皮质激素等
脂类代谢	肾上腺素、胰岛素、甲状腺激素、糖皮质激素等
蛋白质代谢	糖皮质激素、甲状腺激素、生长激素、催乳素等
核酸代谢	所知甚少，主要是通过蛋白质和氨基酸代谢调节
能量代谢	甲状腺激素等
水盐代谢	垂体抗利尿激素、肾上腺盐皮质激素、降钙素、甲状旁腺素等

（三）运动对血激素水平的影响

适宜的运动使内分泌系统功能呈适应性的变化，主要表现为安静状态下血激素在正常范围内，完成训练后血激素的应激性变化减小。血激素对一次性运动的应激反应可表现为升高、降低和不确定。主要呈升高变化的激素有：生长激素、促甲状腺激素、促肾上腺皮质激素、催乳素、β-内啡肽、抗利尿激素、皮质醇、醛固酮、儿茶酚胺（包括肾上腺素、去甲肾上腺素、5-羟色胺）、甲状腺素、三碘甲状腺原氨酸、甲状旁腺素、雌激素、孕激素、睾酮和心钠素等；而主要降低变化的激素是胰岛素。运动应激时主要激素的分泌特点及其对代谢的作用见表 1-11。

表 1-11 运动应激时主要激素的分泌特点及其对代谢的作用

名称	变化	对代谢的作用
糖皮质激素	增加	（1）提高血管对儿茶酚胺敏感性 （2）促进糖异生 （3）稳定溶酶体膜，减少其对细胞损害
儿茶酚胺	增加	（1）动员机体应对紧急情况 （2）促进多种激素分泌，如胰高糖素、甲状腺素、降钙素、肾素、促红细胞生成素（EPO）等
生长激素	增加	促进糖原、脂肪分解，蛋白质合成
抗利尿激素	增加	肾小管收缩，泌尿减少
胰岛素	减→增	（1）抑制糖类、脂肪、蛋白质分解 （2）增加蛋白质合成，肌肉葡萄糖利用
胰高血糖素	增加	促进糖原、脂肪分解，糖异生加强
雄性激素	增→减	降低蛋白质、糖原合成代谢

各种激素的变化是和运动时物质、能量代谢过程的特点相适应的。其变化水平与运动时间、强度、运动员身体机能状态等因素有关。虽然每种激素对代谢的调节作用各不相同，但总的来说均有助于提高运动时的能量供应，确保体力充沛。

本章小结

本章从生物化学角度，介绍了人体 7 大类化学组成：蛋白质、脂类、糖类、水、无机盐、核酸、维生素，以及人体各种代谢过程的重要调节物质酶和激素。重点介绍了上述各种物质的组成、结构、分布和功能。

蛋白质是一类重要的生物大分子，其种类不同，功能也不同。参与蛋白质组成的20种氨基酸分为必需氨基酸和非必需氨基酸两类。蛋白质生物功能取决于其分子结构,蛋白质的分子结构由氨基酸的联结方式、排列顺序和空间结构分为一级结构、二级结构、三级结构和四级结构。蛋白质是细胞的基本结构物质,还是多种调节物质的组成成分,参与代谢调节,可以提供能量。另外,磷酸肌酸(CP)作为一种氨基酸的衍生物,储存高能磷酸基团,在能量代谢中可快速转化为ATP,是线粒体内外能量传递体。

脂类是构成人体组织的重要能源物质,其大量分布在皮下和内脏周围的脂肪组织中。脂类是生物膜的重要组成部分,参与细胞识别及信息传递,同时也是机体正常安静状态、饥饿或中低强度运动时体内能量的主要来源。

糖类是自然界分布最广泛的有机物,是生物体内重要成分之一,也是生物体重要能源物质。糖根据能否水解成更简单的糖分为单糖、寡糖和多糖三类。糖类不仅可为肌肉在不同运动状态下收缩提供能量,而且可为中枢神经提供能量;糖类还参与组成细胞结构成分,并可参与脂肪和蛋白质的调节。

水和无机盐是人体的重要组成部分,其含量和代谢平衡对人体正常的生理功能和运动健康起着重要的作用。核酸是遗传物质的基础,其中三磷酸腺苷(ATP)是人体生命活动过程中的能量直接来源,是能量释放、转移和利用的中心。

维生素是维持人体正常生长发育和健康所必需的一类小分子有机化合物;它既不是能源物质,也不是细胞结构的组成物质,是作为酶的组成部分参与的代谢调节。酶与激素共同调节机体复杂有序的代谢调节网络,其中酶的调节又称为细胞水平的调节,激素作为信号分子往往通过细胞水平的酶进行调节,两者之间层层相扣、密切关联。

思考与练习

1. 试述水和无机盐在运动中的生物学功能。
2. 什么是酶及酶的活性中心?酶促反应有何特点?
3. 什么是维生素?它可分为哪些类型?举例说明某一种维生素对提高运动能力的生物学作用。
4. 什么是激素?激素可分为哪些类型?
5. 试比较ATP、CP的结构与生物学功能。

第二章 运动时人体的无氧代谢供能过程

物质代谢又称新陈代谢，是生物体内进行各种化学反应过程的总称。伴随物质代谢过程发生的能量吸收、储存、释放、转移和利用的过程，称为能量代谢。人体运动时，骨骼肌收缩所需要的能量来自三磷酸腺苷（ATP）分解所释放的自由能，而骨骼肌组织内 ATP 的储量有限，因此保证供能的连续性需要依靠磷酸肌酸（CP）、糖类、脂肪、蛋白质等物质分解代谢，将其分子内的化学能释放出来并转移、储存至 ATP 分子内。在缺氧状态下，体内能源物质的代谢、释放能量的过程称为无氧代谢。本章在介绍人体物质代谢和能量代谢的基础上，重点介绍磷酸原代谢、糖酵解代谢过程的特点与规律，并结合不同方式运动中机体的能量需要来阐述体内如何通过精细的代谢调节，使 ATP 的合成速率与 ATP 的利用速率保持相对平衡。

第一节 运动时物质和能量代谢

物质代谢是生命的基本特征。从有生命的单细胞到复杂的人体，都与周围环境不断地进行物质交换，这种物质交换称为物质代谢或新陈代谢。

一、物质代谢

物质代谢包括同化作用和异化作用两个不同方向的代谢变化。生物在生命活动中不断从外界环境中摄取营养物质，转化为机体的组织成分，称为同化作用；同时机体本身的物质也在不断分解成代谢产物，排出体外，称为异化作用。物质代谢过程十分复杂，即使在一个细胞内进行的物质代谢，也包含一系列相互联系的合成和分解的化学反应（图 2-1）。

二、能量代谢

人体生命活动所需要的能量其初始均来自食物中的糖类、脂肪和蛋白质。能量代谢是伴随着物质代谢过程进行的，是人体与外界环境之间的能量交换和人体内能量转移的过程。在能量代谢方面，能源物质通过生物氧化释放的能量一方面转化为热能用于维持体温或补偿由于蒸发而散失的热量；另一部分化学键能在直接转化成热量前合成 ATP，以高能磷酸键的形式储存能量。在 ATP 分解为 ADP 时，伴随能量的放出，也属于能量代谢。储存在 ATP 中的高能键经水解成 ADP 和 Pi，同时释放的能量可直接用以肌肉收缩的机械能，以及神经传导需要的电能和物质合成代谢需要的化学能等（图 2-2）。

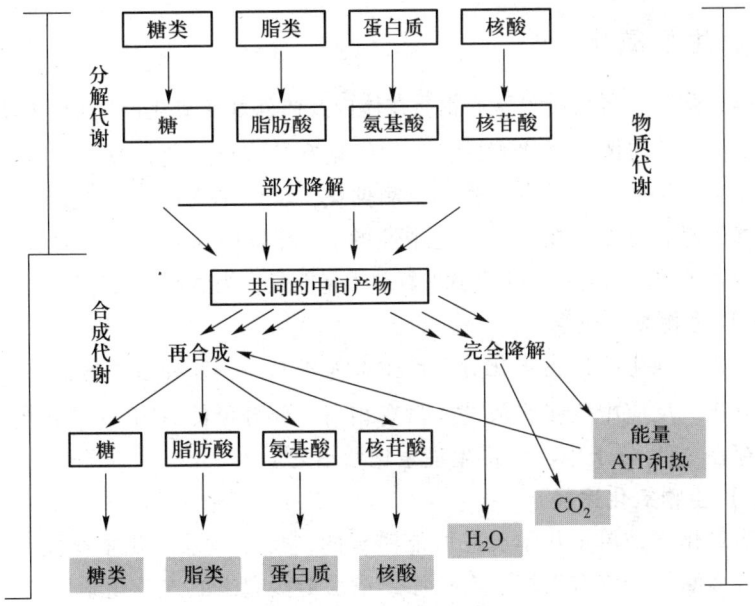

图 2-1 物质代谢过程

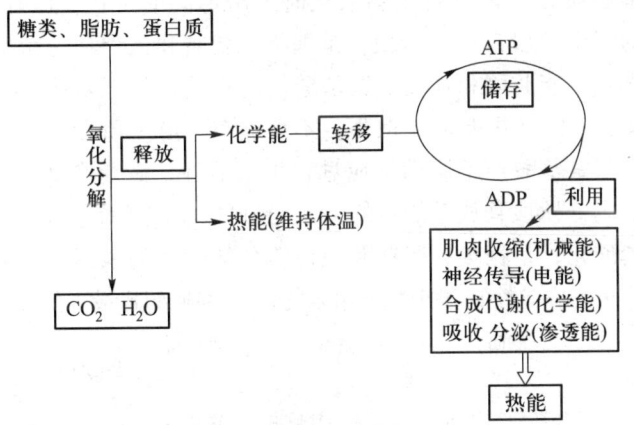

图 2-2 能量代谢示意图

三、高能磷酸化合物

高能化合物一般是指在水解时释放的标准自由能高于 20.92 kJ/mol（5 000 kcal/mol）的化合物。自由能是指一个反应体系中能够做功的那一部分能量。大多数化合物都有可水解的磷酸基团，故又称为高能磷酸化合物，如 ATP 和 CP 等。

四、生物氧化

糖类、脂肪及蛋白质等营养物质在体内及体外都能氧化产生 CO_2 和 H_2O。但体内的生物氧化与体外燃烧不同,生物氧化有其特点,它是在细胞内由酶催化的氧化反应,几乎每一反应步骤都由酶催化,反应不需高温,也不需强酸、强碱及强氧化剂的协助,在体温及近中性的 pH 环境中即可进行;而且是逐步进行,逐步完成的,所有反应不会骤然释放大量能量,当然更不会产生高温、高热。

(一) 生物氧化概念

能源物质在生物体内氧化分解产生 CO_2 和 H_2O,并释放大量能量的过程称为生物氧化。反应中逐步释放的能量有相当一部分可使 ADP 磷酸化生成 ATP,从而储存在 ATP 分子中,以供生理生化活动之需。

(二) 生物氧化途径

生物氧化不是单步化学反应所能实现的,需经一系列化学反应逐步完成。这种由许多酶促反应有组织、有秩序、依次衔接起来的连续化学反应,即为生物氧化途径。

各种营养物质在体内进行生物氧化时经历不同的过程,但有共同的规律,大体可以分为三个阶段:第一阶段,是糖类、脂肪和蛋白质分解为其基本组成单位——葡萄糖、脂肪酸和甘油、氨基酸。此阶段释放能量很少,仅为其蕴藏能量的 1% 以下,且以热能形式散失,不能储存。第二阶段,是葡萄糖、脂肪酸、甘油和多数氨基酸经不同的反应过程生成活性二碳化合物——乙酰辅酶 A(乙酰 CoA),这一阶段释放总能量的 1/3,且可以生成 ATP。第三阶段,三羧酸循环和氧化磷酸化,是糖类、脂肪和蛋白质分解代谢的最后共同通路。营养物质中 2/3 的能量是在这个阶段中释放出来的,是生成 ATP 最多的环节(图 2-3)。

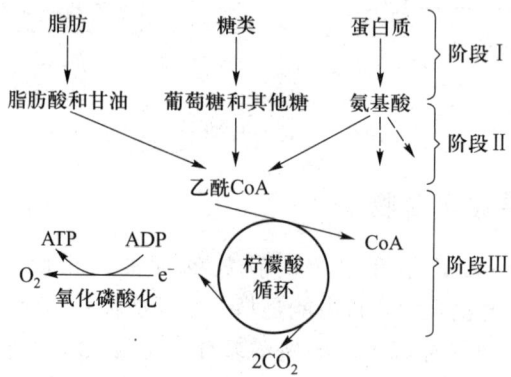

图 2-3 糖类、脂肪、蛋白质氧化分解的三个阶段

1. 生物氧化中水的生成——呼吸链

生物氧化过程中，水的生成是通过呼吸链完成的。代谢物上的氢原子被脱氢酶激活脱落后，经过一系列的传递体，最后与激活的氧结合生成水的全部体系，此过程与细胞呼吸有关，所以将此传递链称为呼吸链或电子传递链（图2-4）。

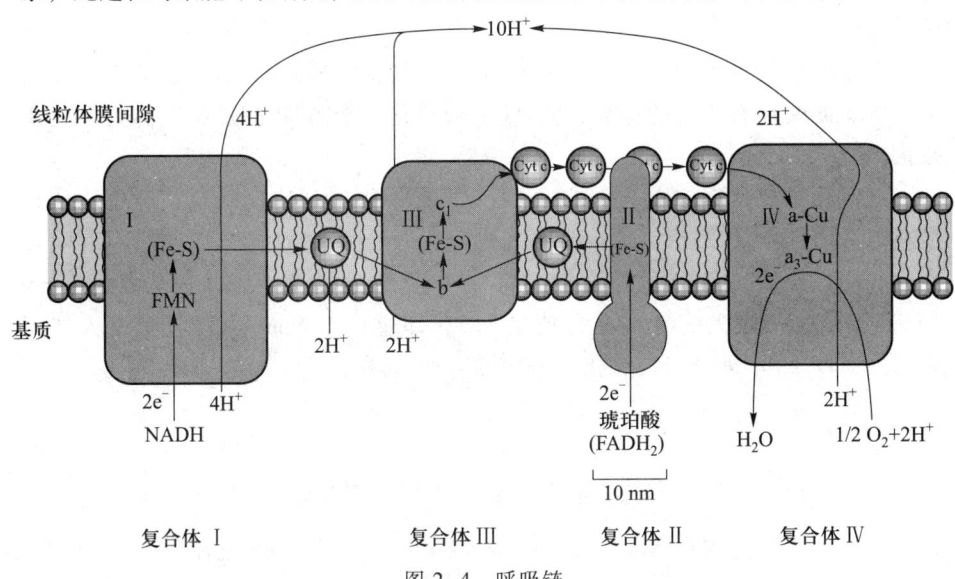

图2-4　呼吸链

在呼吸链中，酶和辅酶按照一定顺序排列在线粒体内膜上。其中传递氢的酶或辅酶称为递氢体，传递电子的酶或辅酶称为电子传递体。递氢体和电子传递体都起着传递电子的作用（$2H \rightarrow 2H^+ + 2e^-$）。生物体内的呼吸链有多种形式，人体细胞线粒体内最重要的有两条，即NADH氧化呼吸链和琥珀酸氧化呼吸链。

2. 生物氧化中能量的生成——ATP的合成

生物氧化中伴随着ATP生成，ATP生成方式包括底物水平磷酸化和氧化磷酸化两种：

（1）底物水平磷酸化。

底物水平磷酸化是指在物质分解代谢过程中，代谢物脱下氢后，能量在分子内部重新分布，形成高能磷酸化合物，然后将高能磷酸基团转移到ADP形成ATP的过程。例如，在糖类的分解代谢过程中，3-磷酸甘油醛脱氢并磷酸化生成1，3-二磷酸甘油酸，在分子中形成一个高能磷酸基团，在酶的催化下，1，3-二磷酸甘油酸可将高能磷酸基团转给ADP，生成3-磷酸甘油酸与ATP。在无氧代谢供能为主的运动中，肌肉收缩所需的ATP主要是以底物水平磷酸化的方式合成。

（2）氧化磷酸化。

氧化磷酸化是由位于线粒体内膜中的呼吸酶合体完成的。而供应大部分 NADH 和 $FADH_2$ 的有氧代谢途径是在相邻的线粒体间质中进行的，代谢物脱氢氧化的具体途径包括糖酵解、糖有氧氧化、脂肪的分解代谢及蛋白质的分解代谢等。

在生物氧化过程中，代谢物脱下的氢，经呼吸链传递过程逐级氧化，最后生成水，同时伴有能量的释放，使 ADP 磷酸化生成 ATP 的过程，称为氧化磷酸化。

在氧化磷酸化反应中，生成的 ATP 数量可由 P/O 比值确定，P/O 比值是指在 ATP 形成时，每消化 1 mol 氧原子所消耗无机磷物质的量（单位：mol）。实验证明，经 NADH 氧化呼吸链测得的 P/O 比值是 2.5，即生成了 2.5 mol ATP；而琥珀酸呼吸链的 P/O 比值是 1.5，即生成 1.5 mol ATP。正常人体所利用的 ATP 约有 90%来自氧化磷酸化的合成（图 2-5）。

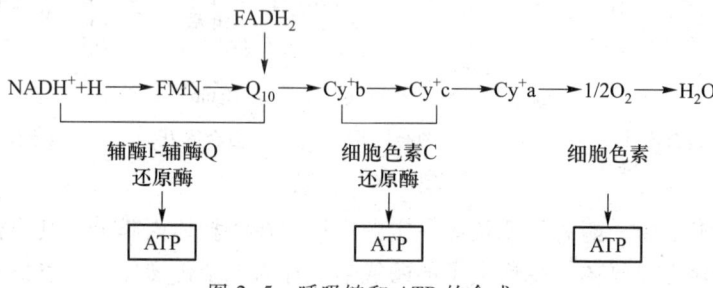

图 2-5 呼吸链和 ATP 的合成

第二节 运动时磷酸原的代谢

ATP 和 CP 是人体内重要的能源物质。其分子内均含有高能磷酸键，在代谢中均能通过转移磷酸基团的过程释放能量，故将 ATP 和 CP 合称为磷酸原。

一、磷酸原代谢过程

磷酸原供能系统主要由 ATP 和 CP 组成，在供能代谢中通过转移磷酸基团过程释放能量而构成的供能系统称为磷酸原供能系统。ATP 是能量代谢的中心，是肌肉收缩时将化学能转变为机械能的唯一直接能源。虽然肌细胞内 ATP 储量有限，但 ATP 转换率极高，其中高能磷酸储存库 CP 可快速合成 ATP。

(一) ATP 的代谢

在体外标准条件下测定的结果，每一个 ~P 水解时可释放能量约 30.5 kJ/mol 或者更多一些。

$$ATP + H_2O \xrightarrow{ATP\ \text{酶}} ADP + Pi + \text{能量} \quad (\Delta G^\theta = -30.514\ kJ/mol)$$

在肌原纤维附近的腺苷酸激酶（MK）可催化肌浆内 ADP 缩合反应而生成 ATP。

$$ADP + ADP \xrightarrow{MK} ATP + AMP$$

$$AMP + H^+ \xrightarrow{AMP\ deaminase} IMP\ （\text{黄嘌呤核苷酸}）+ NH_4^+$$

AMP 在 AMP 脱氨酶作用下进一步脱氨基生成 IMP，该反应可保持肌肉内 AMP、ADP 的含量较低，为 ATP 水解提供充足的自由能以保证肌肉的收缩。有研究表明，1%~2% 的白种人肌内 AMP 脱氨酶缺失，而且发现这些人群运动时容易出现肌肉痉挛、疼痛及早期疲劳等现象。该步反应的另一个产物 NH_4^+，具有毒性，此物质经血液循环进入肝脏，在肝脏中经鸟氨酸循环生成无毒性的尿素。进行大强度运动时，骨骼肌内氨升高（图 2-6），其来源于 AMP 脱氨基生成及肌内氨基酸氧化，但前者占的比例较大。

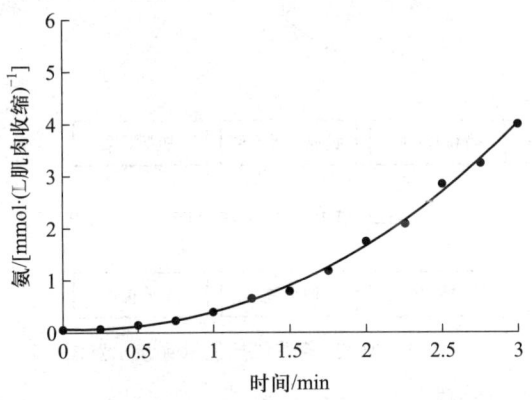

图 2-6 大强度运动时骨骼肌内氨的变化

此外，体内还有其他如三磷酸胞苷（CTP）、三磷酸鸟苷（GTP）和三磷酸尿苷（UTP）等高能磷酸化合物，它们也是在许多代谢过程中起重要作用的能量物质，而且也都是从 ATP 中获得高能磷酸键分别转移给 CDP、GDP、UDP 而合成的。

(二) CP 的代谢

骨骼肌收缩蛋白不能直接利用 CP 分解释放能量。所以，CP 不是骨骼肌的直接能源物质。CP 的代谢主要通过两个方面进行。

1. 提供高能磷酸基团快速合成 ATP

$$CP + ADP \xrightarrow{CK} C + ATP$$

催化上述反应的肌酸激酶（CK）对 ADP 浓度变化时极为敏感。当 ATP 分解产生 ADP 时，CK 几乎同步起作用，催化 CP 分解，利用 ADP 快速合成 ATP。反之，当 ATP 供过于求时，在肌酸激酶催化下，ATP 分子内的高能磷酸键转给肌酸，合成磷酸肌酸，将高能磷酸基团储存起来。

2. 组成肌酸-磷酸肌酸能量穿梭系统

CP 将线粒体内有氧代谢释放的部分能量转移到细胞质内，即将能量从产能部位快速重组后转移到用能部位。这样使 ATP 水解后就可重新合成，有效保证了 ATP 水解与再合成的紧密偶联（图 2-7）。

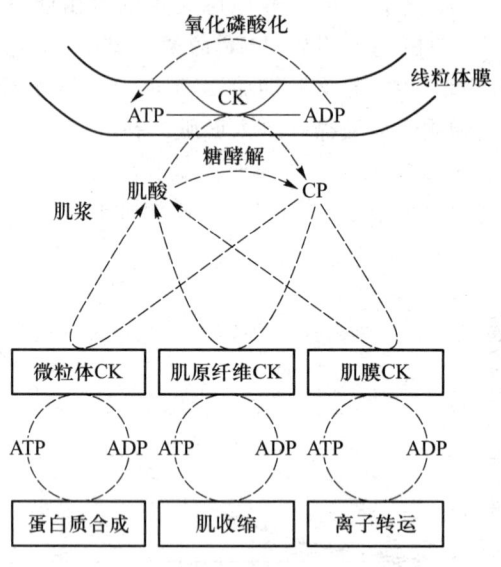

图 2-7　肌酸-磷酸肌酸能量穿梭示意图

3. 运动时 CP 的分解

运动中 CP 储量消耗与运动强度大小关系极为密切。

最大强度运动达到力竭时，CP 储量下降比 ATP 彻底得多，但也不会完全耗尽，大约剩下安静值的 3%。而 ATP 储量约为安静值的 60%～70%。当以 75% $\dot{V}O_{2max}$ 强度持续运动达到疲劳时，CP 储量可降到安静值的 20% 左右，ATP 储量则略低于安静值，此时 CP 没有耗尽，是因为 ATP 合成除 CP 分解反应外，主要由糖酵解和糖有氧氧化提供。当以低于 60% $\dot{V}O_{2max}$ 强度运动时，CP 储量几乎不下降。这时，ATP 合成途径主要依靠糖类、脂肪的有氧代谢提供。

(三) 磷酸原代谢调节

在运动开始时，CK 的激活与否跟肌内 ATP/ADP 的比值有关，当肌内 ATP/ADP 的比值下降时，激活 CK，从而催化 CP 分解，把高能键转给 ADP 生成 ATP，使 ATP/ADP 比值升高或保持相对稳定状态。磷酸原代谢中 CK 的活性对 ADP 浓度变化极为敏感，CK 所催化的化学反应几乎与 ATP 水解同步作用。CK 催化的反应虽然消耗肌内存在的 H^+，但是对肌肉碱性化作用非常小。当肌内酸浓度开始升高时，腺苷酸脱氨酶活性被激活，催化 AMP 脱掉氨基。在反应中所消耗的 H^+ 对于肌内酸的改变作用是有限的。有研究表明，安静时、剧烈运动后 CP 接近耗尽、运动力竭后 CP 完全耗尽，肌内 pH 分别为 7.01，6.74 和 6.18。

在磷酸原代谢中，以 MK 催化的反应生成的产物 AMP 是糖酵解代谢过程中两个酶强有力的变构活化剂。首先，AMP 激活磷酸化酶，从而促进糖原分解，生成 6-磷酸葡萄糖，并逐步进入糖酵解过程；另外，AMP 可激活糖酵解过程中磷酸果糖激酶 (PFK)，从而加速了糖酵解再合成 ATP。

(四) 磷酸原代谢在运动中的意义

磷酸原系统中 ATP 和 CP 均以水解分子内高能磷酸基团的方式提供能量，所以运动开始时最早起动，最快利用，具有快速供能和最大功率输出 (50 W/kg·BW) 的特点 (图 2-8)。短时间极量运动时，磷酸原系统的最大输出功率可达每 kg 干肌每 s 1.6~3.0 mmol 的高能磷酸键。

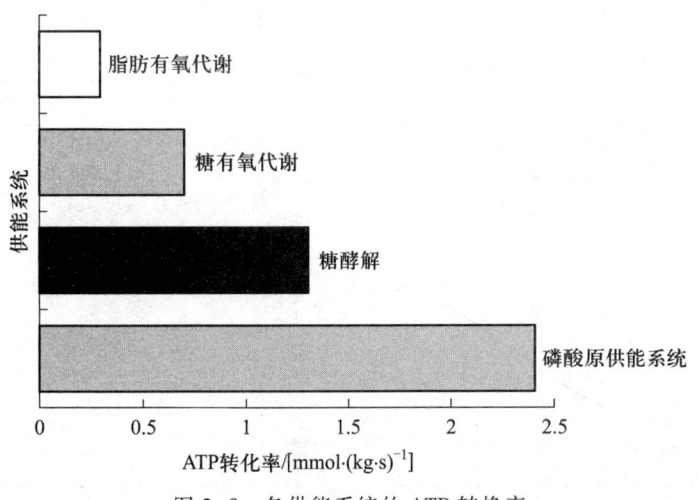

图 2-8 各供能系统的 ATP 转换率

磷酸原供能能力的关键取决于体内 CP 的储量 (表 2-1)。运动强度越大，骨骼肌对磷酸原供能的依赖性也越大 (表 2-2)。

表 2-1 人体磷酸肌酸产生高能磷酸基团的最大速率

能源利用	最大输出功率/[mmol-P·(kg 干肌·s)$^{-1}$]	可供运动时间/s
ADP+CP→ATP+C	1.6~3.0	6~8

表 2-2 人体磷酸原系统能量储量和可用量

	ATP	CP	ATP、CP 总量
肌肉中储量/[mmol·(kg 肌肉)$^{-1}$]	4~6	15~17	19~23
30 kg 肌肉的物质的量/mmol	120~180	450~510	570~690
可用供能数量/[kcal·(kg 肌肉)$^{-1}$]	0.04~0.06	0.15~0.17	0.19~0.23
30 kg 肌肉总量/mmol	1.2~1.8	4.5~5.1	5.7~6.9

从图 2-9 和图 2-10 可看到极量运动至力竭时，CP 储量接近耗尽，ATP 的储量略有下降，而 ATP 的转换率下降，无机磷酸的含量增加。这是由于这类运动中，CP 分解是 ATP 再合成的基本途径，故 CP 储量的下降速率比 ATP 快得多。

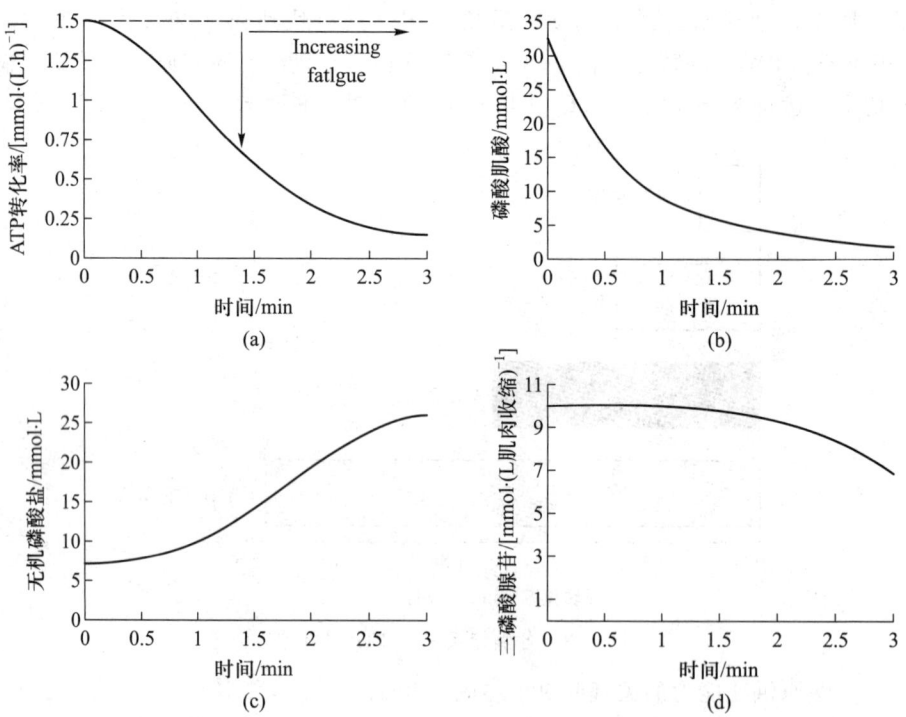

图 2-9 极量运动至力竭时 ATP 和 CP 储量的变化

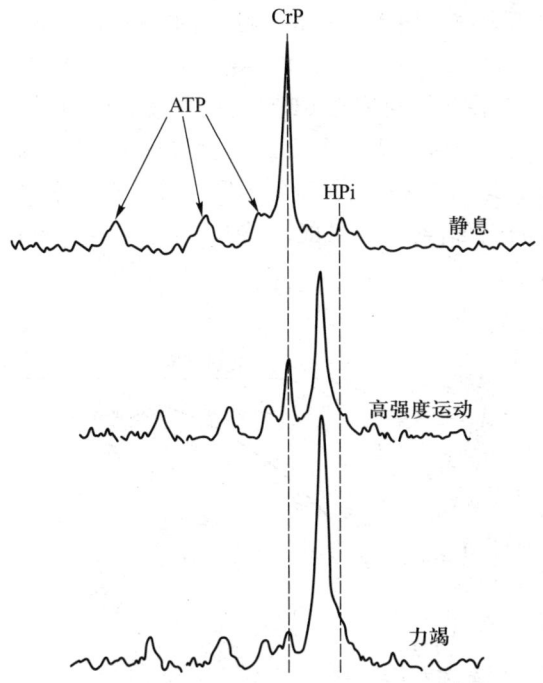

图 2-10　ATP 的转换率、无机磷酸含量的变化

肌细胞内磷酸原储量有限（ATP 为 4.7~7.8 mmol/kg.wt，CP 为 20~30 mmol/kg.wt），可维持最大强度运动约 10 s。磷酸原供能能力在短时间内最大强度或最大用力运动中起主要作用，与速度、爆发力关系密切，如短跑、推铅球、掷铁饼、跳跃、举重等运动项目，要注意加强磷酸原供能能力的训练。

二、运动对磷酸原代谢的影响

运动训练会导致人体结构和机能发生适应性变化。训练影响磷酸原代谢，表现为运动时 ATP 酶、CK 和肌激酶活性增强，这对提高运动时肌肉最大做功能力有积极意义。例如，高水平短跑运动员在 100 m 跑开始后，水解 ATP、CP 的速率比一般人高得多，因而跑得更快。CK 活性提高还有利于运动后恢复期 CP 的重新合成，运动训练能改变 ATP 和 CP 的储量。

许多运动是大强度间歇运动，每个间歇过程中体能的恢复有主动的或被动的。显然，磷酸原恢复的运动力学是研究以磷酸原供能为主的运动项目的关键。运动员反复恢复 CP 的能力及产生较高的能量可显著地影响着运动员的运动能力。总的来说，运动后磷酸肌酸的恢复速率比运动开始阶段的磷酸肌酸分解的速率要慢一些。研究报道，运动后 ATP 及 CP 恢复一半的时间需要 20~

30 s，在 2 min 之内大部分恢复，3 min 时已基本恢复。还有研究表明，经过大强度力竭运动后，若使 CP 完全恢复需要花费的时间最快在 5 min 以内，慢的需要超过 15 min。其恢复的速率与 CP 消耗的程度、体内酸浓度及运动肌纤维的类型密切相关。且运动后 CP 的再合成主要与氧化代谢机制偶联在一起。从图 2-11 可以看出，运动中 CP 消耗量的不同，其恢复速率也不同，消耗得多，恢复所需要的时间长；消耗相同量的 CP 时，在恢复期，慢肌纤维内 CP 恢复所需要时间比快肌纤维短。

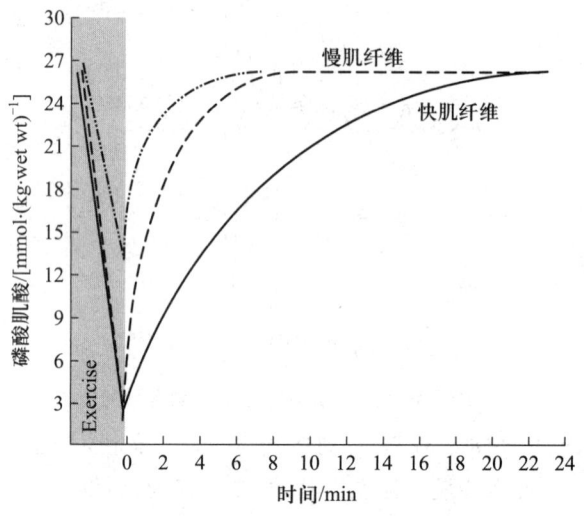

图 2-11　CP 的恢复及其影响因素

然而针对 CP 恢复速率的研究中，有研究认为，随着肌肉激烈收缩后，CP 的恢复速率具有两相模式，一个是最初的快速再合成期，另一个是紧接着较慢的第二恢复期。利用肌肉活检方法对股四头肌进行实验，发现经过激烈运动后，快速恢复和慢速恢复两部分 CP 的半时反应分别是 21 s 和大于 170 s。然而，支持 CP 恢复具有两相性的研究发现，采用功率自行车进行 30 s 冲刺后，即刻体内的 CP 就会消耗到安静时的 $(19.5±1.2)\%$。1.5 min 后，CP 恢复到 $(65.0±2.8)\%$，然而再经过 4.5 min，CP 可恢复到 $(85.5±3.5)\%$。通过数学模型预测 CP 恢复到 95% 水平需要 13.6 min。

第三节　运动时糖酵解供能过程

当运动持续时间超过几秒钟后，再合成 ATP 的能量越来越多地来源于肌糖原和血糖的分解。糖酵解生成乳酸的过程中释放的能量是身体处于大强度激烈运动时的重要能量来源。

一、运动时糖酵解过程及代谢调节

体内组织中的葡萄糖或糖原在无氧条件下分解生成乳酸，同时释放能量的过程，称为糖无氧代谢，也称糖酵解。

（一）糖酵解的基本过程

糖酵解过程发生在细胞质中，可分为两个阶段。1分子葡萄糖或糖原的一个葡萄糖单位酵解的第一个阶段为耗能过程，第二阶段为释能过程（图2-12）。

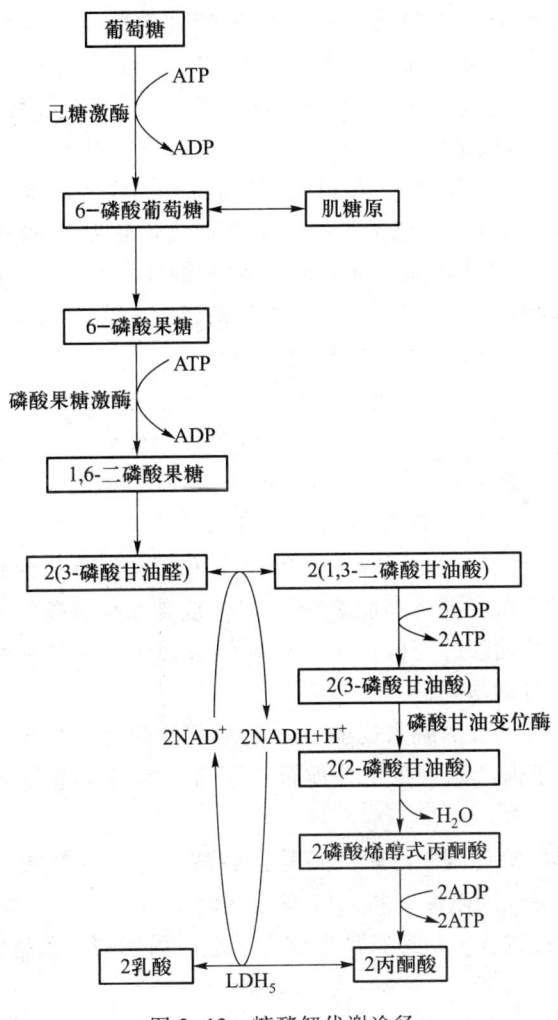

图2-12 糖酵解代谢途径

1. 第一阶段：从葡萄糖或糖原至3-磷酸甘油醛的生成

糖酵解第一阶段包括以下4步反应：

（1）葡萄糖的磷酸化。当代谢从糖原开始时，由于糖原在磷酸化酶作用下分解，糖苷键水解释放能量与新合成的化学键键能基本相同，故生成6-磷酸葡萄糖时，不消耗ATP；如糖酵解从葡萄糖开始时，则葡萄糖在己糖激酶催化下磷酸化生成6-磷酸葡萄糖时，消耗1分子ATP。在此过程中，消耗ATP的作用是提供能量合成酯键和磷酸基团。

（2）6-磷酸葡萄糖的异构反应。6-磷酸葡萄糖经磷酸己糖异构酶的催化转变为6-磷酸果糖。

（3）6-磷酸果糖的磷酸化。6-磷酸果糖在磷酸果糖激酶的催化下，用ATP磷酸化，生成1,6-二磷酸果糖。此反应是不可逆反应，是糖酵解过程中的关键步骤，故催化此反应的磷酸果糖激酶（PFK）是关键酶。

（4）1,6-二磷酸果糖裂解反应。在醛缩酶的作用下，1,6-二磷酸果糖分解为磷酸二羟丙酮和3-磷酸甘油醛。磷酸二羟丙酮和3-磷酸甘油醛不断进入下一步反应，一般来说，磷酸二羟丙酮也全部转变为3-磷酸甘油醛，1 mol 1,6-二磷酸果糖可认为生成2 mol 3-磷酸甘油醛。至此，1 mol 葡萄糖生成2 mol 3-磷酸甘油醛，通过两次磷酸化作用消耗2 mol ATP。

2. 第二阶段：3-磷酸甘油醛至乳酸的生成

糖酵解第二阶段由以下6步反应组成：

（1）3-磷酸甘油醛氧化反应。由3-磷酸甘油醛分子上的醛基脱氢氧化成羧基，并磷酸化生成含有一个高能磷酸键的1,3-二磷酸甘油酸，脱下的氢和电子转给脱氢酶的辅酶NAD^+生成$NADH+H^+$。

（2）1,3-二磷酸甘油酸的高能磷酸键转移反应。在磷酸甘油激酶的催化下生成3-磷酸甘油酸，并将高能键转给ADP底物水平磷酸化合成ATP。

（3）3-磷酸甘油酸的变位反应。3-磷酸甘油酸在磷酸甘油变位酶的催化下转变为2-磷酸甘油酸。

（4）2-磷酸甘油酸的脱水反应。2-磷酸甘油酸再经烯醇化酶催化作用脱水，同时引起分子内部能量重新分配合成了含有高能磷酸键的磷酸烯醇式丙酮酸。

（5）磷酸烯醇式丙酮酸的磷酸转移。磷酸烯醇式丙酮酸在丙酮酸激酶的作用下，生成烯醇式丙酮酸并将高能磷酸键转给ADP生成ATP，这又是一次底物水平磷酸化的过程；最后自动形成丙酮酸。丙酮酸激酶是糖有氧氧化过程的限速酶。

（6）丙酮酸还原生成乳酸。在无氧条件下，丙酮酸在乳酸脱氢酶

（LDH$_5$）的催化下，接受由 3-磷酸甘油醛脱下的氢（NADH+H$^+$）还原生成乳酸。

综上所述，糖酵解的终产物为乳酸，1 mol 葡萄糖（或糖原的一个葡萄糖单位）经酵解过程，即可生成 2 mol 乳酸。

（二）糖酵解过程 ATP 的合成

从葡萄糖开始进行糖酵解，1 mol 葡萄糖生成 2 mol 丙酮酸的同时，总共生成 4 mol ATP，但由于反应过程中生成 6-磷酸葡萄糖和 1，6-二磷酸果糖时各消耗 1 mol ATP，结果 1 mol 葡萄糖经酵解可净生成 2 mol ATP，若从糖原开始进行酵解，此葡萄糖进行酵解时少消耗 1 mol ATP，故糖原的每个葡萄糖单位进行酵解时，可净生成 3 mol ATP。

（三）糖酵解的调节

糖酵解中大多数反应是可逆的。这些可逆反应的方向、速率由底物和产物的浓度控制；催化这些可逆反应酶活性的改变，并不能决定反应的方向。在糖酵解途径中，6-磷酸果糖激酶、丙酮酸激酶和葡萄糖激酶或己糖激酶分别催化的三个反应是不可逆的，分别受变构剂和激素的调节。

1. 6-磷酸果糖激酶

目前认为调节糖酵解途径最重要的是 6-磷酸果糖激酶的活性。受多种变构效应的影响，ATP 和柠檬酸是此酶的变构抑制剂，而 AMP、ADP、1，6-二磷酸果糖和 2，6-二磷酸果糖是该酶的变构激活剂。AMP 和 ATP 竞争变构结合部位，抵消 ATP 的抑制作用。1，6-二磷酸果糖是磷酸果糖激酶的反应产物，它有利于糖类的分解，产物正反馈作用是比较少见的。2，6-二磷酸果糖是 6-磷酸果糖激酶最强的变构激活剂，在生理浓度范围内即可发挥效应。其作用是与 AMP 一起解除 ATP 和柠檬酸对 6-磷酸果糖激酶的变构抑制。

2. 丙酮酸激酶

丙酮酸激酶是第二个重要的调节点。1，6-二磷酸果糖是丙酮酸激酶的变构激活剂，而 ATP 则有抑制作用。此外在肝脏内，丙氨酸也有变构抑制作用。丙酮酸激酶还受共价修饰方式调节。依赖 cAMP 的蛋白激酶和依赖 Ca^{2+}、钙调蛋白的蛋白激酶均可使其磷酸化而失活，胰高血糖素可通过 cAMP 抑制丙酮酸激酶活性。

3. 葡萄糖激酶或己糖激酶

葡萄糖激酶调节糖酵解途径的作用不及前二者重要。6-磷酸果糖激酶对己糖激酶起到反馈抑制作用，但对葡萄糖激酶没有影响。长链脂酰 CoA 对其有变构抑制作用，这对饥饿时减少肝和其他组织摄取葡萄糖有一定意义。胰岛素可诱导葡萄糖激酶基因的转录，促进酶的合成。

糖酵解是体内葡萄糖分解供能的一条重要途径。对于绝大多数组织，特别是骨骼肌调节反应的快慢是适应这些组织对能量的需求。当消耗量多，细胞内 ATP/AMP 比例降低时，6-磷酸果糖激酶和丙酮酸激酶均被激活，加速葡萄糖的分解。反之，细胞内 ATP 的储备丰富时，通过糖酵解分解的葡萄糖就减少。

（四）糖酵解供能在运动中的意义

糖酵解是生物体内普遍存在的一种供能途径，在人体处于非运动状态时，糖酵解过程不是主要供能途径，但在运动训练时，人体总是处于相对缺氧状态，并且随运动强度的增大而增加，如进行 400 m、800 m 跑和 100 m、200 m 游泳等运动项目时，尽管运动时呼吸和循环速率都有所增加，但仍远远不能满足体内组织对氧的需求，即肌肉的工作一直是处于极度缺氧的条件下进行。显然，肌肉工作时所需的 ATP 就必须靠无氧再合成来维持。在进行最大强度运动 6~8 s 时，CP 成为主要的供能物质，同时糖酵解过程被激活，肌糖原迅速分解，参与运动时能量供应，糖酵解供能输出功率 25 W/kg.BW，所以，以最大速率糖酵解供能，一般不超过持续运动 2 min。糖酵解合成 ATP 速率达到最大时，在运动后 10~15 s；在运动 30 s 的阶段，由糖酵解合成 ATP 的转化速率是 CP 的两倍。有研究提出 30 s 全力运动，以磷酸原供能占总能量 23%，糖酵解占 49%，28% 来自有氧代谢。然而 10 s 全力运动，53% 能量来自磷酸原供能，44% 来自糖酵解供能，有氧代谢提供能量仅占 3%。因此，速度耐力运动时，肌肉所需的能量主要是通过糖酵解供能方式来获得。

二、运动时糖酵解供能与运动能力

长期坚持从事短距离自行车、手球类的运动项目可提高糖酵解的代谢能力，主要体现在肌肉、血液耐受高浓度乳酸的能力和肌肉中乳酸脱氢酶（LDH）的高活性。

糖酵解代谢能力的测定一般通过 30~90 s 的最大能力持续运动实验来完成，而做功的功率越大，运动后血乳酸增值越高，表明糖酵解代谢供能能力越强。大量研究认为，无氧功率代表运动员短时间内做功的能力，30 s 和 60 s 最大能力持续运动的测试能清晰地表明运动员的爆发力、速度和速度耐力水平。

对短距离自行车项目研究发现，60 s 无氧代谢能力测试中，男运动员最大功率与 30 s 测试基本相同，但 60 s 测试的平均功率却明显小于 30 s，表明在 30 s 和 60 s 两种测试中，运动员爆发力表现出相同水平，但糖酵解代谢持续供能能力却随运动时间的延长而明显下降；优秀组运动员 30 s、60 s 无氧测试的平均功率均高于普通组运动员，有显著性差异，最大功率也高于普通组运动员，无显著性差异。说明优秀组运动员在磷酸原系统供能不能满足运动需要时，能够迅速调动无氧糖酵解系统供能，而且其糖酵解供能能力也明显强于普通组运动组。优秀组运动员血乳酸值也高于普通组运动员，提示优秀组运动员在高强度运动时，具有良好无氧糖酵解供能能力和耐受乳酸能力，肌肉和心肺系统的承受能力较强，表现出良好的运动能力和无氧耐力。可见运动锻炼对糖酵解的影响主要受到时间和运动水平等因素的限制。

 **本章小结**

本章介绍了运动时人体的物质组成和能量代谢的基本过程、生物氧化的基本知识，重点阐述了生物氧化、磷酸原代谢和糖酵解代谢特点与运动能力的关系。

生物氧化又称细胞呼吸，是指能源物质在体内氧化伴有二氧化碳和水的生成，并释放出能量的过程。生物氧化在线粒体内膜上进行。在生物氧化中，ATP 的合成包括底物磷酸化和氧化磷酸化两种方式，其中，氧化磷酸化是产生能量的主要方式，正常人体所用的 ATP 约有 90% 来自氧化磷酸化的合成。生物氧化对运动中及运动后代谢有重要意义。

磷酸原供能系统是由 ATP 和 CP 组成的供能系统，磷酸原的代谢中，通过在肌酸激酶和肌激酶的调节作用下，实现高能磷酸基团在 ATP 和 CP 之间的快速转运。磷酸原供能系统具有供能速度快、输出功率大、供能持续时间短的特点。

糖无氧代谢又称糖酵解，是糖原或葡萄糖在无氧条件下分解生成乳酸，并释放 3 分子 ATP 或 2 分子 ATP 的过程。该过程主要通过代谢效应物及激素等对 6-磷酸果糖激酶、丙酮酸激酶和葡萄糖激酶或己糖激酶等关键酶进行调节，促使以底物磷酸化方式生成 ATP，是短时间大强度运动时能量的主要来源。

 **思考与练习**

1. 运动时能源物质包括哪些？可分为哪几个供能系统？
2. 什么叫磷酸原供能系统？简述磷酸原代谢在运动中的意义。

3. 阐述运动对磷酸原代谢的影响。
4. 阐述糖酵解的概念及其在运动中的意义。
5. 阐述运动对糖酵解代谢的影响。

第三章 运动时人体的有氧代谢供能过程

人体在进行中、低强度运动时，由于体内获氧量充足，因而机体所需要的能量主要来自细胞内的糖类、脂肪和蛋白质的有氧代谢，而三大细胞能源物质有氧代谢产生能量的效率与数量则决定了运动时的强度与持续时间，因此，只有了解三大能源物质有氧代谢过程及 ATP 合成及速率快慢，才能根据不同目的科学地安排运动锻炼的运动负荷。本章将详细介绍糖类、脂肪、蛋白质的有氧代谢过程。

第一节 运动时糖有氧代谢与运动能力

糖类是体内唯一既能在无氧代谢又能在有氧代谢提供能量的能源物质。在有氧运动情况下，骨骼肌内的糖原或肌肉摄取血液中的血糖（来自食物或肝脏）彻底氧化成二氧化碳和水，并释放能量合成 ATP 的过程，称为糖有氧代谢。由于相同量的糖类有氧代谢所需的氧比脂肪有氧代谢要少。因此，糖有氧代谢是运动时尤其是长时间大强度运动的重要能量代谢。

一、运动时参与有氧代谢糖的来源

机体内糖类储量对于有氧运动和无氧运动能力的发挥有重要意义。体内的糖类主要以肌糖原、血糖和肝糖原形式存在。运动时，肌细胞首先利用肌糖原经有氧代谢合成 ATP，随着运动的持续，肌内摄取血糖进一步有氧氧化，为确保运动能力的正常发挥，肝糖原分解成葡萄糖，当然，在长时间有氧运动中，肝脏糖异生也是肝脏释放葡萄糖的一个重要来源，对于补充及维持血糖的相对稳定发挥重要的作用。

二、运动时糖有氧代谢的基本过程

糖有氧代谢可分为 4 个阶段，第一阶段是从葡萄糖（糖原）被氧化至丙酮酸，此阶段反应与糖酵解相同，在细胞质中进行；第二阶段是丙酮酸进入线粒体，然后氧化脱羧生成乙酰辅酶 A（乙酰 CoA）；第三阶段是乙酰辅酶 A 进入三羧酸循环氧化脱羧；第四阶段是底物脱下的氢进入氧化呼吸链生成水，释放能量通过氧化磷酸化合成 ATP。

（一）糖氧化成丙酮酸

这一阶段的反应在胞液中进行，反应过程与糖无氧氧化步骤完全相同，只是 3-磷酸甘油醛脱下的氢（$NADH+H^+$）不与丙酮酸结合生成乳酸，$NADH+H^+$ 是通过磷酸甘油穿梭或苹果酸穿梭进入线粒体后进一步经氧化呼吸链氧化。

（二）丙酮酸氧化脱羧

丙酮酸透过线粒体后，在丙酮酸脱氢酶系的作用下，氧化、脱羧后，与辅酶 A 结合生成乙酰 CoA。

（三）乙酰辅酶 A 氧化

二碳原子的乙酰 CoA 与四碳原子的草酰乙酸缩合生成六碳原子的柠檬酸开始，再经过一系列脱氢、脱羧反应重新生成草酰乙酸，形成一个连续的不可逆的循环过程。由于循环的起始物具有三个羧基的柠檬酸，故称三羧酸循环或柠檬酸循环。参与这一循环的丙酮酸每循环一次，仅用去 1 分子乙酰基中的二碳单位，最后生成两分子的 CO_2，并释放出大量的能量。其代谢过程如图 3-1 所示。

三羧酸循环是机体获取能量的主要方式。1 分子乙酰 CoA 参与三羧酸循环，经 4 次脱氢，一次底物水平磷酸化，一个循环共生成 10 分子 ATP。三羧酸循环的起始物乙酰 CoA，不但是糖类氧化分解产物，它也来自脂肪酸、甘油和蛋白质的某些氨基酸代谢，因此，三羧酸循环是糖类、脂肪、蛋白质三种物质在体内彻底氧化的共同代谢途径。

（四）氢的氧化

代谢物脱下的 $NADH+H^+$ 和 $FADH_2$ 在线粒体内膜分别经 NADH 和 FAD 氧化呼吸链上氧化，释放能量分别经氧化磷酸化合成 2.5 分子 ATP 和 1.5 分子 ATP。

（五）糖有氧代谢过程 ATP 的合成

（1）第一阶段葡萄糖至丙酮酸。1 分子葡萄糖或糖原的 1 个葡萄糖单位可净生成 2 分子 ATP（或 3 分子 ATP），脱下两对氢原子（$NADH+H^+$），如在骨骼肌、神经组织则通过磷酸甘油穿梭转变为 $FADH_2$ 经 FAD 氧化呼吸链可合成 3 分子 ATP，在心肌和肝脏组织则通过苹果酸穿梭经 NADH 氧化呼吸链可合成 5 分子 ATP。

（2）第二阶段丙酮酸至乙酰 CoA。共脱下 2 对氢（$2×NADH+H^+$），经 NADH 氧化呼吸链可合成 2×2.5 分子 ATP。

（3）第三阶段三羧酸循环。共脱下 4 对氢，其中 3 对为（$NADH+H^+$），1 对 $FADH_2$，分别经 NADH 和 FAD 氧化呼吸链总合成 9 分子 ATP，另由 GTP 转变为 ATP，则 1 分子乙酰 CoA 经三羧酸循环可合成 10 分子 ATP，那么，2 分子乙酰 CoA 经三羧酸循环可合成 20 分子 ATP。

综上所述，每 1 分子葡萄糖完全氧化，可以产生 6 分子 CO_2 和 6 分子 H_2O，释放能量可以合成 30 分子 ATP（骨骼肌、神经组织）或 32 分子 ATP

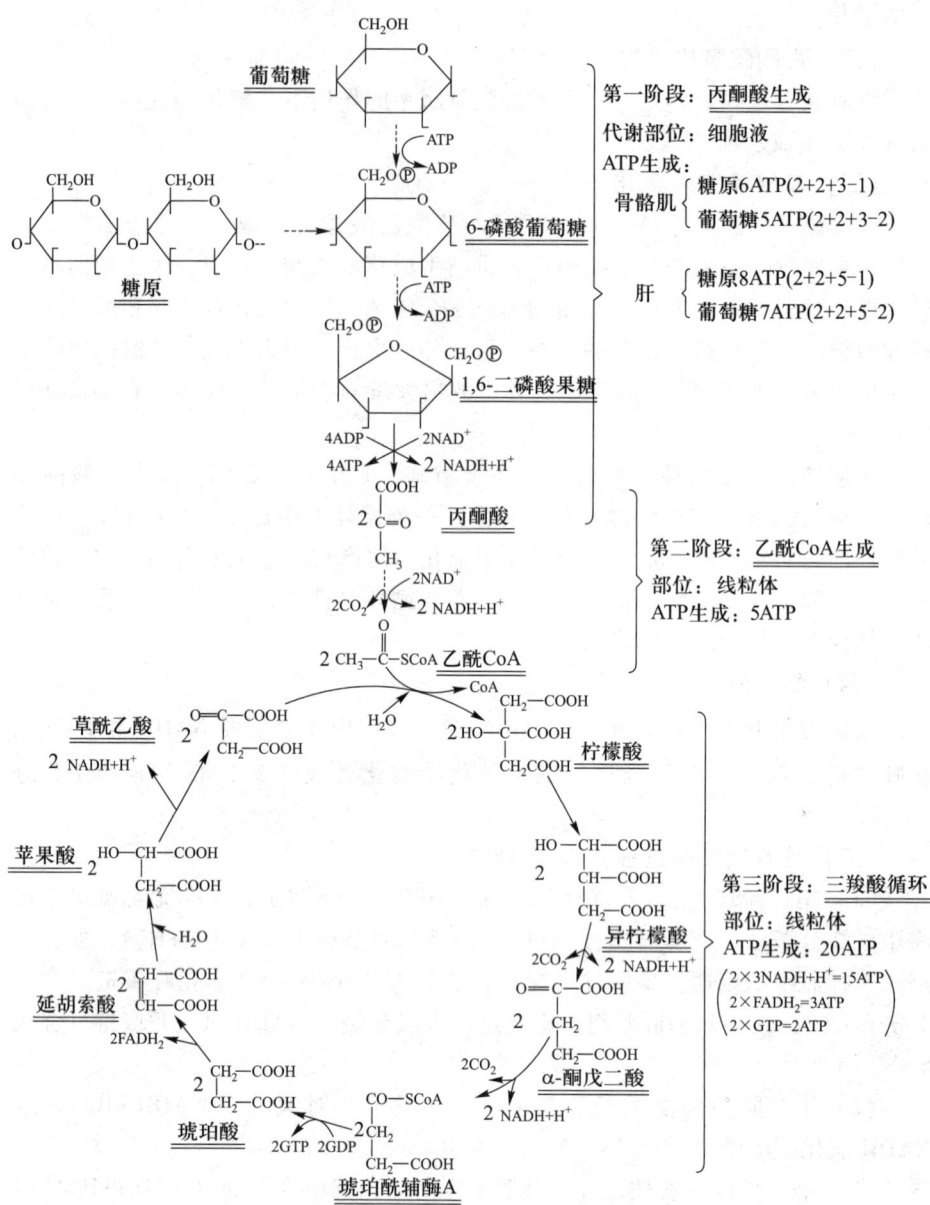

图 3-1 糖类有氧代谢途径

（心肌、肝、肝组织）；如果是糖原的1个葡萄糖单位则可净合成31或33分子ATP。

三、运动时糖有氧代谢与运动能力

从能量产生看,糖有氧代谢合成的 ATP 比糖酵解要多,但输出功率是糖酵解的一半 12.5 W/kg. BW,因此,糖有氧代谢是长时间大强度运动的重要能量来源。在有氧代谢运动中,参与供能的主要是有氧代谢系统,最重要的能源物质是糖类。在氧气充足的情况下,糖类、脂肪和蛋白质能够彻底氧化分解为二氧化碳和水,同时释放能量。虽然人体脂肪储备的能量远大于糖类储备的能量,但由于糖类氧化供能在利用氧的效率上明显大于脂肪和蛋白质氧化供能,在利用同样数量氧的情况下,糖类氧化供能约比脂肪氧化供能多 10%。因此,糖有氧氧化是数分钟以上耐力性运动项目的重要能量来源。

第二节 运动时脂肪有氧代谢供能过程

脂类是人体内一大类重要的有机化合物,它的功能多种多样,与人体的生命活动、健康密切相关。其中,脂肪是体内主要的储能物质,在安静时和运动时的能量供应中起着重要的作用,尤其是在耐力运动时。有氧代谢时,甘油三酯首先水解为甘油和脂肪酸,然后再各自氧化,骨骼肌由于缺乏氧化甘油的酶,因此,运动时骨骼肌氧化需脂肪酸提供能量。长期、系统的运动锻炼可促进机体的脂肪代谢。

一、运动时参与有氧代谢供能的脂肪酸来源

运动时骨骼肌氧化的脂肪酸依靠肌内甘油三酯水解,并摄取血浆游离脂肪酸,血浆游离脂肪酸主要通过脂肪组织中的脂肪进行水解与动员作用,将脂肪酸释放入血液与血浆清蛋白结合转运至工作肌被摄取利用。

(一)脂肪的水解与动员

脂肪在体内的主要功能是氧化分解,为机体提供生命活动所需要的能量。在进行有氧代谢过程中,脂肪组织中的甘油三酯在一系列脂肪酶催化下分解为脂肪酸和甘油的过程,称为脂肪水解(或称脂解)。1 分子甘油三酯可被脂肪酶水解为 1 分子甘油和 3 分子脂肪酸。储存于脂肪细胞中的脂肪,被脂肪酶逐步水解为脂肪酸和甘油并释放入血液以供其他组织氧化利用的过程称为脂肪动员(图 3-2)。

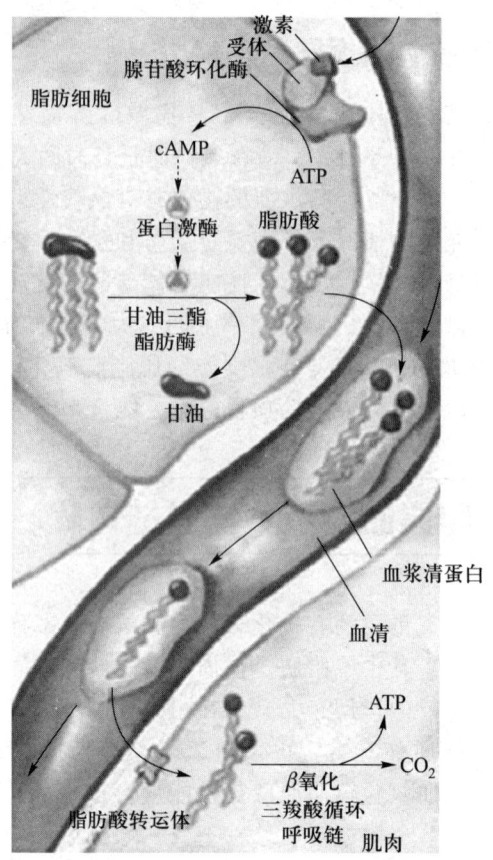

图 3-2 脂肪动员示意图

脂肪细胞中经脂肪水解作用产生的脂肪酸部分释放进入血液，必须与血浆清蛋白结合为游离脂肪酸（FFA），其余部分可直接再酯化合成新的甘油三酯，该过程称为甘油三酯-脂肪酸循环（图 3-3）。因此，脂肪动员与脂肪水解的区别在于：脂肪细胞中经脂肪水解作用生成的大部分脂肪酸可能进行再酯化，而脂肪动员则是指脂肪细胞释放到血液循环中的脂肪酸量。

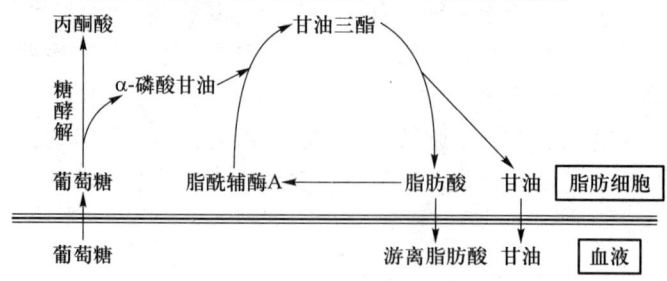

图 3-3 脂肪组织内甘油三酯-脂肪酸循环

在脂肪动员中，脂肪细胞内的甘油三酯脂肪酶是脂肪水解的限速酶，受多种激素调节，故称为激素敏感性甘油三酯脂肪酶（HSL）。肾上腺素、去甲肾上腺素、胰高血糖素、促肾上腺皮质激素（ACTH）及促甲状腺激素（TSH）等能促进脂肪动员的激素称为脂解激素；而胰岛素、前列腺素 E2 及烟酸等的作用则相反，使甘油三酯脂肪酶活性降低，具有拮抗脂解激素的作用，抑制脂肪的动员，故称抗脂解激素。当禁食、饥饿或交感神经兴奋时，肾上腺素、去甲肾上腺素、胰高血糖素等分泌增加，作用于脂肪细胞膜表面受体，激活腺苷酸环化酶，促进环磷酸腺苷（cAMP）合成，激活依赖 cAMP 的蛋白激酶，使胞液内 HSL 磷酸化而被激活，后者催化甘油三酯水解成甘油二酯及脂肪酸。另外两种脂肪酶分别是甘油二酯脂肪酶和甘油一酯脂肪酶，这两种酶在细胞内的活性较高，对激素不敏感，不受激素调节。

（二）甘油与脂肪酸的代谢途径

脂肪细胞中经脂肪动员释放入血液的脂肪酸及甘油，由于脂肪酸不溶于水，需与血浆清蛋白结合后形成游离脂肪酸，而再由血液运送至全身各组织，主要由心脏、肝、骨骼肌等摄取利用。甘油溶于水，直接经血液运送至肝、肾、肠等组织，主要是在肝甘油激酶作用下，转变为 3-磷酸甘油；然后脱氢生成磷酸二羟丙酮，循糖代谢途径进行分解或转变为葡萄糖。而脂肪和骨骼肌组织则因细胞内甘油激酶活性很低，不能直接利用甘油。

二、运动时甘油的代谢过程

脂解过程中释放的甘油，只能在肾、肝等少数组织内被氧化利用（图 3-4）。在肝脏中，甘油氧化过程释放的能量，可通过底物水平磷酸化和氧化磷酸化两种形式合成 ATP。① 在肝脏，每分子甘油氧化生成乳酸时，释放能量合成 4 分子 ATP；② 如果完全氧化生成 CO_2 和 H_2O 时，则释放能量可合成 18.5 分子 ATP；③ 2 分子甘油经糖异生过程重新合成葡萄糖，消耗 2 分子 ATP。

在中、低强度运动时，骨骼肌和脂肪组织内脂肪分解加强，释放出游离甘油。由于肌肉中缺乏甘油代谢的酶，甘油直接为骨骼肌供能意义不大；脂肪细胞合成甘油三酯时，首先要使脂酰辅酶 A（脂酰 CoA）与磷酸甘油结合，由于细胞内缺乏磷酸甘油激酶，故不能磷酸化内源甘油使它直接用于脂肪合成。但是，甘油释入血液后可以作为脂肪分解代谢的强度指标。

肝脏含有丰富的磷酸化酶，是甘油进行糖异生主要部位。在甘油代谢总量中甘油的糖异生至少占 3/4。每 2 分子甘油经糖异生作用，合成 1 分子葡萄糖，所以在长时间运动后，甘油经糖异生过程合成葡萄糖，补充血糖的消耗，

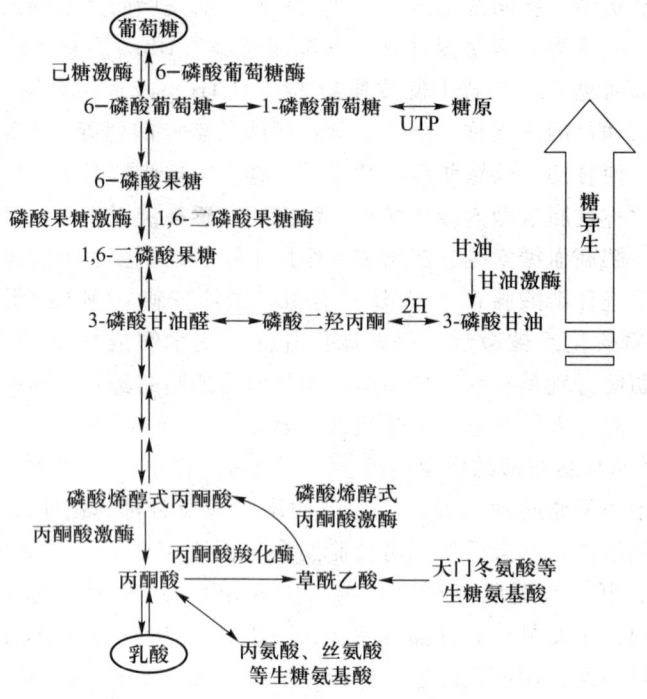

图 3-4 甘油代谢示意图

这对维持血糖恒定和保证运动耐力,具有一定的意义。

三、运动时脂肪酸代谢的基本过程

脂肪酸的分解代谢主要以 β-氧化的方式进行,脂肪酸的氧化主要发生在有氧代谢运动,运动时肌肉利用脂肪酸主要来源于肌细胞内甘油三酯的分解和循环系统中的游离脂肪酸。

(一)脂肪酸完全氧化的基本过程

脂肪酸的分解代谢发生于细胞的线粒体基质中,进入胞液的脂肪酸,首先经活化生成脂酰 CoA,然后被转运至线粒体内,通过一系列酶的催化,在脂酰 CoA 的 β-碳原子上进行脱氢、加水、再脱氢等步骤,结果使 β-碳原子被氧化,最后经硫解作用。脂酰 CoA 的碳链在 α-碳原子和 β-碳原子之间断裂,生成 1 分子乙酰 CoA 和一个比原来脂酰 CoA 少 2 个碳原子的脂酰 CoA。经过多次 β-氧化,脂酰 CoA 可完全降解为乙酰 CoA,乙酰 CoA 再进入三羧酸循环彻底氧化为 CO_2 和 H_2O,同时释放能量合成 ATP。

1. 脂肪酸的活化——脂酰 CoA 的生成

脂肪酸在胞液中与辅酶 A 反应生成活化形式的脂酰 CoA，该反应由存在于线粒体外膜的脂酰 CoA 合成酶（acyl-CoA synthetase，又称为硫激酶）催化（图 3-5），反应的总体是不可逆的，因反应过程中需消耗 1 分子 ATP，生成 AMP 和无机焦磷酸（PPi），而 PPi 迅速被焦磷酸酶水解为 2 分子无机磷酸（Pi），实际上消耗了 2 个高能磷酸键，释放出能量供活化反应的进行。由于 ATP 的合成主要是以 ADP 为底物，故一般认为每激活 1 分子游离脂肪酸需消耗 2 分子 ATP。

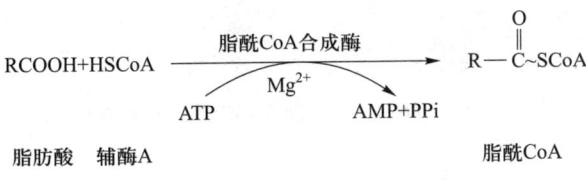

图 3-5　脂肪酸的活化

2. 脂酰 CoA 进入线粒体

长链脂酰 CoA 不能直接透过线粒体内膜，需经一个专门的转运系统，由肉碱（L-β 羟-γ-三甲氢基丁酸）作为脂酰基载体，将胞液中脂酰 CoA 转变为线粒体基质内的脂酰 CoA。

线粒体内膜的两侧存在着肉碱脂酰转移酶 I（CAT I）及肉碱脂酰转移酶 II（CAT II），在位于线粒体内膜外侧面的肉碱脂酰转移酶 I 的催化下，脂酰 CoA 和肉碱反应，生成辅酶 A 和脂酰基肉碱，脂酰基肉碱被转移到膜内侧，进入膜内侧的脂酰基肉碱又经肉碱脂酰转移酶 II 的催化而重新转变成脂酰 CoA，并释放出肉碱（图 3-6）。肉碱脂酰转移酶 I 是限速酶，脂酰 CoA 进入线粒体是脂肪酸氧化的限速步骤，当处于长时间运动、饥饿等使体内糖原大量消耗或糖尿病患者体内糖利用发生障碍时，需要脂肪酸供能，这时肉碱脂酰转移酶 I 活性增加，脂肪酸氧化增强。

3. β-氧化

脂酰 CoA 进入线粒体后，从脂酰基的 β-碳原子开始，经过脱氢、加水、再脱氢及硫解 4 步连续的反应，脂酰基断裂产生 1 分子乙酰 CoA 和 1 分子比原来少 2 个碳原子的脂酰 CoA（图 3-7）。以上过程就是一次 β-氧化。如此重复进行，直到脂酰 CoA 全部分解为乙酰 CoA 为止。若脂肪酸为 n 个碳原子，则要进行（$n/2-1$）次 β-氧化，生成 $n/2$ 分子乙酰 CoA。催化这些反应的酶彼此结合形成多酶复合体，称脂肪酸氧化酶系。

（1）脱氢。脂酰 CoA 在脂酰 CoA 脱氢酶的催化下，从 α-碳原子、β-碳原子各脱去一个氢原子，由 FAD 接受生成 $FADH_2$，同时生成 α、β-烯脂酰 CoA。

图 3-6 脂酰 CoA 跨线粒体内膜转运示意图

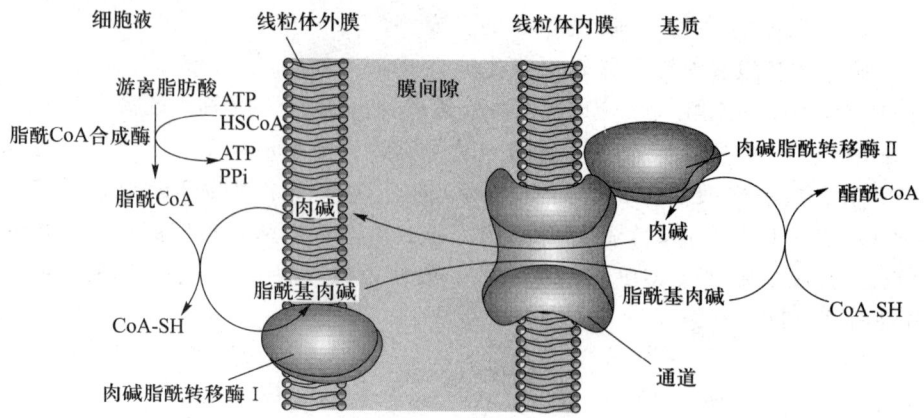

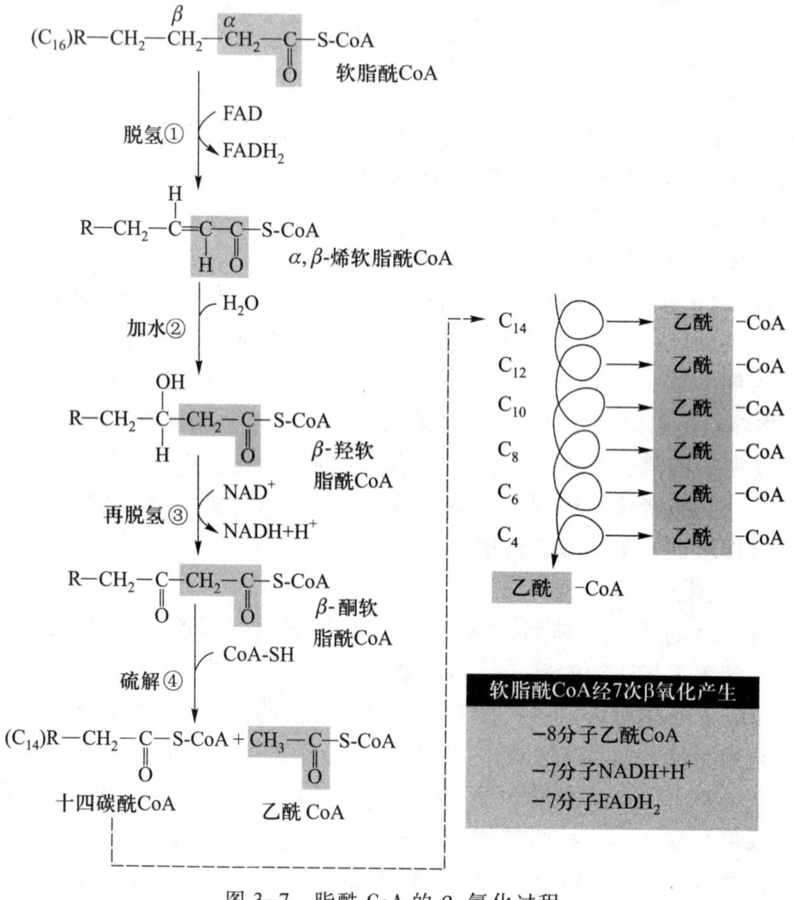

图 3-7 脂酰 CoA 的 β-氧化过程

软脂酰CoA经7次β氧化产生
- 8分子乙酰CoA
- 7分子NADH+H^+
- 7分子$FADH_2$

（2）加水。α、β-烯脂酰 CoA 在烯酯酰 CoA 水化酶催化下，烯酯酰 CoA 加水生成 β-羟脂酰 CoA。

（3）再脱氢。β-羟酯酰 CoA 在 β-羟酯酰 CoA 脱氢酶催化下，脱下 2H，由 NAD^+ 接受生成 $NADH+H^+$，同时生成 β-酮脂酰 CoA。

（4）硫解（加 CoASH 分解）。β-酮脂酰 CoA 在硫解酶的催化下，加入 CoA-SH 使 α、β 碳原子之间的化学键断裂，生成 1 分子乙酰 CoA 和少 2 个碳原子的脂酰 CoA。

以上生成的比原来少 2 个碳原子的脂酰 CoA 可再进行脱氢、加水、再脱氢及硫解反应，如此反复进行，直至最后生成丁酰 CoA，后者再进行一次 β-氧化，即完成脂肪酸的 β-氧化。

4. 三羧酸循环

脂肪酸 β-氧化的终产物是乙酰 CoA，乙酰 CoA 进入三羧酸循环彻底氧化为 CO_2，在这一过程中底物脱下的氢（包括 $NADH+H^+$ 及 $FADH_2$）经 NADH 和 FAD 氧化呼吸链合成 H_2O，同时释放能量合成 ATP。

（二）脂肪酸完全氧化过程中 ATP 的合成

各种脂肪酸分解代谢的方式基本相同，均能氧化产生能量。释放的能量一部分以热能形式释放，其余部分以合成 ATP 的方式储存，合成 ATP 数目依赖于脂肪酸碳链的长度（碳原子的数目）和碳原子之间的结合方式（单键或者双键）。表 3-1 以 16 碳软脂酸为例计算 ATP 的生成量。

表 3-1　16 碳软脂酸彻底氧化过程 ATP 的合成

脂肪酸的氧化过程	消耗或合成 ATP/个	以 16 碳软脂酸为例
脂肪酸→脂酰 CoA	-2	-2
脂酰 CoA 进入线粒体		
脂酰 CoA 的 β-氧化	$(n/2-1)\times(1.5+2.5)$	7×4
乙酰 $CoA \to CO_2+H_2O$	$n/2\times 10$	8×10
合计	$(n/2-1)\times(1.5+2.5)+n/2\times 10-2$	106

（三）脂肪酸不完全氧化的基本过程

脂肪酸在肝外组织（如心肌、骨骼肌等）经 β-氧化生成的乙酰 CoA，能彻底氧化生成二氧化碳和水，而在肝细胞中因为具有活性较强的合成酮体的酶系，β-氧化反应生成的乙酰 CoA，大多转变为乙酰乙酸、β-羟丁酸和丙酮，这三种中间产物统称为酮体。长时间运动时，酮体的生成和利用对于维持运动能力的发挥具有重要的意义。

1. 酮体生成

酮体生成的部位是在肝细胞线粒体内，脂肪酸 β-氧化生成的乙酰 CoA 是酮体生成的原料。其产生过程分三步：① 2 分子乙酰 CoA 在硫解酶催化下缩合成 1 分子乙酰乙酰 CoA；此外，脂酰 CoA 进行 β-氧化至最后的四碳阶段也可产生 1 分子乙酰乙酰 CoA；② 乙酰乙酰 CoA 再与 1 分子乙酰 CoA 缩合，生成羟基甲基戊二酸单酰 CoA，催化这一反应的酶为 HMG-CoA 合成酶，是酮体合成的限速酶；③ HMG-CoA 经裂解酶催化下裂解，生成乙酰乙酸和乙酰 CoA。乙酰乙酸在线粒体基质中 β-羟丁酸脱氢酶作用加氢还原成 β-羟丁酸，少量乙酰乙酸自动脱羧生成丙酮。酮体总量中约 70% 为 β-羟丁酸，30% 为乙酰乙酸，丙酮的含量极微，丙酮可通过肾和肺排出。

2. 酮体利用

肝脏虽然含有生成酮体的酶系，但缺乏利用酮体的酶，而在心肌、骨骼肌和脑等肝外组织细胞内含有活性很强的利用酮体的酶，能够氧化酮体获得能量。因此，在肝细胞线粒体内生成的酮体只能从肝细胞输出，经血液循环输送到肝外组织被利用。在肌肉、脑、肾等组织中，β-羟丁酸被 β-羟丁酸脱氢酶催化，氧化成为乙酰乙酸，乙酰乙酸在琥珀酰 CoA 转硫酶（在心肌、骨骼肌等组织中）或乙酰乙酸硫激酶（脑、肾等组织中）的催化下被活化为乙酰乙酰 CoA。乙酰乙酰 CoA 通过硫解作用，分解成 2 分子乙酰 CoA。乙酰 CoA 主要进入三羟酸循环彻底氧化。肝内生酮肝外利用是脂肪酸在肝中氧化的一个代谢特点。正常情况下，人体血液中酮体含量很低，为 0.03~0.5 mmol/L，而尿中酮体含量更小，用常规方法不能测出。但在饥饿、禁食、长时间运动或某些病理情况下，脂肪动员大大加强，肝中酮体生成过多，超出肝外组织的利用能力，可引起血中酮体升高，尿中出现酮体，即酮血症和酮尿症，由于乙酰乙酸和 β-羟丁酸均为中强度酸性物质，可导致酮症酸中毒，严重者危及生命。

3. 酮体代谢在运动中的意义

酮体是脂肪酸在肝脏氧化的正常中间产物，须透过细胞膜进入血液循环运输到肝外组织进一步氧化分解供能，酮体作为肝脏中脂肪酸不彻底氧化的产物，在运动中有特殊的意义。

（1）酮体是肝脏向肝外组织输出脂肪酸的一种形式。

脂肪酸不溶于水，在血液中运输需要清蛋白作为载体，所以运载量非常有限。酮体是脂肪酸在肝氧化时的中间代谢产物，是一种水溶性的小分子物质，很容易自肝脏释放进入血液，并以游离形式通过血脑屏障及肌肉毛细血管壁，迅速被肝外组织摄取与利用，因此，酮体是联系肝脏与肝外组织的一种特殊运输能量的形式，体现了人体内脂肪酸氧化供能中，各器官、组织之间的互相配合、协调和分工（图3-8）。

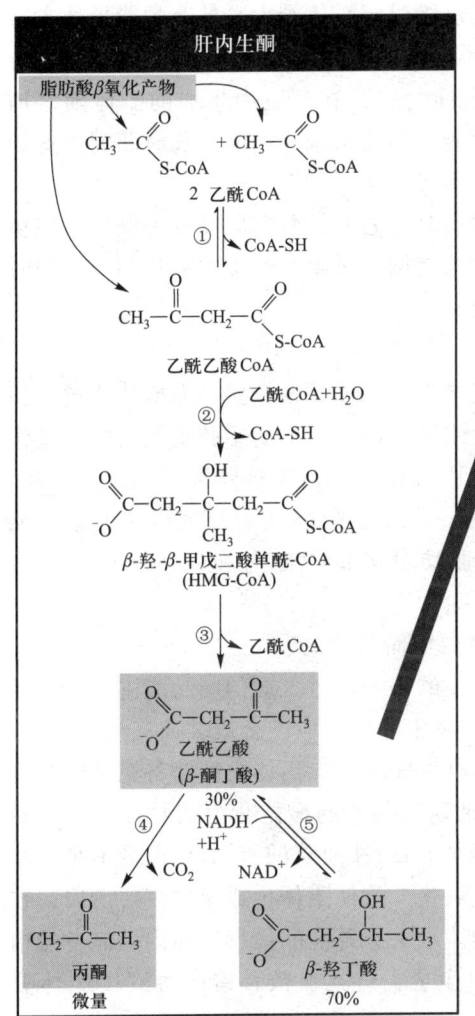
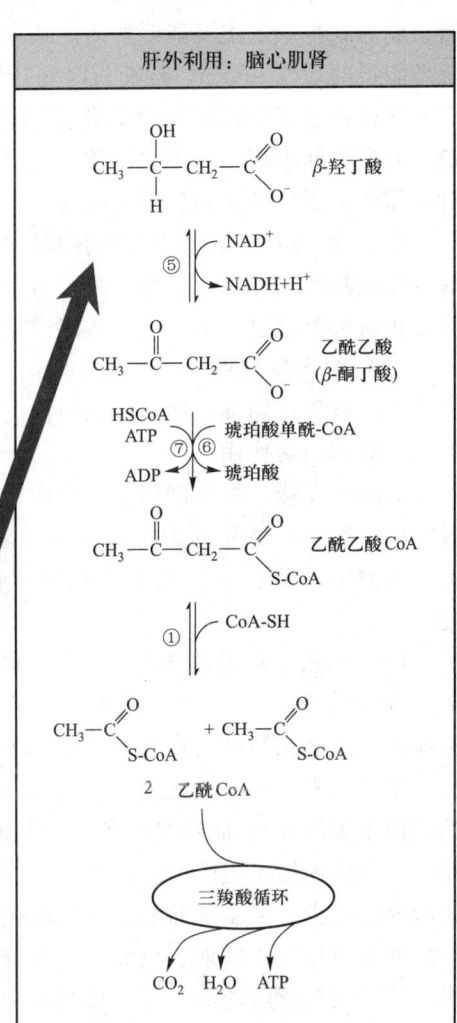

① 乙酰乙酰CoA硫解酶；② HMG-CoA合成酶；③ HMG-CoA裂解酶；
④ 脱羧酶；⑤ β-羟丁酸脱氢酶；⑥ 琥珀酰-CoA转硫酶；⑦ 乙酰乙酰硫激酶

图3-8 酮体的生成和利用

（2）酮体参与脑组织和肌肉能量代谢。

脑组织在正常情况下基本利用血糖供能，在长时间运动时，由于骨骼肌吸收利用血糖增加可导致血糖浓度的下降，脂肪代谢增强，肝脏输出酮体增加。酮体分子小、溶于水，运输时不必和血浆蛋白结合，且易于通过血脑屏障及肌肉等组织的毛细血管壁，进入脑和肌组织细胞进行氧化。特别是脑组织不能氧化脂肪酸，却能利用酮体进行长时间运动，血糖供应不足时，酮体可代替葡萄糖，成为脑组织的主要能源物质。长期饥饿时，酮体给大脑补充的能量约占脑所需能量的50%~75%。然而长时间持续运动中，肌肉工作时所需的能量，将由氧化糖供能逐步过渡到以氧化脂肪供能为主，在肝脏中生成的酮体随之增加，并为肝外组织所利用。因此，从供能的角度来说，酮体是长时间耐力运动时脑和肌肉等肝外组织获得能源的一种形式。

在禁食、应激及未得到控制的糖尿病时，心肌、骨骼肌及肾等肝外组织摄取酮体代替葡萄糖氧化供能，故可节省葡萄糖以供脑及红细胞氧化利用，同时对防止肌肉蛋白过多消耗也有一定的意义。

（3）酮体参与脂肪酸动员的调节。

长期有氧代谢训练使机体脂肪供能增强，酮体代谢旺盛。血酮体通过对胰岛素释放的激活作用，促使血浆胰岛素浓度升高，去抑制脂肪组织内的脂解作用；血酮体还能直接抑制脂肪组织中的脂解作用。借助这两种代谢调节步骤，及时中止运动后超常的脂肪酸动员速率，促进恢复，从而提高机体的运动能力。血酮体水平在一定程度上反映了脂肪分解供能能力和机体利用酮体的能力。

（4）血液、尿液酮体浓度可评定体内糖储备状况。

肝糖原的储存对酮体的生成有着重要的影响。进入肝的脂肪酸主要有两条去路：一条是在细胞质中与α-甘油磷酸发生酯化反应，合成甘油三酯或磷脂；另一条是进入线粒体氧化成乙酰CoA，再生成酮体。当体内糖储备充足时，肝糖代谢生成的α-甘油磷酸较多，α-甘油磷酸与脂肪酸酯化生成甘油三酯或磷脂。当体内糖储备下降时，肝糖代谢减弱，α-甘油磷酸及ATP含量不足，脂肪酸酯化减少，大多脂肪酸进入线粒体氧化，致使酮体生成量增多。所以，在长时间耐力运动中后期，血液、尿液酮体水平上升能间接反应体内糖储备的情况。长时间持续运动时，由于酮体大量生成，进入血液，造成血液中酮体升高，由于酮体的酸性性质，可使血液pH下降，从而破坏机体内环境的酸碱平衡，导致代谢性酸中毒。故认为酮体与长时间运动所产生的运动性疲劳有关。

四、运动时脂肪有氧代谢与运动能力

运动肌对各种供能物质的利用比例主要取决于运动强度及运动持续时间。一般来说，运动强度越小，持续时间越长，依靠脂肪供能占人体总能量代谢的百分率也越高。在短时间激烈运动时，无论是动力性运动还是静力性运动，肌肉基本不能利用脂肪酸，磷酸肌酸和肌糖原是运动肌主要的供能物质。当以 70%~90% $\dot{V}O_{2max}$ 强度运动时，在开始运动 10~15 min 时，肌肉的呼吸商居高不下，其后出现逐渐下降的趋势。这些现象说明脂肪供能作用已由不明显转向增强，但对竞技运动和以降体重为目的的运动而言意义不大。当以 60%~65% $\dot{V}O_{2max}$ 强度运动时，持续时间短于 60 min 的运动中，人体以糖类的有氧代谢和无氧代谢作为主要的供能方式。在低于 60%~65% $\dot{V}O_{2max}$ 强度的长时间运动中，尤其是在 60% $\dot{V}O_{2max}$ 强度以下的超长时间运动中，脂肪成为运动肌的重要能量。从表 3-2 可反映出脂肪供能地位随着运动时间而变化的特点。在运动 4 h 末，脂肪氧化供能达到最大程度，约占供能总量 90%。

表 3-2 人体运动时（50% $\dot{V}O_{2max}$）糖类、脂肪供能 （单位:%）

		安静	运动 1 h	运动 2 h	运动 3 h	运动 4 h
相对比	糖	54	27	20	17	13
	脂	46	73	80	83	87
氧化速率/(mmol·min^{-1})	糖	7.2	3.6	2.6	2.3	1.7
	脂	0.45	0.71	0.78	0.81	0.87
呼吸商		0.86	0.78	0.76	0.75	0.74

第三节 运动时蛋白质有氧代谢

蛋白质在机体内既有合成代谢也有分解代谢，正常情况下，体内的蛋白质代谢处于动态平衡。由于氨基酸是蛋白质基本组成单位，因此，蛋白质分解代谢就是蛋白质首先生成氨基酸后再进一步进行代谢，蛋白质的代谢体现于体内氨基酸代谢库的动态变化。氨基酸代谢库是指体内游离存在的氨基酸。氨基酸代谢时，分解为氨和 α-酮酸后，再各自氧化；长时间大强度运动时，人体内存在蛋白质净降解和氨基酸参与供能的情况。

一、运动时体内氨基酸代谢概况

运动时，参与有氧代谢的氨基酸来源有：① 外源性氨基酸：蛋白质经消化作用生成的氨基酸，被肠道吸收进入全身各组织；② 内源性氨基酸：体内原有的蛋白质每天都有一部分降解为氨基酸。此外机体代谢中还合成部分非必需氨基酸。

氨基酸的去向有：① 用于蛋白质生物合成：这是氨基酸在人体内的重要功用；② 合成具有重要生理、生化功能的其他含氮物质：如甲状腺素和肾上腺素等；③ 参加分解代谢：氨基酸分解代谢的主要途径是经脱氨基作用生成氨和α-酮酸，氨主要在肝脏转变为尿素，随尿排出体外，也可合成谷氨酰胺及其他含氮物质。α-酮酸可经三羧酸循环氧化成二氧化碳和水并释放能量；也可转变为糖类或脂肪。另外小部分氨基酸脱羧基作用生成胺类及二氧化碳。胺可继续氧化为二氧化碳和水。氨基酸在体内代谢概况见图3-9。

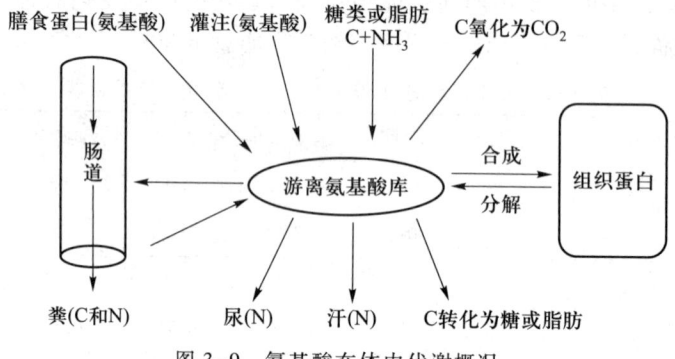

图3-9　氨基酸在体内代谢概况

二、运动时蛋白质、氨基酸的代谢过程

体内氨基酸的主要功用是合成蛋白质和多肽。此外，也可以转变成其他含氮物质。各种氨基酸具有共同的结构特点，故它们有共同的代谢途径，但不同的氨基酸代谢由于结构差异，也有其个别的代谢方式。

（一）氨酸的脱氨基作用

氨基酸分解代谢的最主要反应是脱氨基作用。氨基酸的脱氨基在体内大多数组织中均可进行。其方式主要有联合脱氨基作用和嘌呤核苷酸循环等。

1. 联合脱氨基作用

氨基酸与α-酮戊二酸的转氨酶体系和谷氨酸脱氢酶在体内分布较广，而且酶活性也较高，因此认为氨基酸的脱氨基作用是在这两种酶联合作用下完成的，故称为联合脱氨基作用。联合脱氨基过程包括转氨作用和氧化脱氨作用两个阶段，即其作用方式是：氨基酸的氨基通过转氨基作用转移到α-酮戊二酸分子上，生成相应的α-酮酸及谷氨酸，然后谷氨酸在谷氨酸脱氢酶作用下，脱掉氨基又生成α-酮戊二酸（图3-10）。联合脱氨基作用的逆反应也是体内合成非必需氨基酸的重要途径。它是体内最普遍的脱氨基作用。

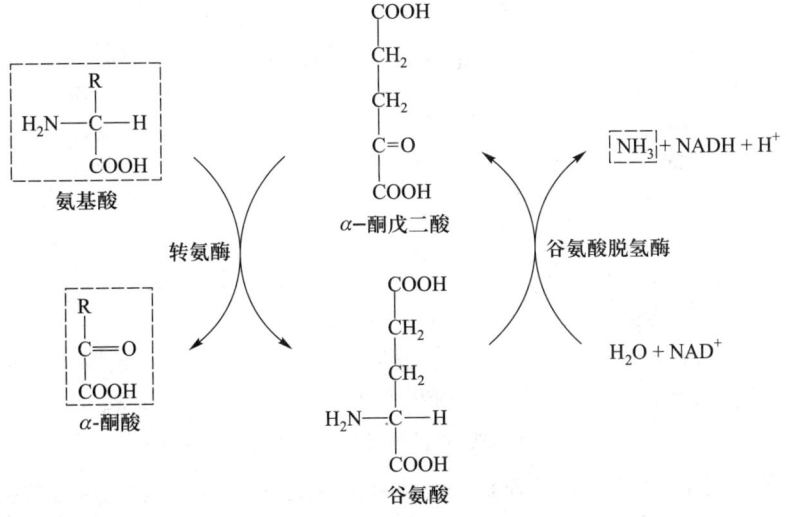

图 3-10 联合脱氨基示意图

(1) 转氨基作用。

α-氨基酸的氨基通过酶促反应转移到 α-酮酸的酮基上,生成与原来 α-酮酸相应的 α-氨基酸,而原来的 α-氨基酸则转变为相应的 α-酮酸,这一过程称为转氨基作用。催化这一作用的酶称为转氨酶。转氨酶以 α-酮戊二酸和草酰乙酸为氨基的最终接受体。体内转氨酶的种类很多,分布广泛,活性也各不相同。其中以谷氨酸-丙酮酸转氨酶(GPT,简称谷丙转氨酶)和谷氨酸-草酰乙酸转氨酶(GOT,简称谷草转氨酶)最重要。它们催化的反应如下:

$$\underset{R_1}{\underset{|}{H_2N-CH}}\text{COOH} + \underset{R_2}{\underset{|}{C=O}}\text{COOH} \xrightleftharpoons{\text{转氨酶}} \underset{R_1}{\underset{|}{C=O}}\text{COOH} + \underset{R_2}{\underset{|}{H_2N-CH}}\text{COOH}$$

转氨酶催化的反应是可逆的,所以转氨基作用是体内(主要在肝脏)合成非必需氨基酸的重要途径。

转氨酶的辅酶是磷酸吡哆醛。在转氨基作用中,磷酸吡哆醛能接受 α-氨基酸氨基转变成磷酸吡哆胺。后者又可将氨基转给 α-酮酸生成另一种氨基酸,而自身又变为磷酸吡哆醛。所以,磷酸吡哆醛在转氨基作用中是氨基传递体,其传递过程如图 3-11。

转氨基作用在体内所有组织几乎都能进行,但在不同组织中进行的速率不同。正常情况下,转氨酶主要存在于细胞内,各组织中以心肌和肝脏活性最高,而血清中活性最低。当组织坏死细胞膜破裂或某些原因使细胞膜通透性增加时,转氨酶可大量释放进入血液,致使血清中转氨酶活性升高。例如,急性

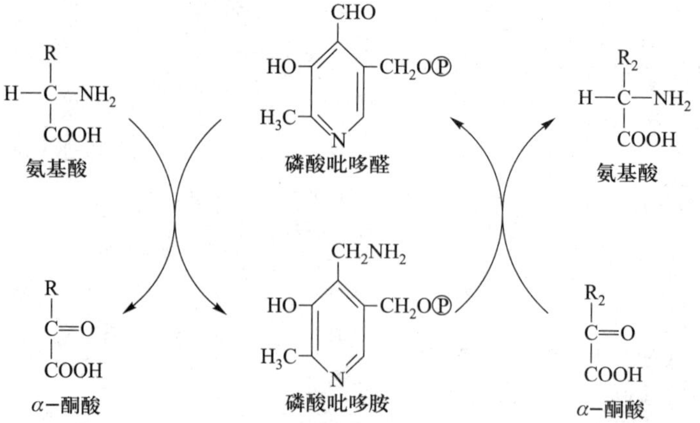

图 3-11　氨基酸转氨基示意图

肝炎患者血清中 GPT 可明显升高。心肌梗死时，血清 GOT 也升高。故临床上测定血清中 GPT 和 GOT 既有助于诊断，也可做观察疗效和预防的指标之一。依据这一原理，运动员在大运动量训练时，定期测定血清 GPT 及 GOT 的活性可以帮助了解运动员肝脏和心脏的机能状况。

转氨基作用虽在体内普遍存在，但只是将氨基从一个氨基酸转移到一个 α-酮酸上产生另一个氨基酸，氨基并未脱掉。

（2）氧化脱氨基作用。

氧化脱氨基作用是在氨基酸氧化酶作用下脱氢生成亚氨基酸，后者再水解产生 α-酮酸和氨。

体内催化氨基酸氧化脱氨的酶有多种，其中以谷氨酸脱氢酶最重要。此酶是一种不需氧脱氢酶，在肝、肾、脑组织中普遍存在，活性较高，它能促进谷氨酸脱氢生成 α-酮戊二酸和氨，脱下的氢由辅酶 NAD^+ 接受，经呼吸链氧化生成水，同时产生 ATP。

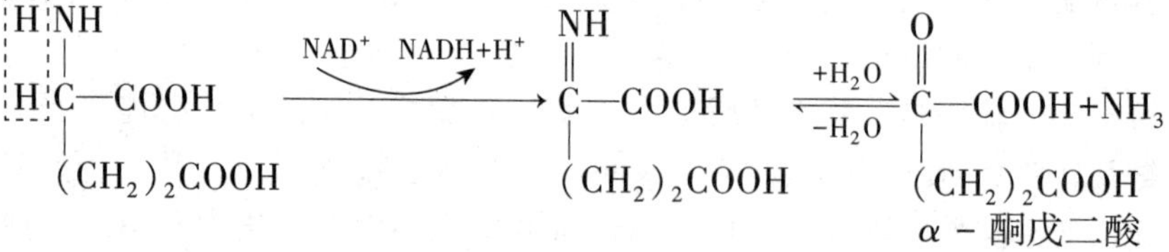

该反应是可逆反应，因而可由 α-酮戊二酸还原加氨生成谷氨酸。由于谷氨酸和 α-酮戊二酸在体内都参加一些重要的代谢反应，所以谷氨酸脱氢酶催化的反应在物质代谢联系上起着重要作用。但是由于谷氨酸脱氢酶专一性强，而且在骨骼肌和心肌中活性较低，故不可能承担体内主要脱氨基作用。

2. 嘌呤核苷酸循环

在骨骼肌和心肌中,谷氨酸脱氢酶活性较低,因而氨基酸不易通过联合脱氨基方式脱掉氨基。骨骼肌等组织中氨基酸主要通过嘌呤核苷酸循环进行脱氨基作用。其具体过程是通过在转氨基作用中生成的天门冬氨酸与次黄嘌呤核苷酸(IMP)相作用生成腺苷酸代琥珀酸,后者在裂解酶作用下分裂成延胡索酸和腺嘌呤核苷酸。腺嘌呤核苷酸在腺苷酸脱氨酶催化下水解脱掉氨基,生成次黄嘌呤核苷酸。以上反应综合称为嘌呤核苷酸循环(图3-12)。除肌肉组织外,脑及肝脏中的氨基酸也以此种形式脱氨。实验证明,脑组织中50%的氨来自嘌呤核苷酸循环。

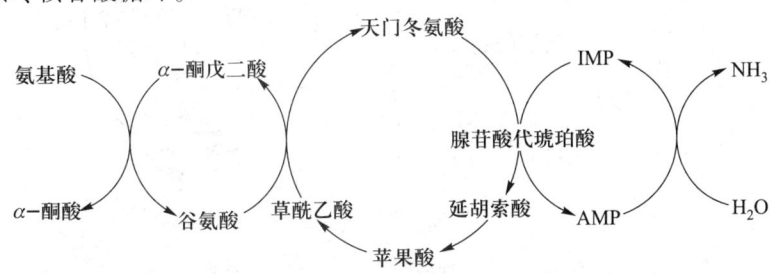

图 3-12 嘌呤核苷酸循环示意图

(二)氨的去路

经脱氨基作用脱下来的氨(NH_3),对机体来说是一种有毒的物质,尤其对神经系统的影响更大。正常情况下,体内产生的氨可通过鸟氨酸循环生成无毒物尿素和合成谷氨酰胺两条途径迅速分解。因此,不会发生堆积对身体造成危害。

1. 通过鸟氨酸循环生成尿素

氨的主要代谢去路是在肝脏合成尿素。因为肝细胞中含有将 NH_3、CO_2 合成为尿素的酶,尿素的生成过程见图3-13。

(1)氨基甲酰磷酸的合成。

NH_3 及 CO_2 首先在肝细胞内合成氨基甲酰磷酸。催化该反应的酶是氨基甲酰磷酸合成酶,反应需消耗 ATP。N-乙酰谷氨酸是此酶的激活变构剂[反应(1)]。

(2)瓜氨酸的合成。

在鸟氨酸氨基甲酰转移酶催化下,以生物素为辅助因子,由 ATP 供能,将氨基甲酰基转移至鸟氨酸生成瓜氨基[反应(2)]。

(3)精氨酸的合成。

瓜氨酸在精氨酸代琥珀酸合成酶催化下,与天门冬氨酸反应生成精氨酸代

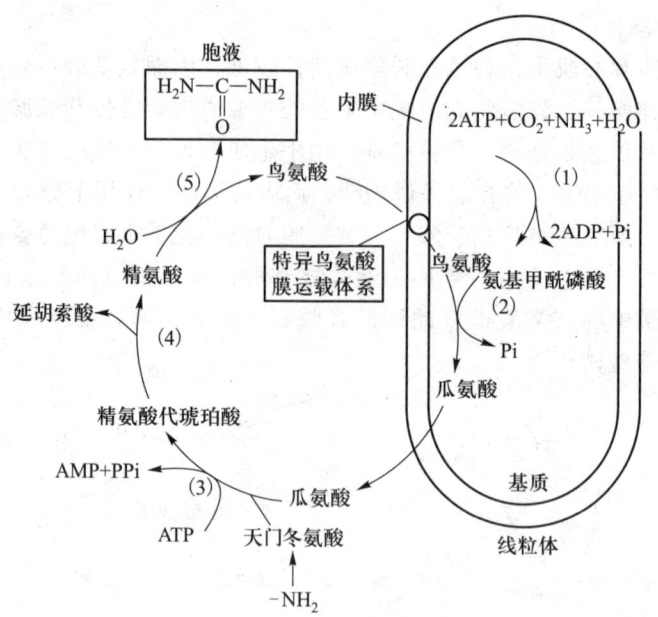

图 3-13 鸟氨酸循环生成尿素示意图

琥珀酸 [反应（3）]，此反应需由 ATP 分解为 AMP 和焦磷酸，以供应能量。精氨酸代琥珀酸经裂解酶催化转变为精氨酸及延胡索酸 [反应（4）]。

（4）精氨酸水解生成尿素。

精氨酸在精氨酸酶作用下水解为鸟氨酸和尿素 [反应（5）]。鸟氨酸可重复上述反应，构成鸟氨酸循环。

尿素生成的总反应可简要表示如下：

$$2NH_3+CO_2+3ATP+3H_2O \longrightarrow CO(NH_2)_2+2ADP+AMP+3Pi+PPi$$

2. 谷氨酰胺的合成

在肝脏、肌肉、脑等组织中，氨与谷氨酸结合成无毒的谷氨酰胺，催化该反应的酶是谷氨酰胺合成酶，并需 ATP 供能，谷氨酰胺经血液运到肾，在肾小管细胞内被谷酰胺酶水解为谷氨酸和氨。氨扩散到肾小管管腔中，与原尿中的 H^+ 结合形成铵盐，随尿排出。所以谷氨酰胺的生成仅能参加蛋白质生物合成，而且也是体内储氨、运氨及解除氨毒性的一种重要方式。

氨代谢的其他途径氨可使 α-酮戊二酸氨基化生成谷氨酸。谷氨酸与其他 α-酮酸进行转氨基作用，可合成非必需氨基酸。氨还可参加嘌呤碱及嘧啶碱等化合物的合成。

（三）α-酮酸的代谢

氨基酸脱氨基后生成的 α-酮酸有以下三条代谢途径：

1. 经转氨基作用生成非必需氨基酸

α-酮酸的氨基化须经联合脱氨基作用的逆过程合成非必需氨基酸。而α-酮戊二酸则在谷氨酸脱氢酶作用下直接氨基化生成谷氨酸。

2. 氧化供能

α-酮酸在体内可通过三羧酸循环彻底氧化成CO_2和H_2O，并释放能量。

3. 转变为糖类及脂肪

体内多数氨基酸脱去氨基后生成的α-酮酸可经糖异生途径转变为糖类。这些氨基酸可称为生糖氨基酸。亮氨酸可转变为乙酰CoA或乙酰乙酸，称为生酮氨基酸。生酮氨基酸可通过脂肪酸合成途径转变为脂肪酸。

综上所述，蛋白质在体内的分解代谢如图3-14。

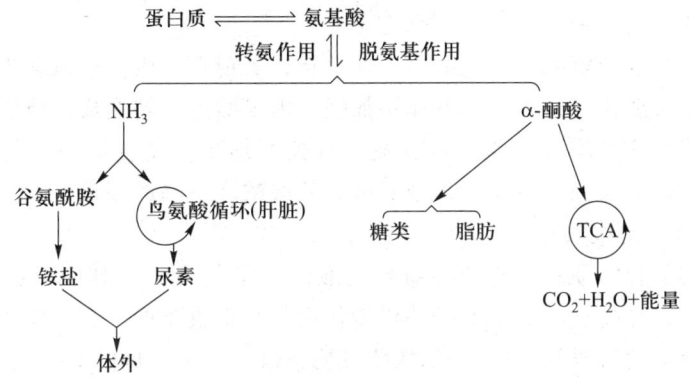

图3-14 蛋白质在体内分解代谢示意图

（四）运动时某些氨基酸的代谢

运动时，参与氧化供能的氨基酸主要有两大类，一类包括丙氨酸、谷氨酸和天门冬氨酸。这类氨基酸经转氨基作用后，直接转变成糖代谢、脂代谢的中间产物，进入相应的代谢过程彻底氧化；另一类是支链氨基酸，这类氨基酸经转氨基后，生成的碳链骨架需要经历一系列反应，最终成为丙酮酸、乙酰CoA或三羧酸循环的中间产物。氨基酸除了氧化供能外，还可通过糖异生途径合成葡萄糖。

1. 丙氨酸、谷氨酸和天门冬氨酸氧化

肝脏和肌肉内含有丰富的转氨酶，丙氨酸、谷氨酸和天门冬氨酸通过相应转氨酶的催化，脱去氨基，直接转变成丙酮酸、α-酮戊二酸和草酰乙酸：

$$CH_3-CH-COOH \longrightarrow CH_3-C-COOH$$
$$\quad\quad |\quad\quad\quad\quad\quad\quad\quad\quad ||$$
$$\quad\quad NH_2\quad\quad\quad\quad\quad\quad\quad O$$

（丙氨酸）　　　　　（丙酮酸）

$$\text{HOOC—CH}_2\text{—CH(NH}_2\text{)—COOH} \xrightarrow{\text{NH}_2} \text{HOOC—CH}_2\text{—C(=O)—COOH}$$

（天门冬氨酸）　　　　　　　　　　（草酰乙酸）

$$\text{HOOC—CH}_2\text{—CH}_2\text{—CH(NH}_2\text{)—COOH} \xrightarrow{\text{NH}_2} \text{HOOC—CH}_2\text{—CH}_2\text{—C(=O)—COOH}$$

（谷氨酸）　　　　　　　　　　（α-酮戊二酸）

丙酮酸和 α-酮戊二酸直接在三羧酸循环中氧化，草酰乙酸则在磷酸烯醇式丙酮酸激酶的作用下变成磷酸烯醇式丙酮酸，进而转变成丙酮酸而进一步氧化。运动时，磷酸烯醇式丙酮酸激酶的活性迅速上升，这是提高氨基酸转化和氧化能力的重要机制。

耐力训练引起氨基酸氧化的适应性变化，表现在：丙氨酸氧化生成二氧化碳和水的速率加快，这与转氨基作用加强、丙氨酸迅速转变成丙酮酸有关；谷氨酸脱氢酶的活性增高，嘌呤核苷酸循环速率加快，使谷氨酸氧化脱氨基加强，所以长时间大强度运动时出现肌肉谷氨酸浓度下降的现象。

2. 支链氨基酸氧化

在人类的骨骼肌中，8 种必需氨基酸的含量很少，但其中三种支链氨基酸：亮氨酸、异亮氨酸和缬氨酸的供能作用却是很重要的。在骨骼肌中催化支链氨基酸分解的特异酶支链 α-酮酸脱氢酶含量占全身总量的 60% 左右，因此，骨骼肌是氧化支链氨基酸的主要部位，即使在休息状态，人的骨骼肌中支链氨基酸氧化供能也能占总能耗的 14%；在运动时，特别是长时间持续运动时支链氨基酸在骨骼肌和能量代谢中占有重要地位。

3. 氨基酸的糖异生作用

耐力运动期间，生糖氨基酸可通过糖异生作用合成葡萄糖。在耐力运动早期（<1 h），肝糖原是血糖的基本来源，但在更长时间的运动中，糖异生代谢逐渐起重要的作用，其中丙氨酸通过葡萄糖—丙氨酸循环是葡萄糖合成的一个重要途径。

（1）葡萄糖—丙氨酸循环。

丙氨酸是主要的氨基酸糖异生原料。在骨骼肌游离氨基酸库中，丙氨酸仅占总量 4.4%。同时，动物实验证明，运动时肌肉并没有含丙氨酸量丰富的蛋白质选择性的分解，故认为运动时骨骼肌中必然存在丙氨酸的合成代谢过程。直至 1969 年，弗里格（Felig）和霍勒（Wahler）提出葡萄糖—丙氨酸循环理论，从而解释了运动时血液丙氨酸增加的现象。他们认为，在进行运动时骨骼肌内的糖分解过程活跃，丙酮酸的浓度迅速升高，其中大部分丙酮酸进入线粒体氧化或还原生成乳酸，还有一部分丙酮酸经过谷氨酸—丙酮酸转氨酶的转氨基作用生成丙氨酸，所以运动时血液中丙氨酸浓度升高与丙酮酸浓度升高成正比关系。丙氨酸进入血液后被运输到肝脏，而作为糖异生的底物，异生成葡萄糖，进入血液维持血糖正常水平和骨骼肌的吸收和利用。上述由骨骼肌内葡萄糖、肌糖原分解生成的丙酮酸与氨基酸之间，经转氨基作用生成丙氨酸，以及丙氨酸在肝内异生为葡萄糖，并回到肌肉中的代谢过程，称为葡萄糖—丙氨酸循环（图3-15）。

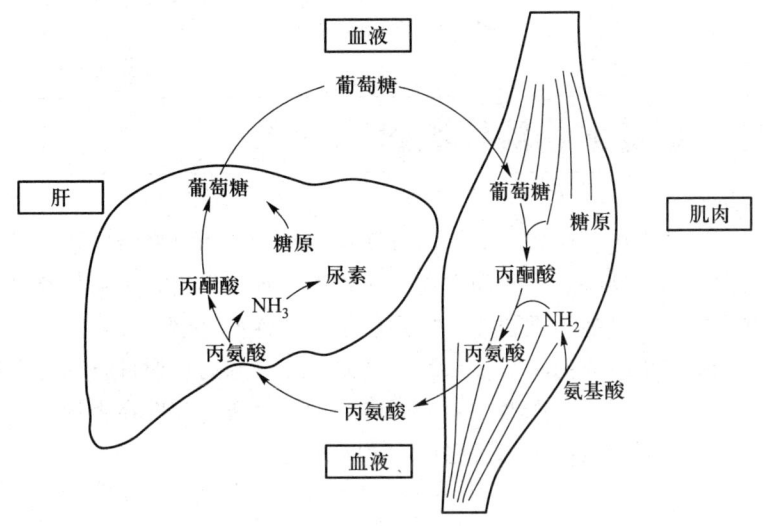

图3-15　葡萄糖—丙氨酸循环

（2）运动时葡萄糖—丙氨酸循环的意义。

运动时，丙氨酸在骨骼肌内合成，关系到其他氨基酸氧化和乳酸代谢，丙氨酸在肝脏转换，关系到有毒的氨的处理和再生葡萄糖。所以，运动时葡萄糖—丙氨酸循环对维持运动能力有积极意义，主要体现在：

① 将运动肌中糖类无氧分解的产物丙酮酸转变成丙氨酸，可以减少乳酸生成量，起着缓解肌肉内环境酸化和保障糖分解代谢畅通的作用。

② 肌中氨基酸的 α-氨基转移给丙酮酸合成丙氨酸，以无毒的形式转运肝脏中解毒，避免血氨过度升高。

③ 肝内丙氨酸经过糖异生作用生成的葡萄糖，可以参与维持血糖浓度和供运动肌吸收利用。

三、运动时蛋白质、氨基酸分解代谢与运动能力

食物蛋白质经消化吸收的氨基酸（外源性氨基酸）和体内组织蛋白质降

解产生的氨基酸（内源性氨基酸）混在一起，分布于体内各处，共同参与分解代谢和转化代谢或蛋白质的合成等。随着对运动中蛋白质和氨基酸分解代谢特点与规律的研究逐渐深入，发现耐力运动能刺激蛋白质的分解代谢，蛋白质在运动中供能比例一般情况下较小，占总能耗需要的 5%~18%。长时间耐力运动大量消耗体内的糖类，由于体内糖类储备有限，使氨基酸代谢供能比例增加，一方面激活氨基酸的糖异生途径，以维持血糖恒定；另一方面作为底物的大多数氨基酸脱去氨基以后的碳骨架都可以进入三羧酸循环经氧化途径产生能量。

第四节 运动时物质代谢的关系

物质代谢是人体生命活动的基本过程，运动是人体生命活动过程中的一种形式。在组织内，糖类、脂肪和蛋白质在代谢过程中的变化是密切相连的。运动时，物质的代谢供能种类和数量除取决于运动性质（图 3-16），还决定于体内糖类、脂肪和蛋白质的相对含量，蛋白质代谢或脂肪代谢进行的强度决定于糖代谢进行的强度，反之亦然。糖类、脂肪和蛋白质之间存在密切的代谢转换关系，是通过它们共同的中间代谢产物来实现的。

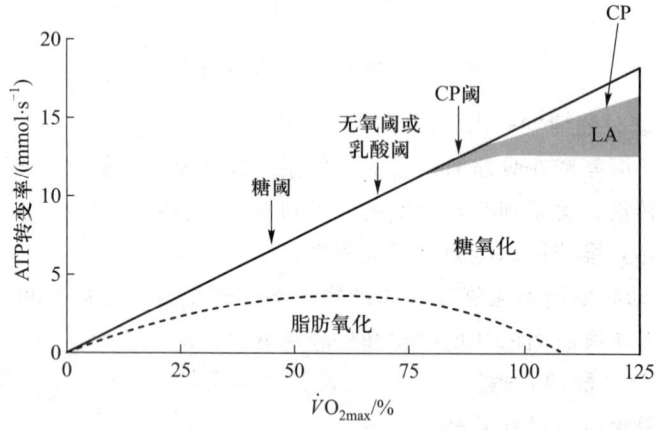

图 3-16　运动时腿部肌肉不同能源物质生成 ATP 速率与运动强度关系估算

由图 3-16 可知，处于安静或轻度活动时，人体主要依靠游离脂肪酸氧化供能，当运动能量需求大于游离脂肪酸氧化输出最大功率，即运动负荷为 30%~50% $\dot{V}O_{2max}$，糖氧化供能明显增加，这一转折点叫糖阈。当运动强度在糖阈之下时，部分脂肪和糖类都能氧化供能，如慢跑、超长距离跑或长时间极限运动等，供能比例取决于负荷强度（图 3-17）和肝糖原、肌糖原水平及血液中的游离脂肪酸浓度。

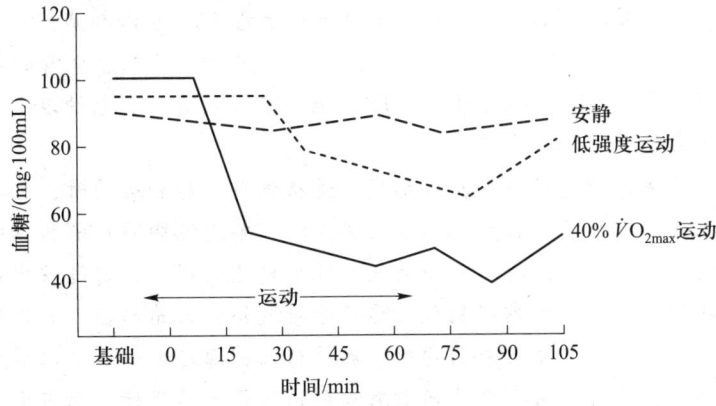

图 3-17　在安静和 40% $\dot{V}O_{2max}$ 时运动血液葡萄糖浓度的变化

当运动负荷强度达 55%~80% $\dot{V}O_{2max}$ 时，糖类通过酵解生成乳酸途径参与供能比例迅速增加形成一个转折点，称为乳酸阈。这时运动肌肉糖原储量减少，会影响机体维持某个运动强度的持续时间；另一方面当肌肉中提供能量生成乳酸时，乳酸浓度可比安静时升高 20~30 倍，肌肉中由乳酸释放的 H^+ 可使肌肉 pH 下降 0.4~0.5 个单位，肌肉酸性化而影响肌肉本身的收缩过程，使运动能力下降，这种代谢过程一般只能提供 2 min 最大强度的运动。科学训练可以提高肌肉缓冲 H^+ 能力和增加糖类储量及糖酵解生成乳酸的能力。

在最大强度运动时，肌肉做功需要输出功率最大的供能系统，因此，磷酸肌酸分解产生 ATP 供能明显增加。此外，当进行 85%~100% $\dot{V}O_{2max}$ 的持续运动时，乳酸生成大于其转运，使 H^+ 持续增加，肌肉中 H^+ 抑制磷酸果糖激酶活性，使糖酵解减弱，乳酸生成减少，来自糖酵解的供能减少。然而，H^+ 升高直接影响肌酸激酶，有利于 H^++ADP+CP→ATP+C 反应进行。此时，肌肉中磷酸肌酸分解生产 ATP 供能会明显增加，以维持肌肉收缩和适应高强度运动时能量供应的量和功率的需求。

本章小结

本章主要阐述骨骼肌内的糖类、脂肪和蛋白质的有氧代谢过程、产生能量的特点以及运动时三大能源物质有氧代谢供能的意义。

糖类有氧代谢是在氧气供应充足的情况下运动时，肌内糖原和葡萄糖被彻底氧化成二氧化碳和水，并释放能量合成 ATP 的过程。1 分子葡萄糖完全氧化，可以产生 6 分子 CO_2 和 6 分子 H_2O，释放的能量可以合成 30 分子 ATP（骨骼肌、神经组织）或 32 分子 ATP（心肌、肝组织）；糖原分解的 1 分子葡萄糖单位则可合成 31 或 33 分子的 ATP。糖类有氧代谢是数分钟以上大强度耐力性运动项目的重要能量来源。

脂肪作为体内能量储存的重要形式，是机体在安静和运动时，尤其是耐力运动时的主要能源物质。机体动用脂肪供能时，首先经脂肪水解与脂肪动员作用，生成的脂肪酸和甘油释放入血液被循环供机体利用。脂解过程中释放的甘油，只能在肾、肝等组织内经糖代谢途径分解或转变为葡萄糖。长时间耐力运动时，甘油经肝脏糖异生生成葡萄糖，对维持血糖恒定和保证运动耐力有一定意义。血甘油浓度可作为判断体内脂肪分解代谢强度的指标。血液中脂肪酸与血清蛋白结合运输除脑组织外的大多数组织均能氧化脂肪酸，以肝脏和肌肉最活跃。在 O_2 供应充足时，脂肪酸经 4 步进行代谢：① 脂肪酸活化；② 脂酰 CoA 以肉碱为载体进入线粒体；③ 脂酰辅酶 A 进行 β-氧化；④ 乙酰 CoA 进入三羧酸循环彻底氧化。不同脂肪酸分解合成 ATP 数可以公式 $(n/2-1)\times(1.5+2.5)+2/n\times10-2$ 计算。长时间持续运动时，肝脏内的脂肪酸可经不完全氧化转变为酮体，经血液循环运输到肝外组织中彻底氧化供能，是大脑和肌肉的重要补充能源，对维持运动能力具有重要意义。同时，检查血酮体含量可了解运动时脂肪的动员程度和体内糖类储备量。

蛋白质的代谢体现于体内氨基酸代谢库的动态平衡。氨基酸通常以联合脱氨基作用和嘌呤核苷酸循环两种方式脱氨基，分解为氨和 α-酮酸，氨可以通过鸟氨酸循环在肝脏生成无毒物尿素或在肝脏、肾脏、大脑和骨骼肌合成谷氨酰胺、丙氨酸的方式迅速分解。蛋白质代谢供能主要是在长时间耐力运动中期或后期，由于体内糖原大量被消耗，蛋白质降解加剧，氨基酸的供能比例增加。

运动时物质的代谢供能种类和数量除取决于运动性质外，还取决于体内糖类、脂肪和蛋白质的相对含量，三者之间通过它们共同的中间代谢产物来实现存在密切的代谢转换关系。

 思考与练习

1. 简述运动时甘油代谢的生物学意义。

2. 什么是酮体？长时运动时酮体生成的意义是什么？
3. 简述葡萄糖—丙氨酸循环的过程，说明其在维持运动能力方面有何意义？
4. 对比分析糖类、脂肪和蛋白质有氧代谢在运动中的意义。
5. 请简述不同强度运动时物质代谢供能的特点。

4 第四章 运动训练的生物化学原理

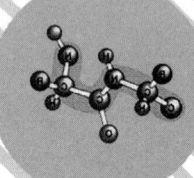

运动能力受遗传和环境的影响。在人体运动能力发展过程中，运动训练是挖掘其运动极限的重要手段。因此，从运动生物化学角度看，一是同一项目的运动特征基本一致，不同项目的运动特征不同；二是不同的运动员个体，其遗传特征也不相同，所以，运动训练应根据运动时骨骼肌能源物质利用、恢复及机体适应的生物化学特点制订训练计划，科学的运动训练计划应该使不同个体通过运动训练后能获得专项极限负荷下的良性适应，即应用运动时机体代谢的特点及规律来指导运动训练，针对性地改善不同项目运动员的身体化学组成，以期最高发挥其专项身体素质的运动能力，提高专项体能素质，适应比赛时激烈的竞争。

第一节 运动时骨骼肌的能量供应系统

ATP是人体运动时唯一的直接能源物质，其贮量少，要维持骨骼肌的持续收缩，就必须要求ATP不断的再合成。人体内ATP再合成有多种途径，通过无氧分解合成ATP的过程称为无氧代谢供能，通过有氧代谢合成ATP的过程称为有氧代谢供能。在无氧代谢供能中，又可分为磷酸原供能、糖酵解供能两大供能系统。在有氧代谢供能中，根据供能底物的不同，可分为糖有氧代谢供能、脂肪和蛋白质代谢供能两大供能系统。因此，运动时肌肉的能量供应涉及两类分解代谢共4个供能系统。

一、运动时能量供应系统

（一）磷酸原（ATP-CP）供能系统

磷酸原供能系统主要由ATP、CP组成，由于它们分子中含有高能磷酸基团，在供能代谢中通过转移磷酸基团过程释放能量，故称为磷酸原，它们构成的供能系统称为磷酸原供能系统。

ATP是肌肉工作时的唯一直接能源。ATP在骨骼肌中贮量少，在以最大强度运动时，不足维持肌肉做功1s。在ATP消耗的同时，CP迅速分解，把高能磷酸基团转给ADP，使ADP磷酸化合成ATP，以维持ATP浓度的相对稳定。由于ATP、CP分解供能的速度极快，所以，它们构成的供能系统输出功率最大（表4-1），是速度运动、力量运动时的主要供能系统。

ATP、CP在骨骼肌中贮量少，供能时间短，在以最大强度运动时，供能时间为6~8 s。由于磷酸原在运动时最早起动，最快被利用，所以为激活糖酵解等系统供能提供过渡时间。因此，在短时间激烈运动中，磷酸原供能系统起着关键的供能作用。

表 4-1 各种能源产生高能磷酸基团的最大速率

能源利用	最大输出功率 /[mmol-P·(kg 干肌·s)$^{-1}$]	可供运动时间
ADP+CP→ATP+C	1.6~3.0	6~8 s
Gn→HL	1.0	30~60 s 达最大速率、可维持运动 2~3 min
Gn→CO_2+H_2O	0.5	1.5~2 h
FFA→CO_2+H_2O	0.25	不限时间

（二）糖酵解供能系统

糖经无氧氧化分解生成乳酸的同时释放能量，使 ADP 底物水平磷酸化合成 ATP 的供能过程，称为糖无氧代谢供能，这一供能系统又称为糖酵解供能系统。

在激烈运动时，由于机体缺氧，造成丙酮酸和 NADH+H^+ 在细胞质中大量堆积，在 LDH_5 的催化作用下，还原生成乳酸。乳酸生成后离解成 H^+ 和 L^-，随着运动时间的延长，乳酸生成及堆积增加，内环境 pH 不断下降，反过来抑制 PFK 等酶的活性，抑制糖酵解过程。所以，以最大速率糖酵解供能，一般在 30~60 s，可维持持续运动 2~3 min。

由于糖酵解过程合成 ATP 的方式是底物水平磷酸化，合成 ATP 的速率较快。所以，糖酵解供能的输出功率较大，约是磷酸原供能的一半（表 4-1）。糖酵解供能时间比磷酸原长，这对需要速度和速度耐力的运动十分重要，因此，糖酵解供能系统是速度耐力素质（无氧耐力）体能能量供应基础，也是中长距离跑、游泳、球类等项目运动中进行加速或冲刺时的主要供能系统。

（三）糖有氧代谢供能系统

在供氧充足的条件下，糖原或葡萄糖彻底氧化成二氧化碳和水，同时释放能量供 ADP 磷酸化合成 ATP，这一供能系统称为糖有氧代谢供能系统。

氧是有氧代谢供能的前提条件，也是该系统供能过程中的限制因素。由于有氧代谢供能的产物是二氧化碳和水，所以，代谢产物对供能过程没有太大影响，其供能主要受氧和能源物质贮量的影响。从贮能数量而言，人体脂肪贮量可满足任何耐力运动，但脂肪供能也受其他因素的影响。因有氧代谢供能系统的供能时间长，所以是长时间大强度耐力运动时主要的供能系统。由于糖氧化分解时所需的氧比脂肪少，氧化分解供能的速率比脂肪快，所以，糖氧化供能的输出功率比脂肪大,是脂肪的一倍(表4-1)。因此,对长时间大强度的耐力运动而言,糖有氧代谢供能系统对其运动能力的发挥有较大的影响。

(四) 脂肪和蛋白质代谢供能系统

脂肪是人体内数量最大的储能物,其储量远比糖原的储量大,是安静时和运动时不可缺少的供能物质。在氧供应充足的条件下,脂肪酸可分解为乙酰CoA,然后进一步彻底氧化成 CO_2 和 H_2O,并释放出大量能量。由于脂肪的动员、转运和脂肪酸的分解步骤复杂,环节较多,输出功率又不高(表4-1),因此,脂肪不是短时间、极量强度运动时的主要能源物质,只有在长时间中低强度运动时参与供能的比例才会增加。

蛋白质代谢供能一般在长时间大强度糖大量消耗情况下进行,但其比例不大。

二、运动时能量供应系统的关系

运动时骨骼肌的能量来自4大供能系统的供能。在供能过程中,4大供能系统是相互联系、相互衔接的,各供能系统的供能只有顺序和主次的区别,而没有绝对的界限(图4-1)。由于运动项目不同其运动强度和运动时间也不相同,因此,运动中各供能系统参与供能的比例也不一样。但是,各供能系统之间仍然协调配合以确保运动的能量供应,使运动中骨骼肌的活动能顺利进行,以适应不同运动项目的动作需求。

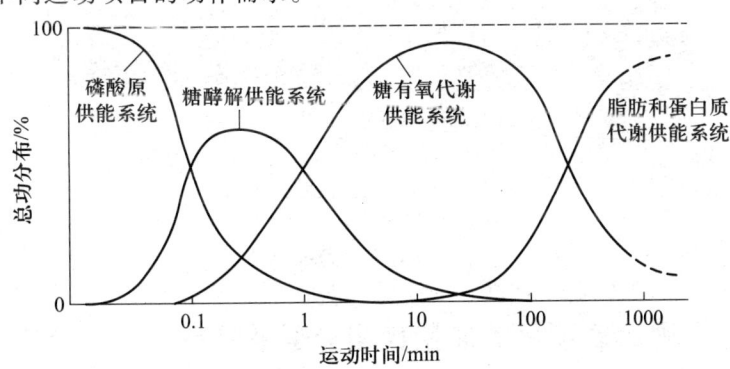

图4-1 骨骼肌能量供应生物化学过程的顺序和数量关系

从运动时骨骼肌供能系统供能过程来看,任何运动项目在开始时,首先是ATP-CP供能系统供能,但由于其储量少,供能时间短,但该系统的输出功率最大,因此也是进行力量、速度项目运动时主要的供能系统;随着运动时间的持续,在ATP-CP供能系统供能的同时,糖酵解供能系统供能比例逐渐加大,并过渡以糖酵解供能系统供能为主,此系统供能数量相对较多,时间也较长,然而其输出功率只有ATP-CP供能系统的一半,因此,糖酵解供能系统是速度耐力项目的主要供能系统；在 ATP-CP 供能系统和糖酵解供能系统供能的过程中，由于机体获氧量增加，且因为糖有氧氧化供能在利用氧的效率上明显大于脂肪酸和蛋白质氧化供能，在相同氧存在的情况下，糖有氧氧化供能约比脂肪氧化供能多 10%，这时，骨骼肌的能量主要来自糖有氧氧化供能系统，当然糖有氧氧化供能系统也是数分钟以上大强度耐力性运动项目的重要能量来源。当运动持续至一定时间，机体进入稳定耗氧状态时，即运动时间越长、强度越小时，骨骼肌利用脂肪有氧氧化供能的比例越大。人体运动中主要能量供应途径见图 4-2。

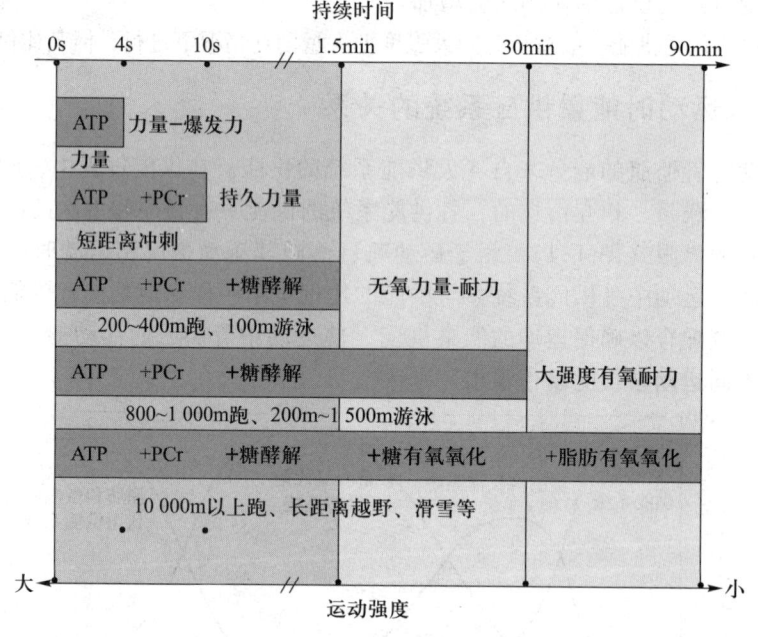

图 4-2 人体运动中主要能量供应途径

三、不同运动项目的能量代谢分型及特点

肌肉工作时的供能体系包括 4 个紧密相连的供能系统，即磷酸原供能系统、糖酵解供能系统、糖有氧代谢供能系统以及脂肪、蛋白质代谢供能系统。由于不同体育项目运动时，运动强度、运动时间和参与收缩的肌肉类型不同，所以，运动时物质代谢和能量代谢的特点也不一样。

（一）运动项目的能量代谢分型

根据运动强度和运动时间的特征，可以把机体物质代谢和能量代谢的类型分为 6 类：① 磷酸原代谢类型；② 磷酸原和糖酵解代谢类型；③ 糖酵解代谢类型；④糖酵解和糖有氧代谢类型；⑤糖氧化和脂肪、蛋白质氧化代谢类型；⑥脂肪、蛋白质氧化和糖氧化代谢类型。其分属的运动项目类型见图4-3。

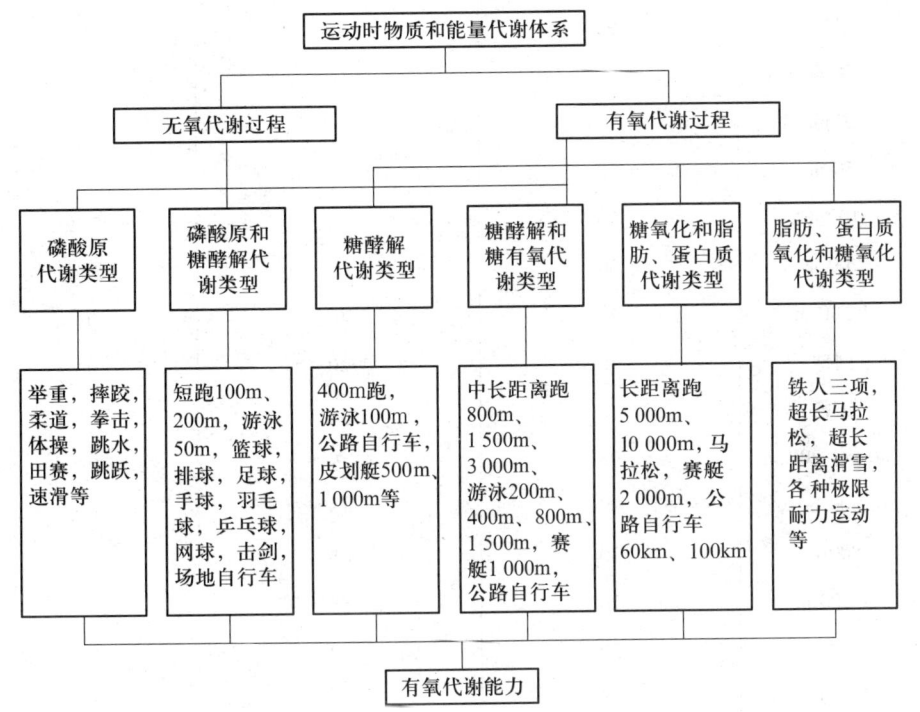

图4-3 运动时物质代谢和能量代谢过程与运动项目分类

在按代谢类型分类时，应当注意人体内代谢过程是相互联系、相互制约、相互调节统一的连续过程。因此，分类中常指以何种代谢为主，而不是绝对的。另外，人体运动动作的主要体现为骨骼肌，因此，分类的标准以骨骼肌代谢为代表，这并不等于其他组织、器官（如大脑、心肌、肝脏等）代谢不重要。

（二）不同运动项目的能量代谢特点

在运动中各供能系统的供能量很难确定，但供能系统的最大输出功率与人体运动的最大输出功率基本一致（表4-2，表4-3）。在10 s以内全力运动时，主要以磷酸原系统供能；此后30~90 s是糖酵解供能为主的阶段；2~3 min后，糖有氧代谢供能比例逐渐增加；3 min以后逐渐以糖有氧代谢供能为主，随着运动时间的延长，机体最大功率输出逐渐下降，脂肪、蛋白质氧化供能比例逐渐增加。

表 4-2 不同运动项目运动中能量供应系统的供能比例　（单位:%）

运动项目	磷酸原、糖酵解供能	糖酵解、有氧氧化供能	有氧氧化供能
篮球	85	15	—
足球	90	10	—
体操	90	10	—
游泳			
50 m	98	2	—
100 m	80	15	5
200 m	30	65	5
1 500 m	20	40	40
网球	70	20	10
田径			
100 m、200 m	98	2	—
400 m	80	15	5
800 m	30	65	5
1 500 m	20	55	25
3 000 m	20	40	40
5 000 m	10	20	70
10 000 m	5	15	80
马拉松	—	5	95

表 4-3 不同时间全力运动时各能量供能方式的供能比例　（单位:%）

最大用力时间	磷酸原系统	糖酵解系统	有氧代谢系统
5 s	85	10	5
10 s	50	35	15
30 s	15	65	20
1 min	8	62	30
2 min	4	46	50
4 min	2	28	70

续表

最大用力时间	磷酸原系统	糖酵解系统	有氧代谢系统
10 min	1	9	90
30 min	1	4	95
60 min	0	2	98
120 min	0	1	99

第二节 运动性疲劳的生物化学分析

随着现代竞技运动水平的提高，比赛的日益激烈，运动员在运动训练过程中的负荷水平越来越高，也越来越容易出现运动性疲劳，可以说有运动训练就有运动性疲劳的产生。适度的运动性疲劳，再施以合理的调节和恢复手段，可促进运动员机能水平的提高；但是，经常性的过度疲劳不仅对提高运动员的运动成绩不利，还可能引起各种机能障碍，甚至损害运动员的身体健康。因此，了解运动性疲劳产生的机制，对在运动训练中更好地预防和消除运动性疲劳具有积极的意义。

一、运动性疲劳的概念

运动性疲劳的研究始于19世纪，至今已有100多年的历史，尤其是在20世纪50年代以后，随着生物科学的迅猛发展，各种实验技术、手段不断更新及应用，对运动性疲劳的研究也取得了长足进展，提出了许多新的研究成果。在20世纪初，奥特科、莫桑、巴林波利兹和希尔等多位学者的研究结果认为，疲劳是受化学产物的刺激而造成的。之后多年，随着对运动性疲劳研究的不断深入，不断有新的理论和新的假说提出，如能量耗竭学说、代谢产物堆积学说、内环境稳态失调学说等。在很长一段时期，众多学者对运动性疲劳的定义提出了多种说法，但并不统一，如1980年卡里森提出，"疲劳是肌肉不能产生所要求的或预想的收缩力"；1982年埃德华特则指出，"疲劳是丧失保持所需或期望的输出功率"。为此，在1982年的第五届国际运动生物化学会议上综合以往运动性疲劳的解释，将其统一定义为："机体的生理过程不能持续其机能在一特定水平和/或不能维持预定的运动强度"。力竭是疲劳的一种特殊形式，是在疲劳的基础上，降低运动强度和改变运动条件，使机体继续运动，直至肌肉或器官不能维持运动。

二、运动性疲劳的类型及其生物化学特点

运动性疲劳根据其性质可分为心理性疲劳和躯体性疲劳。心理性疲劳主要表现为行为的改变，如长期从事某一工作或重复某一动作所产生的厌烦情绪。躯体性疲劳主要表现为动作迟缓、不灵敏，动作的协调能力下降，人体的各部位，从中枢大脑皮质细胞到骨骼肌基本收缩单位都可产生疲劳。一般来说，躯体性疲劳主要分为中枢疲劳和外周疲劳。2001年，Gibson 等提出了中枢疲劳和外周疲劳神经系统活动的区别，认为中枢疲劳为"神经驱动或神经调控减弱导致力量生成或肌张力下降"；外周疲劳是"在神经驱动没有变化或增强时，骨骼肌动作电位减弱，或肌纤维蛋白在肌肉收缩时横桥循环障碍、兴奋收缩耦联减弱，使肌肉力量下降"。

（一）中枢疲劳的生物化学特点

运动神经元本身兴奋性的改变、运动神经元无力重复传导动作电位至神经肌肉接点的突触前部位都会导致运动性中枢疲劳。引起运动神经元放电频率低的原因是多方面的，如血糖浓度降低、脑内氨增加、自由基生成多、γ-氨基丁酸和5-羟色胺浓度升高等。归纳起来，运动性中枢疲劳主要由两种原因所引起的，即神经递质的变化和脑的代谢变化。

1. 神经递质的变化

引起运动性中枢疲劳的神经递质主要有5-羟色胺（5-HT）、γ-氨基丁酸（GABA）、多巴胺（DA）、氨（An）和乙酰胆碱（ACh）。大脑中这些神经递质的增加或减少均可导致兴奋和抑制，从而引起疲劳的产生，从这方面来看，运动中神经递质变化可理解为机体自我保护的机制。

5-HT 在化学上属于吲哚胺类化合物，是中枢神经系统的一种抑制性递质。有研究表明，5-HT 在中枢神经系统中的分布十分广泛，参与了各种精神活动的调节。色氨酸是合成5-HT 的限速因素，血浆中的色氨酸有游离型和结合型，游离型可通过血脑屏障进入脑内，结合型很难通过血脑屏障。

1971年，苏联学者雅科夫列夫的研究就曾发现，小鼠进行10 h游泳引起严重疲劳时，大脑皮质的 GABA 含量明显增加，由此推测 GABA 可能是"大脑皮质保护性抑制"的实验证据。研究还发现，安静状态下训练和未训练过的大鼠脑中 Glu/GABA 的比值无明显差别，经过9 h长时间运动后，所测区中 Glu 与 GABA 都有十分显著的增多，而 Glu/GABA 的比值明显下降，脑部各区域 GABA 含量升高的幅度大于 Glu 升高的幅度，使脑中以 GABA 抑制效应占优势。1978年，雅科夫列夫用脑生物化学方法证明，最大强度短时间运动引起

的疲劳导致大脑皮质运动区 GABA 含量减少，而长时间运动疲劳时 GABA 含量明显升高，由此他提出了一种假说认为，GABA 可阻抑皮质神经元轴-树突触联系等，所以 GABA 含量升高是中枢保护性抑制的形成，也是导致长时间运动后引起中枢疲劳的主要原因。

DA 是一种单胺类中枢神经递质，它是由从血液中摄取的酪氨酸，经位于神经元细胞质中的酪氨酸羟化酶催化，生成多巴，再经芳香族氨基酸脱羧酶催化生成，然后进入囊泡。在跑步运动后，整个脑内 DA 代谢增加，同时运动过程中，中脑、海马、纹状体和下丘脑的 DA 代谢增强，说明在运动时对脑内 DA 活动增强是有必要的。因为大脑 DA 与激发、促动肌肉协调的增加等因素密切相关，因此 DA 与运动性耐力的维持有关。显然，大脑 5-HT 和 DA 在疲劳的产生与发展中表现出反向关系。大脑 DA 的增加可以通过抑制大脑 5-HT 合成和直接激活运动神经通路来推迟疲劳。事实上，随着超长运动后疲劳的形成与发展，中枢 DA 趋于减少。

2. 脑的代谢变化

中枢疲劳与脑中氨和乙酰胆碱的代谢有关。氨与中枢疲劳之间的关系主要表现在，一方面运动可以造成血氨浓度增加，另一方面氨能够通过血脑屏障进入脑组织，对脑具有毒性作用，影响中枢神经系统的功能。研究认为，不同代谢类型的运动诱发血氨增加的机制不同，短时间剧烈运动后的血氨增加主要来自运动肌嘌呤核苷酸循环的释放，而长时间耐力运动中血氨主要来自血浆支链氨基酸在运动肌的降解。在中枢神经系统内氨的作用非常广泛，氨可以与脑细胞中的 a-酮戊二酸结合生成 Glu，从而使三羧酸循环中间产物 a-酮戊二酸减少，影响脑细胞内糖的有氧代谢；此外，大量消耗还原型辅酶，还可以影响呼吸链的递氢过程，造成 ATP 合成不足而产生大量氨在脑组织中积聚时，氨的清除主要依靠星形胶质细胞内的谷氨酰胺合成酶的作用，使谷氨酸合成谷氨酰胺。由于后者是一种很强的细胞内渗透剂，故可造成水分在细胞内积聚，引起细胞水肿。

在马拉松比赛中运动员血浆胆碱水平下降约 40%，如补充适量的胆碱饮料以保持血浆胆碱水平，将会推迟疲劳的产生。Mieko 检测了运动负荷后清醒状态时大脑皮质中 ACh 的变化，5 min 的运动可使 ACh 明显升高，同时 5-HT 也有升高，当中枢 ACh 浓度下降时，中枢疲劳就会发生。在中枢神经系统内由胆碱能神经末梢释放。ACh 的合成、释放以及再吸收对肌力的产生必不可少，在中枢神经系统神经元和交感神经节前纤维起重要作用，ACh 还与记忆意识、觉醒状态维持、摄食和体温调节有关。

（二）外周疲劳的生物化学特点

运动性外周疲劳主要指发生在直接参与运动的骨骼肌细胞及其调节机能，主要表现在能源物质大量消耗、代谢产物堆积以及内分泌调节紊乱和免疫功能失调（表4-4）。

表4-4 不同代谢类型项目运动性外周疲劳的生物化学特点

疲劳时生物化学特点	磷酸原型	磷酸原-糖酵解型	糖酵解型	糖酵解-有氧氧化型	有氧氧化型
ATP下降率	30%~40%	20%~30%	30%	—	30%
CP下降率	90%以上	90%	75%~90%	65%	50%
乳酸堆积	少	中	最多	较多	少
肌肉pH下降	少	较少	6.6	6.6	少
肌糖原消耗	—	—	少	较多	75%以上
肌肉离子变化	—	Ca^{2+}浓度下降	Ca^{2+}浓度下降	K^+浓度下降、Na^+浓度增加	离子浓度紊乱

1. 能源贮备大量消耗

在短时间大强度运动时主要消耗的是磷酸肌酸和肌糖原，磷酸肌酸和肌糖原是无氧代谢供能的主要能源物质，它们的显著下降将使无氧代谢供能能力下降，从而造成机体不能维持大强度的运动，产生运动性疲劳；而在长时间持续运动时，机体主要消耗肌糖原、血糖、肝糖原、脂肪酸和部分氨基酸，当肌糖原和血糖出现显著下降时，将使有氧代谢供能能力出现下降，从而使机体不能维持一定强度的长时间持续运动，出现运动性疲劳。

2. 代谢产物堆积

持续大强度运动时，乳酸生成堆积增加使肌肉中pH值下降，它可抑制糖代谢中的关键酶—磷酸果糖激酶活性，从而使糖酵解供能受阻。长时间运动时，蛋白质分解代谢增强，血液和组织中的氨含量增加，在脑组织中氨生成增多，会出现氨中毒症状，表现为运动平衡失调，严重时引起肌肉痉挛。肌糖原消耗和细胞内K^+外流而使血钾上升，高血钾时会出现肌无力。肌细胞内[K^+]下降，细胞外Na^+往细胞内转移，细胞内[Na^+]上升，造成膜电位改变，导致神经—肌肉传导受阻，使肌肉工作能力下降，产生运动性疲劳。

3. 内分泌失调

运动首先引起下丘脑—垂体—肾上腺皮质轴活动加强，血皮质醇明显上升，分解代谢加快，以适应运动的能量需求，同时性腺分泌雄激素减少，合成代谢减弱。而运动后恢复期，皮质醇分泌减少，雄性激素分泌增多，合成代谢加强，恢复加快。研究发现，在长时间运动中，运动负荷强度和运动量过大时，使皮质醇分泌持续增加，对下丘脑—垂体—性腺轴有广泛的抑制作用，对免疫系统也有抑制效应，并且使雄性激素在肝中灭活增加，造成血睾酮下降，严重时可导致血睾酮持续下降，从而出现运动性低血睾酮，产生高皮质醇低睾酮的现象。一般认为，在长时间大负荷训练期间，血睾酮下降达25%时，且维持一个阶段不回升，就可能导致过度疲劳。长时间出现高皮质醇低睾酮的现象，可使下丘脑—垂体—性腺轴和下丘脑—垂体—肾上腺皮质轴的机能下降，从而引起内分泌失调。

4. 免疫功能失调

长期大强度大运动量训练，血皮质醇显著上升，可使机体的免疫功能产生显著变化，主要表现在免疫球蛋白、T淋巴细胞、B淋巴细胞、自然杀伤细胞、细胞因子和红细胞免疫等方面的变化。如自然杀伤细毒的活性下降，中性粒细胞和淋巴细胞减少，鼻液和唾液免疫球蛋白A下降等。以上均为运动性疲劳时免疫功能失调的具体表现。因此，在运动性疲劳时，运动员抵抗疾病的能力将会明显下降。

在运动后恢复期3~72 h的免疫功能变化是复杂的，但免疫功能低下和运动疲劳肯定是运动应激在不同方面同时存在的表现。Neiman和Pedersen称运动疲劳时的免疫功能低下为"开窗"（Open Window）现象，他们认为，运动强度和负荷时间，运动疲劳和免疫功能下降的关系如同"J"字形，运动负荷和时间适宜时如J字底部，免疫警戒能力高，不易受感染，当运动负荷和时间过长，身体疲劳时，免疫功能下降，便出现"开窗"现象，如J部的上部，上呼吸道感染发生率会随之增加。

三、不同运动类型运动性疲劳的生物化学特点

运动时肌肉疲劳的发生和发展与运动时间、运动强度、运动性质、肌纤维组成、运动员体质水平和内环境等因素关系密切，故从运动类型来分析疲劳产生的机理更有针对性。

（一）短时间高强度的生物化学特点

1. 肌细胞兴奋—收缩耦联受阻

高频率电刺激肌膜（图4-4①）会因细胞外K^+堆积和/或Na^+下降影响膜电位，疲劳时肌浆动作电位下降、肌细胞外［Na^+］产生变化；动作电位下降时，化合物浓度异常，这时肌肉疲劳出现的位点包括肌纤维膜和t管膜的去极化，兴奋—收缩耦联的一般过程受损伤；t管动作电位产生的电荷在t管膜内

运动（图4-4②），随之，Ca^{2+}从肌浆网释放（图4-4④）。提供细胞内Ca^{2+}与肌蛋白结合（图4-4⑥），肌钙结合蛋白、可调节肌钙蛋白、原肌球蛋白复合物生成，从而使收缩蛋白、肌动蛋白和肌球蛋白结合而产生收缩。短时间肌肉疲劳使最高速率的肌紧张下降，并引起细胞外Ca^{2+}增加，从而降低肌浆网和Ca^{2+}结合蛋白中Ca^{2+}的重吸收，使肌细胞兴奋—收缩耦联受阻，从而影响肌肉力量。

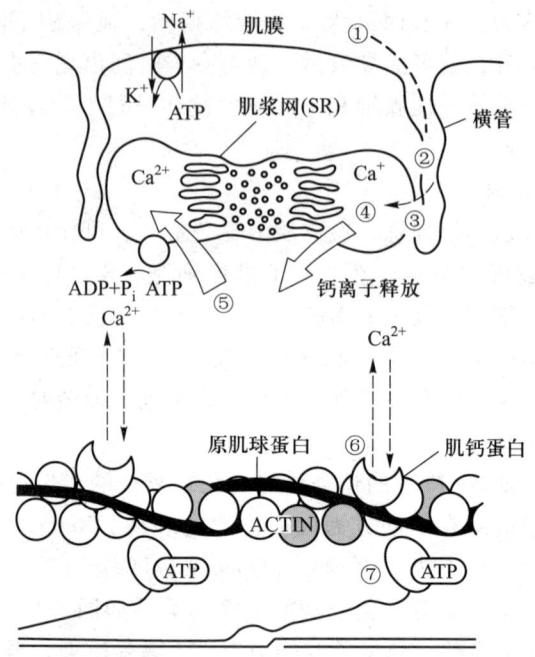

注：图中数字表示激烈运动时的可能疲劳部位。① 膜表面；② t管电荷运动；③ t管电荷运动同$SRCa^{2+}$耦连尚不明的机理；④ $SRCa^{2+}$释放；⑤ $SRCa^{2+}$重吸收；⑥ Ca^{2+}结合肌钙蛋白；⑦ ATP水解肌动蛋白生成和横桥力量发生及循环速率

图4-4 肌细胞中兴奋—收缩耦连主要成分图示

2. ATP再合成速率下降

短时间高强度运动时，主要以输出功率大的无氧代谢供能为主，ATP下降不是直接引起疲劳的因素，因为在最大强度运动至疲劳时，ATP下降最多不超过原水平的40%，ATP不可能过多被消耗，反而是由于ATP再合成速率下降，而引发疲劳。例如，在骨骼肌中磷酸肌酸被大量消耗（达储量95%），可导致肌肉收缩力下降，从而产生疲劳。

3. 肌肉pH下降

在短时间高强度运动时，乳酸生成及积累不断增加，肌肉pH随之下降，当肌肉pH降至6.33时，可抑制磷酸果糖激酶活性，从而降低糖分解速率；竞争性抑制Ca^{2+}结合肌钙蛋白C，降低横桥活动性；抑制肌浆网ATP酶，降

低 Ca^{2+} 重吸收和随后的 Ca^{2+} 释放。以上因素可导致肌肉收缩能力下降,从而产生疲劳。

(二)长时间持续运动的生物化学特点

1. 糖储备消耗

长时间持续运动时,机体肌糖原、肝糖原大量消耗,血糖下降。如当以 70% $\dot{V}O_{2max}$ 强度运动至力竭时,糖原将大大减少(消耗 90% 左右),因此肌糖原的储量和代谢能力是决定耐力的重要因素。脂肪酸虽是耐力运动的能源,但储量很大,不是疲劳的能量因素。在长时间持续耐力运动时,体内糖储备和肌糖原大大减少是疲劳的主要原因之一。

2. 内环境失调

长时间持续激烈运动可使机体脱水增加,体温上升,部分代谢产物,如酮体、氨等生成和积累增加,造成内环境不稳定。体液中无机离子和浓度对维持内环境动态稳定很重要,在长时间持续激烈运动可使运动员从汗液、尿液等途径排出的无机离子增多,肌细胞内外液中的 K^+、Na^+ 失衡,影响肌肉工作能力。因此,机体内环境失调,是长时间持续激烈运动时产生运动性疲劳的重要因素(表 4-5,表 4-6)。

表 4-5 运动时供能代谢产物导致疲劳的主要因素

供能代谢系统	产物	短时间运动(1~15 min)	长时间运动(1~2 h)
磷酸原供能代谢系统	氨	氨(主要来自 AMPA)	氨(主要来自支链氨基酸)
糖酵解供能代谢系统	乳酸	>15 mmol/L	作用不大
有氧氧化供能代谢系统			
氨基酸分解	氨、尿素	变化不大	尿素>7 mmol/L
脂肪分解	酮体	变化不大	酮体

表 4-6 运动时内环境代谢产物及激素调节变化导致疲劳的主要原因

运动时间	神经系统	肌肉	血液	脱水、体温
短时间运动 (1~15 min)	γ-氨基丁酸↑	pH↓≈6.6	pH≈6.9	不清楚
	5-羟色胺↑	K^+↓(细胞内)	K^+↑	不清楚
	肾上腺素↑	Na^+↓(细胞外)	Na^+↓	不清楚
	去甲肾上腺素↑	Ca^{2+}↓(线粒体↑)	Ca^{2+}↓	不清楚
		PFK↓		
		SOD↑		

续表

运动时间	神经系统	肌肉	血液	脱水、体温
长时间运动 （1~2 h）	同上	$pH\downarrow$	$K^+\uparrow$	脱水 3%~5%↓ （占体重）
		$K^+\uparrow$（细胞内）	$Na^+\downarrow$	体温↑41 ℃
		$Na^+\uparrow$（细胞内）	$Ca^{2+}\downarrow$	
		$Ca^{2+}\downarrow$（线粒体↑）	血糖↓	
		SOD↑	血睾酮↓	
			肾上腺素↓	
			去甲肾上腺素↓	

第三节 过度训练的生物化学特点

现代运动竞赛越来越要求运动员具备承受高水平负荷的能力，为了适应竞赛的体能要求，在训练中运动负荷的强度和量要接近或超过生理极限水平。另外，有些教练也片面地认为多练总比少练好，在训练安排上缺乏科学性，导致运动员产生过度疲劳，加上没有足够的时间恢复，最后就会导致过度训练。因此，过度训练是指大强度运动后，长时间不能恢复运动能力的一种疲劳症状，过度训练的产生与神经内分泌系统、免疫系统的功能紊乱有关。

一、过度训练的概念及其表现

从宏观上看，运动训练对运动员的影响和作用具有三种可能，提高、保持或降低运动水平。在长期的训练过程中，教练员和运动员都期待着前两种结果，提高或保持运动能力，而不希望看到运动能力的下降。但是，运动能力有可能在错误的训练下出现降低。如果运动员长期受到高负荷的刺激，机体得不到有效的恢复，就会导致运动水平的下降，严重时还可能引起神经性疲劳，即被称作"过度训练"的运动性疲劳疾病（图4-5）。

由于训练—适应没有掌握好而导致出现过度训练。目前将过度训练定义为："运动中产生的训练与恢复、运动与运动能力、应激与应激的耐受力等之间的不平衡"。过度训练表现为运动和非运动的疲劳积累、无氧阈功率下降或无提高、最大工作能力下降、精神状态紊乱、肌肉酸痛僵硬、长时间竞

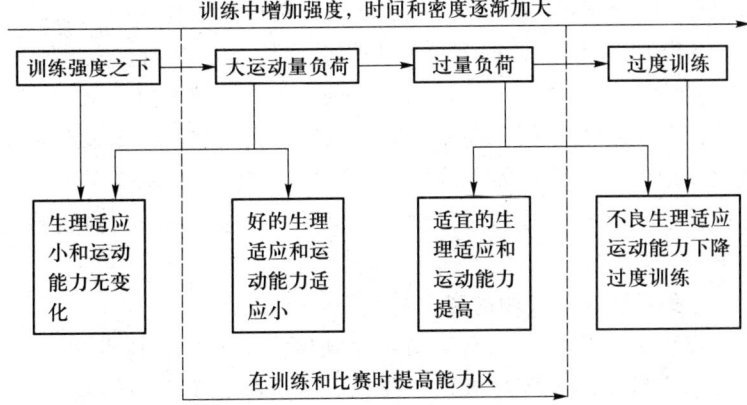

图 4-5 运动员在持续大运动量训练过程中运动能力提高和过度训练简示

技能力下降，心理出现烦躁、易激怒，甚至厌倦训练。过度训练的身体表现见表 4-7：

表 4-7 过度训练的身体表现

序号	身体表现	序号	身体表现
1	运动能力低下	9	心境状态改变（如疲劳得分提高）
2	肌无力	10	食欲不振
3	慢性疲劳	11	胃肠道紊乱
4	肌肉酸痛	12	复发性感染
5	运动中 RPE 评分增加	13	体重降低
6	积极性下降	14	注意力不集中
7	失眠	15	心情抑郁
8	晨脉或睡觉时心率升高	16	焦虑

二、过度训练时物质代谢的代谢特点

在过度训练时，糖类、脂肪、蛋白质和氨基酸代谢的变化存在以下特点：

（一）过度训练时糖代谢的变化特点

大强度耐力训练可导致骨骼肌和肝脏糖储备大量消耗，但在训练课之间合理安排休息和补充糖，可使糖原再合成至原水平。糖原储备极大量地慢性消耗不是导致过度训练根本的原因，但在运动时，糖过量消耗会引发肌肉疲劳。在分析血浆的 FT-IR 波谱中，训练良好者和过度训练者的糖、乳酸和甘油浓度之间没有明显不同。在过度训练早期，可见 α_1-酸性糖蛋白和 α_2-微球蛋白降低，但仍在正常范围的低值，在特殊应激状态下，如贫血、糖尿病和长期饥饿时，这些蛋白质具有特殊机能。故由此推论，过度训练时糖储备大量消耗，而在训练课间休息时又没有足够的代偿。从糖蛋白的这些反应可以说明过度训练早期机体的改变情况。

（二）过度训练时脂代谢的变化特点

糖代谢出现上述代谢变化后，脂代谢开始发生改变，特点为：① 运动量增加提高氧化应激使胆固醇过氧化，导致较多的酯化胆固醇转运，在运动后，可见 Apo-A_1、Apo-B 增加，使酯化胆固醇和游离胆固醇比值增大；② 进一步训练时，氧化应激导致甘油三酯/自由脂肪酸比值增加，这可能是肝中长链脂肪酸生物合成改变，多不饱和脂肪酸增加，使 $ApoC_3$ 浓度下降；③ 有助于脂肪氧化的瘦素减少而减弱脂肪氧化等。这些变化可作为了解过度训练期的状况和研究参考。

（三）过度训练时蛋白质代谢变化特点

在糖和脂类出现上述代谢变化后，继续进行高强度训练时，会出现血浆蛋白质和氨基酸变化，在过度训练者血浆中出现较高的氨基酸，而蛋白质降低，进一步可见氨基酸积累和三种蛋白质 α_1-酸性糖蛋白、$ApoC_3$、IgG_3 下降，这说明蛋白质分解代谢加强。氨基酸从蛋白质中分解出来用于三羧酸循环代谢，这是骨骼肌中在糖类和脂类之后的第三条供能途径，通过增加 TCA 循环中的代谢中间物以增加肌肉能量需求，如亮氨酸氧化和谷氨酰胺脱氨后都可增加 TCA 循环氧化，这可作为骨骼肌供能（除糖外）的添补途径。TCA 循环如不能达到最大流量时，也可限制脂肪酸的氧化速率而导致疲劳。故当血浆氨基酸浓度增加时，同时出现低血糖及血乳酸和甘油上升。因此在过度训练最后阶段时，糖-脂代谢调节受阻导致更多地利用氨基酸，增加蛋白质分解，并由此导致大脑中色氨酸增加，5-HT 生成增多，造成中枢疲劳，从而改变免疫和/或内分泌调节。

三、过度训练时身体机能变化的生物化学特点

运动训练的最终目的是提高运动能力，运动训练是由一个每天训练甚至一天多次训练的良好训练过程组成，但由于运动员训练负荷过大或休息时间太少，加上训练应激和其他应激超过个人承受能力，如果持续 7～10 天的训练就可导致疲劳积累或短期过度训练。在这种情况下，超代偿可能比正常恢复周期

需要更长时间,当运动员继续训练时,势必产生过度训练综合征。超代偿将不出现并且需要更长时间恢复。

运动员达到过度训练状态时,运动能力下降明显,具体表现为最大输出功率、最大心率、最大摄氧量、最大血乳酸均明显下降(图 4-6),尽管经过两周恢复运动测试,结果也不能达到原水平,最大测试时的最大心率显著低于大负荷训练期间,最大摄氧量也出现显著下降。同时,在过度训练期,运动员亚极量运动时,出现血乳酸降低的现象,且乳酸曲线右移(图 4-7),这一情况其实是积极训练效果的体现。

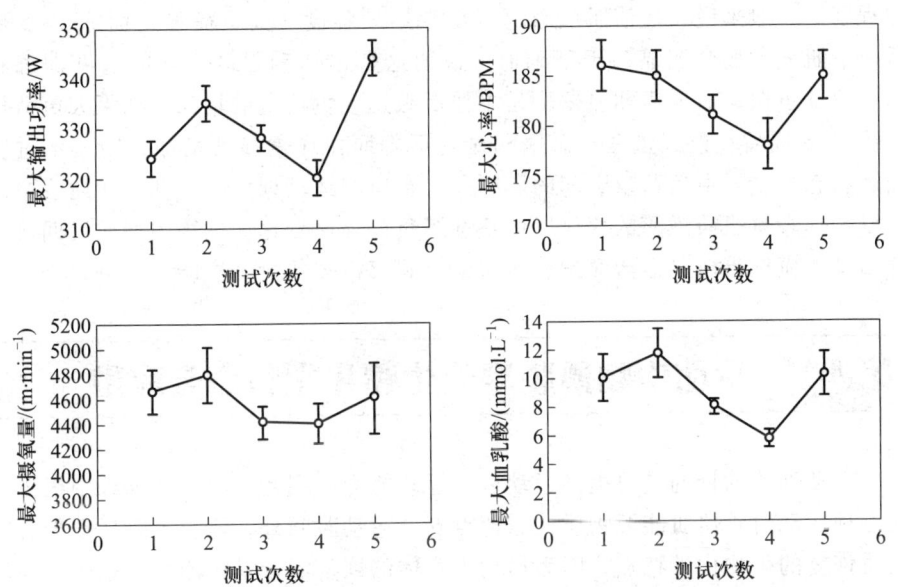

图 4-6　在为期两周的过度训练后最大输出功率、最大心率、最大摄氧量和最大乳酸的表现

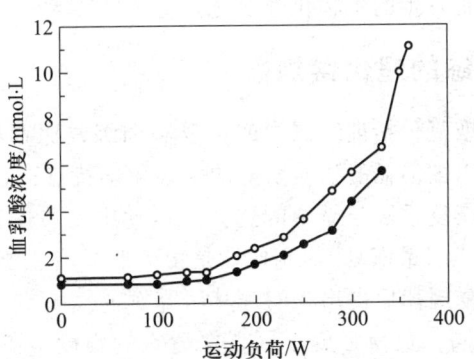

图 4-7　过度训练期运动员亚极量运动时血乳酸的表现

亚极量和最大强度运动血乳酸下降可以解释为交感神经冲动降低和儿茶酚胺分泌减少以及糖原的耗竭。儿茶酚胺在运动应激调节中起着重要的作用，其中一项功能就是促进糖原分解和糖异生作用，Kindermann的研究显示，在长时间的大负荷运动后，儿茶酚胺的水平明显低于运动前的水平；Lehmann等研究也表明，在中长距离跑运动员中，训练强度增加时，亚极量运动时血乳酸浓度降低，儿茶酚胺也减少。

血红蛋白（Hb）、血尿素（BU）、血清肌酸激酶（CK）和血睾酮（T）是客观反映身体机能状态的生物化学指标，可用这些指标来了解机体过度训练的程度。一般来说，血清肌酸激酶可反映运动强度，大负荷强度训练3~5周后血清肌酸激酶会明显高于基础值，说明这是由运动强度引起的过度训练状态。血红蛋白、血尿素和血睾酮是主要反映运动负荷量的指标，如果大负荷量训练7~8周后，血红蛋白、血睾酮显著下降而血尿素显著增加，则显示过度训练状态是主要由负荷量引起的。因此，在监测运动训练时，训练初期或中期可以选择观察肌酸激酶的变化以调整训练负荷强度变化，训练中期或后期可以开始检测血红蛋白、血清睾酮和血尿素，观察机体的运动机能。

第四节　运动中物质恢复的生物化学特点与应用

运动训练的目的是要提高运动员的运动能力，因此，除了在训练中根据运动专项运动时骨骼肌能源物质代谢特点安排运动时间外，还要了解运动训练中物质恢复的生物化学特点，因为运动中身体的恢复质量是机能水平是否提高和能否继续训练的关键。训练效果是在恢复期中获得的，但其效果的取得则决定于运动过程中骨骼肌发生的生物化学变化。

一、运动训练的超代偿规律

运动训练中的恢复包括训练课中的恢复和训练或比赛后的恢复两个过程。了解运动训练中体内被消耗的物质恢复的生物化学特点，有利于指导训练间歇时间的安排和辅助恢复手段与措施的选择。运动中物质恢复的规律是超代偿。超代偿以前也称为"超量恢复"。超代偿是由苏联学者雅姆波斯卡娅通过研究能源物质消耗和恢复规律后提出来的。其研究发现：

(1) 负荷量相同，负荷强度不同，在适宜的强度范围内，强度越大，物质恢复速度和超量恢复就越明显。

(2) 负荷量相同，负荷强度不同，超过适宜强度时，物质恢复速度和超量恢复时间延长。

（3）负荷强度相同，负荷量越大，物质恢复速度和超量恢复就越明显。

后来，许多研究人员也对骨骼肌中磷酸肌酸、蛋白质、肌红蛋白、磷脂和酶活性的超代偿过程进行了研究，进一步证实物质超代偿规律是客观存在，同时也发现不同物质超代偿时间并不相同。由此提出骨骼肌运动中消耗物质的超代偿和物质恢复的异时性规律（图4-8，图4-9）。

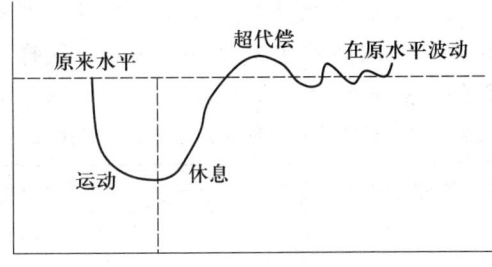

图4-8 消耗和恢复过程的规律示意图

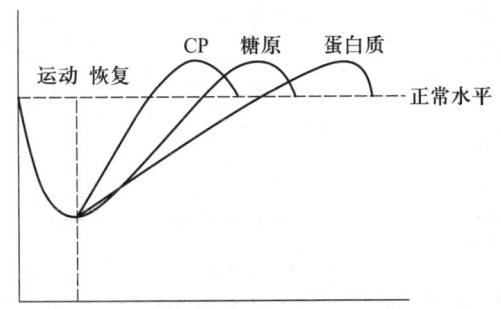

图4-9 不同物质恢复异时性的规律

二、超代偿规律在运动训练中的应用

不同能源物质在运动时的消耗速率和恢复时间是不相同的，而不同专项运动对消耗能源物质的要求不同，这就成为选择休息间歇、掌握负荷强度和量度的一个重要依据和指标。目前认为，可以根据不同能源物质恢复的速率来安排不同专项每次练习的间歇休息时间，而超代偿则是每组和课后休息期至下次训练时应掌握的指标。

（一）训练课中间歇时间的确定

在训练课中，如何选择最适宜的间歇时间以保证既能完成训练负荷又能取得良好的训练效果，是值得关注的问题。在训练课中，被消耗的能源物质和产生的酸性代谢产物，是判断运动中间歇期恢复或消除的最适宜参考。能源物质恢复或代谢产物消除速率一般用半时反应表示，半时反应是指运动时消耗或消除的物质恢复二分之一所需的时间。

1. 磷酸原恢复规律的应用

表4-8是运动后磷酸原恢复规律。10 s的全力运动后，消耗的ATP和CP恢复时间在10 s以内；磷酸原只有少量恢复。而要达到50%的恢复，需要20~30 s。力竭性运动后30 s，CP恢复约70%，基本恢复的时限为2~5 min，这就意味着在10 s以内的全力运动训练中，二次运动间歇时间不能短于30 s，保证磷酸原在尽可能短的时间内至少恢复50%以上，就可以维持下一次训练的运动强度。由表4-9可见，组间间歇在4~5 min为宜，这样可使骨骼肌活动在磷酸原完全恢复后新的起点开始。

表4-8 运动后肌肉磷酸原储量的恢复速率

运动后恢复时间/s	磷酸原恢复/%
小于10	少量
21	50
60	75
90	87
120	93
150	97
180	98

表4-9 力竭性运动后能源物质恢复或代谢产物消除时间

恢复物质	运动与恢复方式	恢复时间		
		半时反应	最短恢复	最长恢复
ATP、CP		20~30 s	2~3 min	5~8 min
肌糖原	间歇运动后	5 h		24 h
	持续运动后	10 h		46 h
肝糖原		不清楚		12~24 h
乳酸消除	运动性恢复	10~15 min	30 min	1 h
	休息性恢复	25 min	1 h	2 h
氧储备			10~15 s	1 min

2. 乳酸消除规律的应用

如果运动肌中有大量的乳酸生成，则选择H^+透过肌膜二分之一量的时间，作为适宜间歇的最适宜时间。但是，由于运动强度和运动时间不同，骨骼肌中生成的乳酸数量不一样，因此，乳酸水解出的 H^+ 半时反应时间也不一样。研究认为，30 s 全力运动的 H^+ 半时反应时间为 60 s，因此，其最适宜的间歇时间为 60 s 左右；而 1 min 全力运动的 H^+ 半时反应时间为 3～4 min，因此，1 min 全力运动后休息时间至少要长达 4～5 min；而成组练习 4×400 m 跑后，血乳酸消除的半时反应为 15 min 左右。每次运动后选择间歇休息的目的是减少骨骼肌细胞中 H^+ 对糖酵解中关键酶 PFK（磷酸果糖激酶）的抑制作用，使下一次运动时骨骼肌细胞中糖酵解仍可保持较强的供能速率。同样，不同运动时间全力运动后血乳酸消除的半时反应也不一样，当然，运动后恢复期中骨骼肌乳酸的消除速率受休息方式的影响，活动性的休息有助于乳酸的消除，如力竭运动后休息性恢复血乳酸消除的半时反应需要 25 min，恢复至运动前水平则需要 2 h，活动性休息血乳酸消除半时反应为 11 min，恢复至运动前水平只需要 1 h。实验证明，进行轻量的活动（如散步、慢跑）比静坐和躺卧休息方式乳酸的消除速率快（图 4-10）。因为轻量活动时，血液循环较快，输送至肌肉中的氧较静坐状态多，肌肉中有氧代谢水平也较高，有利于血乳酸的消除。

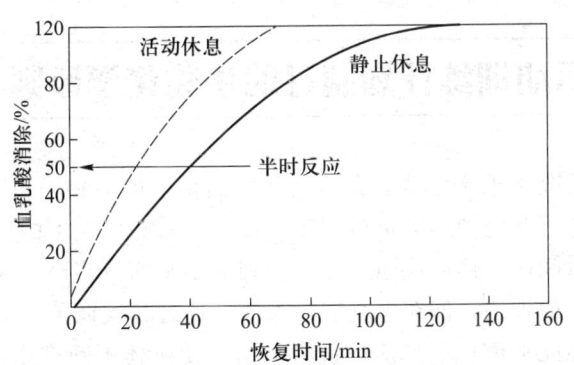

图 4-10　力竭运动后身体活动方式对血乳酸消除速率的影响

（二）训练课后恢复期适宜间歇时间的确定

糖是体内能满足不同运动状态下能量需求的唯一能源物质，而体内糖储备最多就是肌糖原，肌糖原供能代谢比例决定速度耐力或长时间大强度耐力的运动成绩，因此，运动后肌糖原的恢复时间长短决定训练课后适宜间歇时间的选择。由于人体内最大肌糖原合成速率仅是最大糖原分解速率的 1%，所以，运动后肌糖原恢复需要较长的时间。

1. 大强度间歇性耐力训练后肌糖原恢复规律的应用

大强度间歇性耐力训练后肌糖原恢复相对较快，在前 5 h 恢复速度最快，24 h 后即可完全恢复，也就是说，肌糖原储备在运动后 5～24 h 后便可恢复。

因为由于在大强度间歇运动过程中肌糖原不会大量消耗而引起血糖降低，相反间歇运动后血糖上升，血乳酸也较高，血糖可用于合成肌糖原，血乳酸也可经肝脏糖异生作用转变为葡萄糖而被肌肉利用。因此，大强度间歇性耐力运动后间歇时间可根据具体情况选择在运动后 5~24 h。

2. 长时间大强度训练后肌糖原恢复规律的应用

长时间大强度训练后，肌糖原的恢复速度和数量受到膳食中糖含量的影响，如采用高糖膳食最快也需 48 h 后才能恢复，但是，在前 10 h 恢复速度最快，因为这时体内糖异生作用较强，肌肉中糖原合成酶活性较高。因此，进行长时间大强度训练课的间歇时间最好在 48 h。

由于体内能源物质被消耗后，膳食补充可以加快能源物质恢复和超代偿。因此，在恢复期中一定要合理补充营养。比赛期、运动时能源物质主要来源是糖，体内糖储备的恢复和膳食中糖含量关系密切。赛前或大负荷训练期食物中糖要占总热量的 60%~70%，每天糖的补充要在 600 g 左右才适宜。

蛋白质消耗后的恢复比糖原需要更多的时间，在恢复期食物中的蛋白质的供给量要充足，尤其在力量训练期间，要合理增加动物、植物蛋白的摄入量。

第五节 运动训练计划制订的生物化学原则

运动训练是改善机体化学组成和提高代谢供能能力相当重要的一个因素。运动训练对人体不断施加运动负荷刺激，使人体稳态状况下的代谢系统平衡被打破，在短暂时间内，体内代谢系统产生相对不平衡，甚至出现紊乱，即出现运动性疲劳或过度训练。但在恢复期，人体又通过自我调节，使机能恢复，重新达到平衡，如此平衡—不平衡—新的平衡，使机体不断产生适应性的变化，从而提高运动训练水平。

从运动生物化学原理出发，运动训练的目的是提高运动员的代谢供能能力。在运动训练中，必须科学地制订训练计划，有的放矢地提高运动员的专项供能能力，才能科学地提高运动员的训练水平。在制订科学训练计划时，应符合以下生物化学原则：

一、特异性原则

不同运动项目，由于运动方式不同，运动时的供能特点也不一样；相同的运动项目，不同的个体，不同的环境、条件时，在运动过程中各供能系统供能的比例也不一样。所以，在运动训练中，除了须发展本专项的代谢供能能力外,还必须适当地发展其他系统的供能能力,即坚持以发展专项供能能力为主,其他供能能力为辅,达到身体机能的全面发展。例如,10 s 以内(100 m 跑)的运动专项主要由磷酸原系统供能,糖酵解供能也占一定比例,故在发展这类项目运动员体能能力训练时,必须主要以发展磷酸原供能能力为主,但也要注意加强糖酵解供能能力的训练,即要安排一定比例的长于 10 s 的高速度耐力训练。

二、超量负荷原则

各供能系统有各自不同的特点,主要有供能时间不同、输出功率不同、运动后恢复的半时反应不同。所以,在进行专项供能能力训练时,必须根据所发展的供能系统供能时间的长短,安排运动的时间;在运动恢复期根据物质恢复的半时反应,选择适宜的间歇时间,使物质尽量恢复,为下一次运动提供充足的能源物质。这样重复多次的训练,机体不易疲劳,既可达到发展专项供能能力的目的,又可使训练课在运动员个人承受能力范围内,使训练总量达到最大,从而使机体承受超量负荷的刺激,提高其专项机能水平。如 ATP-CP 供能系统的供能时间是在 10 s 以内,其恢复半时反应为 30 s,基本恢复时间长于 3 min。因此,如要发展 ATP-CP 供能系统能力时,就必须将每次全力训练的时间控制在 10 s 以内,二次运动训练间歇不能短于 30 s,根据不同训练水平,可安排在 30~90 s,而组间间歇时间不能短于 3 min,一般为 3~5 min。

三、重复性原则

训练所获得的生物学适应要不断加以巩固,否则所获得的训练效果就会逐渐消退。运动员在停训 35 天后肌肉 CP、ATP、糖原和肘伸展力量都有不同程度下降(表 4-10),可见训练要有合理的重复性,这在科学安排训练内容时很重要。

表 4-10 运动员停训 35 天后对肌肉代谢和工作能力的影响

	停训前	停训后	变化率/%
CP/[mmol·(g 肌肉)$^{-1}$]	17.9	13.0	-27.4
ATP/[mmol·(g 肌肉)$^{-1}$]	5.97	5.08	-14.9
糖原/[mmol·(g 肌肉)$^{-1}$]	113.90	57.40	-49.6
肘伸展力量/kg	17.69	11.57	-34.6

总之,运动训练中应根据不同运动项目供能系统的供能特征,遵循以发展

专项供能能力为主，其他供能能力为辅，全面发展的原则；同时，以专项供能系统的供能时间长短，安排运动时间，选择适宜的间歇时间，使运动员的机体尽量得到恢复，只有这样，才能在运动员自身承受能力范围内，使训练课的负荷总量达到最大。

本章小结

ATP 是人体运动时唯一的直接能源物质，其储量少，要维持骨骼肌的持续收缩，就必须要求 ATP 不断的再合成。人体内 ATP 再合成有多种途径，通过无氧分解合成 ATP 的过程称为无氧代谢供能，通过有氧代谢合成 ATP 的过程称为有氧代谢供能。在无氧代谢供能中，又可分为磷酸原供能、糖酵解供能两大供能系统。在有氧代谢供能中，根据供能底物的不同，可分为糖有氧代谢供能、脂肪和蛋白质代谢供能两大供能系统。不同供能系统其输出功率不同，其中磷酸原供能系统输出功率最大、供能时间最短；糖酵解供能系统次之，供能时间为 30~90 s，可持续 2~3 min；糖有氧代谢供能系统和脂肪、蛋白质有氧代谢供能输出功率最小，但供能时间最长。不同的运动项目其供能特点不同，相同运动项目在不同运动阶段，其主要供能系统也不相同，但运动过程中供能过程是互相联系的，只有主次之分，没有绝对界限。

有运动训练就可能有疲劳的产生，运动性疲劳主要分为中枢疲劳和外周疲劳。运动性中枢疲劳的产生主要有两种原因，即神经递质的变化和脑的代谢变化，主要生物化学特征是血糖的浓度降低、脑内氨增加、自由基生成多、r-氨基丁酸和 5-羟色胺浓度升高等。运动性外周疲劳的生物化学机理主要有能源物质大量消耗、代谢产物堆积以及内分泌失调和免疫功能失调。由于不同项目运动时机体的物质代谢和能量供应不一样，因此，引起运动性疲劳的原因也不一致，运动时肌肉疲劳的发生和发展与运动时间、运动强度、运动性质、肌纤维组成、运动员体质水平和内环境等因素有关。

运动训练可能会出现过度训练，过度训练是指大强度运动后，长时间不能恢复运动能力的一种疲劳症状，过度训练的产生与神经内分泌系统和免疫系统的功能紊乱有关。过度训练表现为运动和非运动的疲劳积累，无氧阈功率下降或无提高，最大工作能力下降，精神状态紊乱，肌肉酸痛僵硬，长时间竞技能力下降，心理出现烦躁、易激怒，甚至厌倦训练。过度训练时，身体表现为不同于运动性疲劳的生物化学特征，如糖储备大量消耗，而在训练课间休息时又没有足够的代偿，脂肪氧化减弱，蛋白质分解增强。同时，最大乳酸下降，而乳酸曲线右移；在生物化学指标方面，CK明显高于基础值，而血红蛋白、血睾酮显著下降，血尿素显著增加，则显示主要是由大强度负荷量引起的过度训练状态。

掌握不同运动项目运动训练后物质恢复的规律是提高运动成绩的关键，在运动训练中较多地运用超代偿理论来解释物质恢复的规律，即在适宜的强度范围内，强度越大，物质恢复速度和超量恢复越明显，而超过适宜强度范围时，物质恢复过程和超代偿的时间延长。因此，教练员如何在训练中合理安排好运动时间和间歇时间，使运动员既能受到最大强度的刺激，又能很快地恢复，这是运动训练中的关键。

综上，在制订训练计划中，教练员要根据所要发展的供能系统的供能时间长短来选择运动时间，依据其供能系统恢复的半时反应合理安排好间歇时间，使运动员既能受到最大强度的刺激，又能很快地恢复，达到有的放矢地发展其供能代谢能力。因此，在制订科学训练计划时，应遵循特异性原则、超量负荷原则和重复性原则。

思考与练习

1. 指出人体运动时主要的能源物质，并简述运动时ATP的再合成途径。
2. 分析骨骼肌运动时4大供能系统的关系，并举例说明某个运动项目运动时机体的供能基本过程以及供能特点。
3. 什么叫过度训练，过度训练时身体机能有何表现？
4. 举例说明过度训练时机体物质代谢特点，并分析身体机能变化的生物化学特点。
5. 解释超代偿的概念，举例说明超代偿理论在运动训练中的应用。

第五章 运动训练方法的生物化学分析

进行不同运动项目运动时，如何根据其供能特点选择合理的训练方法，提高其代谢供能能力是科学训练的关键。不同运动项目的代谢供能特点不同，其训练的方法和要求也不同。因此，应根据专项运动时能量代谢特点和规律选择合理的训练方法。从运动生物化学原理出发，主要发展磷酸原供能能力、糖酵解供能能力和有氧代谢供能能力。

第一节 运动训练方法监控的生物化学基础

运动训练方法的选择首先必须以发展运动专项体能能力为目标，即发展其运动时的主要供能系统的供能能力，那么，在评价运动训练方法科学性和针对性时就必须考虑监控指标评价意义的科学性和可靠性，以及获取样品的简便和指标测试的快速，能在训练中、训练后或次日清晨快速反馈，以供教练员及时调整训练计划。

一、运动训练方法监控指标样品选择

根据运动时供能代谢基质的代谢特点，运动训练方法监控生物化学指标可从骨骼肌、血液、尿液中的各种代谢基质或代谢产物获得，并通过生物化学指标变化观察不同训练方法对机体的影响。因为骨骼肌运动时供给能量包括无氧代谢和有氧代谢两种方式，无氧代谢包括ATP、CP供能和糖酵解供能系统，而有氧代谢主要包括糖类、脂肪、蛋白质的有氧氧化供能系统；评价运动中某一代谢供能系统能量供应的比例，从生物化学角度来分析，一方面可检测参与代谢供能物质的消耗量，另一方面则可了解能源物质代谢供能的产物变化。虽然检测骨骼肌能源物质变化可以较直接较准确地评定运动中骨骼肌代谢的状况，而且目前肌肉活检技术相对成熟，但是连续进行肌肉活检存在一定难度，且受观念影响，仍不为受试者接受；而选择尿液样品比较容易获得，但却受多种因素的影响，如分析其样品中代谢产物成分所能获得的信息较少；血液是连接体内各组织器官的载体，血液中含有各种营养和酶、激素、抗体等功能物质以及细胞代谢产物，且含量相对稳定。采集血液尽管有一定的损伤，但相对而言，受试者可以接受，同时分析血样中的化学物质能相对真实反映出体能代谢状况（图5-1）。

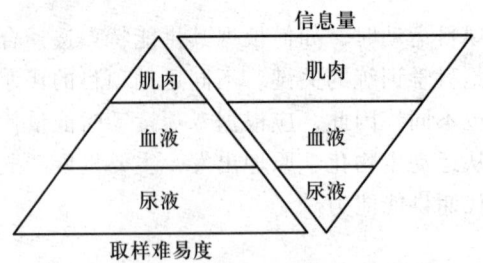

图 5-1　取样难易度与获得信息量的关系

二、血乳酸在运动训练方法监控中的应用

人体运动时，供给骨骼肌能量的无氧代谢和有氧代谢过程中，包括供能物质和一系列的代谢变化，乳酸是这个代谢体系中一个重要的中间产物（图 5-2）。乳酸生成化学本质是丙酮酸的还原，骨骼肌细胞内乳酸生成量的多少只取决于丙酮酸和 $NDAH+H^+$ 的生成和氧化程度。运动时骨骼肌是乳酸生成的主要部位，骨骼肌中乳酸进入血液成为血乳酸（Bla），运动中和运动后肌肉中血乳酸的变化，是骨骼肌等组织中乳酸生成速率、肌乳酸进入血液速率和血液中乳酸消失速率之间平衡的表现，也就是说，运动中和运动后肌肉中的乳酸和血液乳酸相平行，因此，可以用测定血乳酸浓度的变化来反映肌肉中乳酸的生成情况。不同强度和不同时间的运动由于有氧代谢和无氧代谢所占的比例不同，血乳酸浓度也不一样（图 5-3）。运动中以动用磷酸原系统供能为主时，糖酵解供能比例少，乳酸生成较少，血乳酸浓度低，一般不超过 4 mmol/L；以糖酵解系统供能为主时，乳酸大量生成，血乳酸水平较高，一般可达 15 mmol/L 左右；以有氧氧化系统供能为主时，糖酵解有一定比例，但血乳酸不会大幅升高，一般在 4 mmol/L 以下。

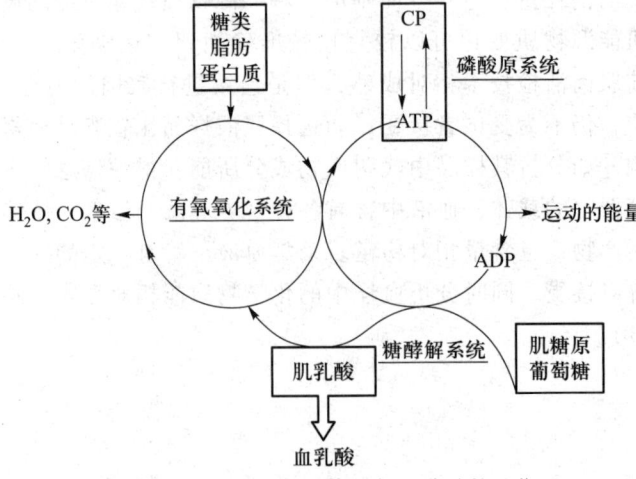

图 5-2　运动中供能体系与血乳酸的地位

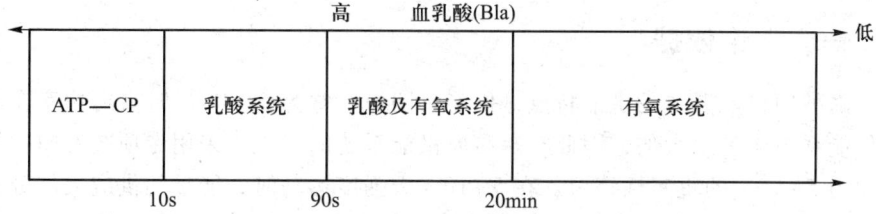

图 5-3　运动中供能系统和血乳酸浓度的关系

表 5-1 综合了运动员在不同时间全力运动时能量供应比例，可见，在进行长于 35 s 至 10 min 的全力运动时血乳酸最高，其他时间全力运动时血乳酸浓度都较低。因此，训练时通过测定血乳酸浓度，可以掌握运动强度和了解训练过程中运动员代谢能力的变化。例如，经过一个训练阶段后，运动员完成同样强度的耐力运动时血乳酸浓度下降，这是有氧代谢能力和消除乳酸能力提高的表现，提示可以加大训练强度；另外，通过对比赛和训练时血乳酸浓度的比较，可以了解训练时强度是否达到了比赛的要求，以便及时调整训练计划。

表 5-1　运动员在不同时间全力运动时能量供应比例

项目	全力运动时间					
	<35 s	35 s~2 min	2~10 min	10~35 min	35~90 min	90~360 min
强度/最大摄氧量 $\dot{V}O_{2max}$/%	>100	100	95~100	90~95	80~95	60~70
有氧代谢比例/%	<5	20	60	70	80	95
无氧代谢比例/%	>95	80	40	30	20	5
肌糖原消耗比例/%	<10	10	30	40	60	80
血乳酸浓度/(mmol·L^{-1})	<10	18	20	14	8	4

第二节　磷酸原供能系统能力训练的生物化学分析

大强度激烈运动时的能量主要来源于磷酸原供能系统。由于磷酸原（ATP—CP）的输出功率最大，所以是进行速度、力量项目运动时主要的供能系统。因此，在提高运动员的速度、力量素质时，应首先发展磷酸原供能系统的供能能力。

一、理论依据

磷酸原供能系统的供能特点是供能时间短，常为6~8 s。但输出功率在其他供能系统中是最大的，因此，磷酸原供能系统的训练可采用专项或专门的最大用力5~10 s的重复性练习。在5~10 s大强度运动时，能量的供应大部分来源于磷酸原供能系统，小部分能量来源于糖酵解供能系统，在恢复期的间歇中仅有少量的乳酸积累。

在磷酸原供能系统的训练中，最重要是掌握间歇时间的长短，如果间歇时间太短，ATP、CP基本不能恢复，重复运动将使糖无氧酵解供能比例逐渐增加，血乳酸水平明显上升，这对发展磷酸原供能系统是不利的。反之，时间过长，磷酸原系统达到完全恢复，根据运动训练学的超量负荷原则，对发展磷酸原供能系统供能能力也是不利的。据研究，提高磷酸原供能系统的重复或间歇训练的间歇时间应根据磷酸原系统的半时反应来决定。由于磷酸原系统半时反应约为20~30 s，所以，其最适宜的间歇时间应为≥30 s。对于训练水平较低的或刚开始参加大运动量训练的运动员，间歇时间可放长一些，如间歇60 s，甚至间歇更长时后，之后随着运动员的训练水平的提高而逐渐缩短间歇时间。

二、训练方法的生物化学分析

目前，在发展磷酸原供能系统供能能力的训练中，从生物化学原理出发，主要是采用无氧低乳酸间歇训练，即最大速度或最大力量的间歇性训练法。该间歇训练法由运动强度、运动持续时间和休息间歇三部分内容组成，安排训练时应遵循一定训练原则：① 最大速度或最大力量练习时间不超过10 s，强度低、时间长的运动将影响训练效果；② 每次练习时间的间歇时间不能短于30 s，短于30 s时，ATP、CP在运动间歇中恢复数量不能维持下一次练习的相应能量要求。根据运动员的训练水平，间歇时间可选用长于30 s，如用60 s或90 s的间歇时间；③ 成组练习后，组间的间歇不能短于3~4 min，因为ATP、CP恢复至运动前水平线的超量恢复最少需要3~4 min。

运动员短跑起跑后60 m、游泳出发或球类运动中突然起动和过人等的短冲运动时，运动员要在10 s内以最大输出功率完成做功。因此，主要以ATP、CP供能，体内贮备的ATP、CP基本可以提供这一运动的能量需求。早在1963年，Margaria就曾报告过，10 s全力跑、30 s的间歇时间进行运动就能够达到无氧低乳酸间歇训练的要求（图5-4）。

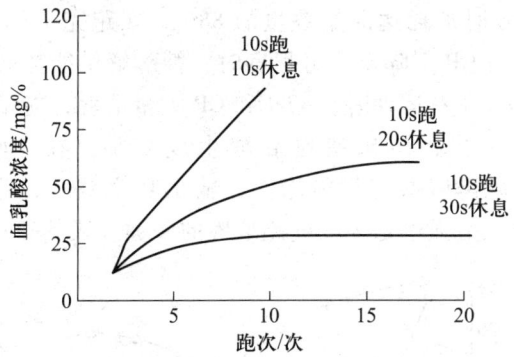

图 5-4 20 次 10 s 全力跑不同间歇时间时的血乳酸浓度

如图 5-5 所示，在足球短冲训练中，要保持 10 次 6 s 最大功率输出，采用 30 s 间歇时间休息，在第 10 次时，做功能力下降了 13.2%；而用 60 s 间歇时间休息，做功能力只下降了 3%（图 5-5）。同样是发展磷酸原供能能力，跑步与足球短冲训练的运动和间歇时间不一定都相同，故要根据不同项目运动员的不同专项能力来选择运动与间歇时间。

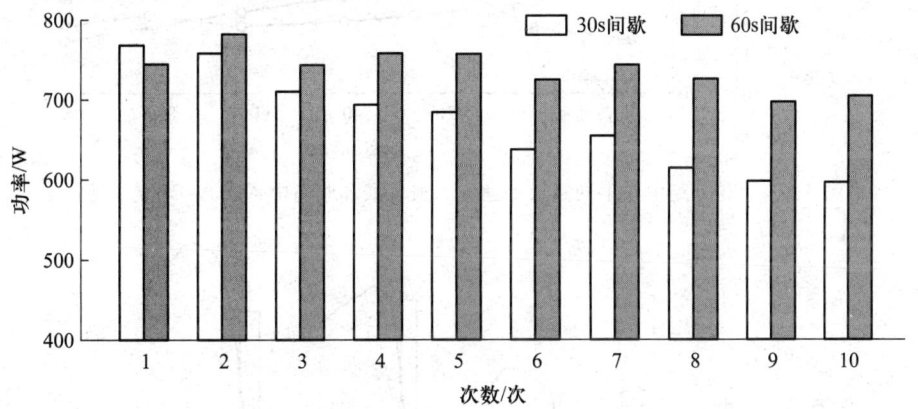

图 5-5 6 s 10 次短冲和 30 s 或 60 s 间歇时输出功率的影响

对于 100 m 短跑来说，以往认为主要由 ATP、CP 供能，糖酵解供能不重要，但是，100 m 短跑后血乳酸浓度上升很多。1987 年，Hirvonen 等对 7 名平均成绩为 10.89 s 的运动员在跑 40、60、80、100 m 时肌肉中 ATP、CP、乳酸和血乳酸、pH 值的关系进行研究。

如图 5-6 和图 5-7 可见，在 100 m 跑途 40~60 m 段中速度最高（9.88 m/s），这时 CP 由准备活动后的（10.9±0.4）mmol/kg 下降至（5.6±0.8）mmol/kg，同时血乳酸增加也不多，ATP 在 100 m 不同跑段中都变化不大，最多下降 40% 左右，但 CP 水平则在 100 m 跑后处于最低水平。有研究显示，在 11 s 左右最大速度跑 5.5 s 时消耗达原始数量的 88%，在跑完 11 s 时消耗可能接近 95% 以上，可见，当 CP 下降至一定程度时，糖酵解供能势必增加。因此，在 100 m 跑或进行 10 s 左右运动时，ATP 和 CP 大量消耗，能量供应会转而由糖酵解再合成 ATP 为主，结果使血乳酸生成增加，在 100 m 跑后达 8～8.3 mmol/L。由于糖酵解参与供能增多，输出功率减少，跑速自然就下降。因此，糖酵解供能能力强也是 100 m 跑取胜的关键（表 5-2）。

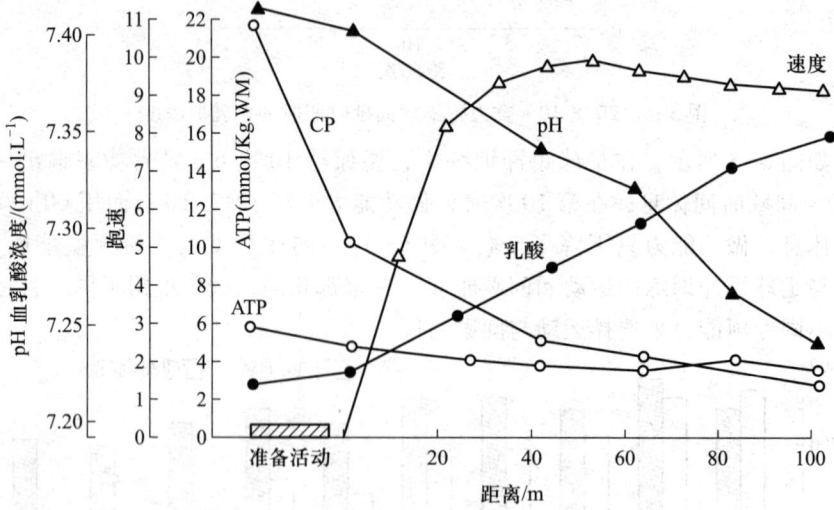

图 5-6　100 m 跑中在不同距离的速度、血乳酸和肌肉中 ATP 与 CP 的关系

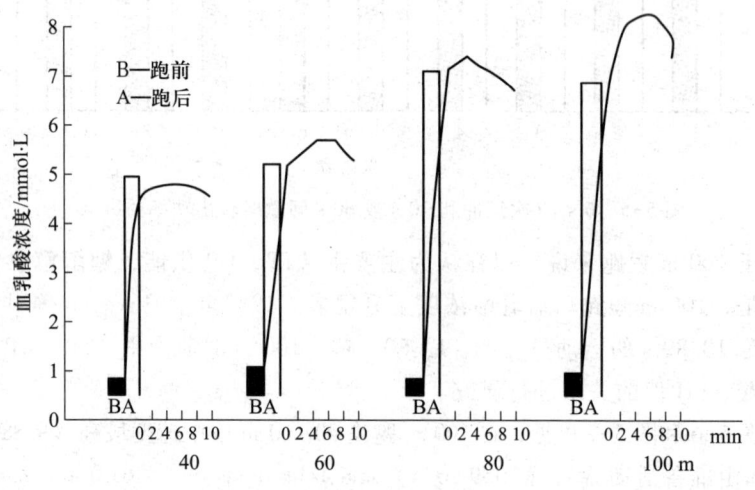

图 5-7　100 m 跑中在不同距离的血乳酸浓度

表 5-2　100 m 跑比赛成绩与赛后血乳酸

	成绩/s	赛后血乳酸最高值/(mmol·L^{-1})	最高值时间/min
男			
A. O.	10.54	16.02	3
L. L.	10.59	14.97	7
M. M.	10.63	14.97	5
A. A.	10.69	14.57	5
女			
G. G.	11.65	15.64	5
L. A.	11.77	12.97	5
R. F.	11.85	12.90	5
L. G.	12.01	12.85	5（效率39%）
能量消耗（kJ）		男：85~100	女：53~72
能量利用效率		男：0.433~0.467	女：0.389~0.500
糖酵解供能占		65%~70%	

因此，在短跑、跳、投掷的训练中，从理论上看10 s以内运动主要由磷酸原供能系统供能，但在人体内能量供应过程中糖酵解系统等相邻的供能系统也参与供能，且占一定的比重。据有关文献报道，我国运动员100 m跑后血乳酸为（9.4±1.33）mmol/L，在测定某校学生以11.30 s跑完100 m后，血乳酸为（10.3±1.6）mmol/L。所以，在以磷酸原供能系统为主的运动项目，如100 m跑、110 m跨栏、50 m游泳等的训练中，在进行磷酸原系统供能能力训练时，也要加强糖酵解系统供能能力的训练，即增加一定比例的长于10 s的高速度耐久力训练（表5-3）。

表 5-3　100 m 跑体能训练安排

供能	内容	血乳酸浓度
磷酸原系统供能	以最大速度或接近最大速度（95%）跑0.3~2 s	<5 mmol/L（间歇2~3 min后）
糖酵解系统供能	以85%~95%的强度跑60~300 m（6~35 s）	>15 mmol/L（在80 m组或单个300 m跑后）
混合无氧训练	以85%~95%的强度进行大量的30~80 m跑（3~10 s）	6~15 mmol/L（跑后）

续表

供能	内容	血乳酸浓度
	通过测总能量消耗和跑速评定能量利用效率	

在专项素质训练中，常采用重复训练法，如篮球训练中 10 s 内的 30 m 跑、运球跑、曲线变向跑、10 m 冲刺跑等。同时，在球类项目训练中，也常采用多球训练方法来发展磷酸原系统供能能力。

表 5-4 是某省羽毛球队多球训练和 60 m、400 m 跑后血乳酸浓度变化，多球训练分为 10 球×20 组（每组间歇 30 s）、20 球×10 组（每组间歇 40 s）、50 球×4 组（每组间歇 1 min）三种训练方法，每次训练总球数均为 200 个。从结果看，不管男女运动员，10 球×20 组与 60 m 跑血乳酸相近，20 球×10 组、50 球×4 组与 400 m 跑血乳酸比较相近，说明 10 球×20 组的羽毛球多球训练与 60 m 跑一样，运动中主要以磷酸原供能系统供能为主，因此，10 球×20 组这种多球训练主要是训练磷酸原的供能能力。

表 5-4 羽毛球多球训练与 60 m、400 m 跑后血乳酸浓度

（单位：mmol/L）

	N	10 球×20 组	20 球×10 组	50 球×4 组	10×60 m 跑	4×400 m 跑
男队	14	4.19±0.42	10.42±0.60	11.68±1.18	3.79±0.91	11.32±0.87
女队	16	4.33±2.23	9.84±0.32	11.36±0.73	6.16±0.87	10.01±2.11

第三节 糖酵解供能系统能力训练的生物化学分析

无氧代谢能力确定运动员的无氧耐力素质，在无氧代谢供能过程中由于磷酸原的供能时间短，所以，无氧耐力的基础主要是糖酵解供能。因此，提高运动员的无氧耐力，必须主要发展糖酵解能力。

一、理论基础

糖酵解供能是指糖类在无氧的条件下，氧化分解，生成乳酸，同时释放能量的过程。其供能代谢终产物为乳酸，因此，提高糖酵解供能能力的最有效训

练方法是采用最大强度速度耐力运动，使运动中以糖酵解供能为主。

从训练的生物化学原理角度分析，在运动时，乳酸的积累可引起运动性疲劳，影响运动能力；但另一方面，乳酸的大量积累又可提高机体对酸性物质的缓冲和适应能力，从而提高糖无氧酵解供能能力。由于乳酸的积累和影响最大强度运动能力的时间在 20~120 s，因此，糖酵解代谢能力直接影响 200 m、400 m、800 m 跑的运动能力。

从表 5-5 中可见在 30 s 和 45 s 最大强度运动时，ATP 变化不大；CP 和肌糖原有所下降，且 45 s 运动时下降比 30 s 时要多；乳酸出现升高，45 s 时比 30 s 时多。一般在运动 1~2 min 时，肌肉、血液乳酸增加最多，成为影响运动能力的主要因素。

表 5-5 30、45 s 最大用力肌肉 ATP、CP、肌糖原和乳酸变化

	30 s		45 s	
	前	后	前	后
ATP/[mmol·(kg 干肌)$^{-1}$]	22.0	20.9	23.1	20.5
CP/[mmol·(kg 干肌)$^{-1}$]	80.6	50.9	86.4	44.2
肌糖原/[mmol·(kg 干肌)$^{-1}$]	275.3	271.7	345.9	314.5
乳酸/[mmol·(kg 干肌)$^{-1}$]	7.6	27.1	8.8	34.6

Hirvonen J 等在 1992 年用肌肉活检法测定 400 m 跑中 100、200、300、400 m 跑段中 ATP、CP、血乳酸和肌乳酸变化（图 5-8，图 5-9）。在 400 m 跑中，跑完 300 m 时，CP 已达较低水平，到 400 m 结束时最低。肌肉和血液乳酸在 100~200 m 和 200~300 m 跑段中积累系数最高，肌肉中为 0.38~0.40 mmol/kg·s，血液中在 0.22 mmol/kg·s 范围内，CP 下降和血乳酸及肌乳酸上升是引起 200~300 m 跑段成绩下降的主要原因（表 5-6），这和 30 s、45 s 最大用力后 CP、乳酸变化规律基本一致（表 5-5）。乳酸增多引起 pH 下降，后者抑制糖酵解关键酶活性，使糖酵解下降，最终导致运动能力下降。有研究表明，当细胞酸中毒时，氧化型（Ⅰ型）、慢酵解型（Ⅱa 型）和快酵解型（Ⅱb 型）肌纤维最大收缩能力分别下降 12%、25% 和 44%。由此说明，增强糖酵解代谢能力和肌肉、血液耐受高浓度乳酸能力是提高 400 m 跑运动能力的重要基础。因此，发展糖酵解供能能力的训练应着重考虑糖酵解的最大供能能力和机体耐受高乳酸的刺激能力。

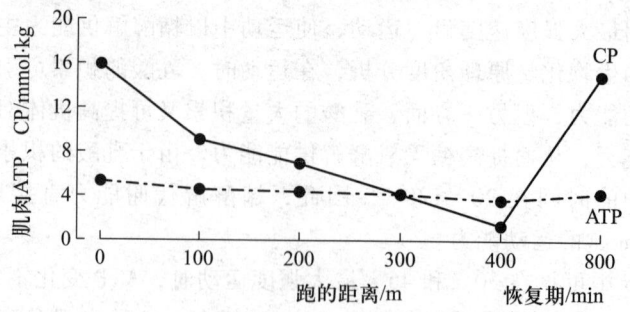

图 5-8　400 m 跑时 ATP、CP 变化

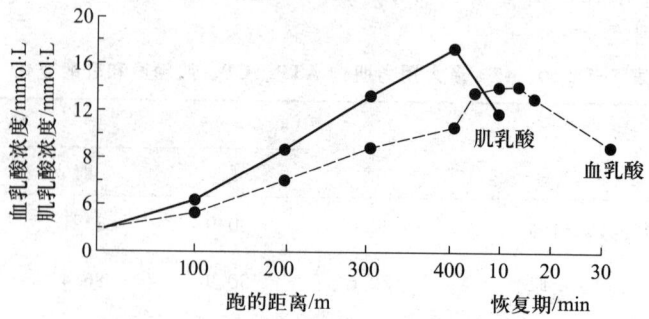

图 5-9　400 m 跑时不同跑距中血乳酸和肌乳酸变化

表 5-6　400 m 跑中每 100 m 时跑速与血乳酸和肌乳酸的积累

	0~100 m	100~200 m	200~300 m	300~400 m
跑速/（m·s^{-1}）	8.06±0.10	8.30±0.10	7.64±0.13	7.01±0.20
血乳酸（mmol/L·s）	0.17±0.02	0.22±0.04	0.22±0.06	0.15±0.03
肌乳酸（mmol/kg·s）	0.16±0.04	0.38±0.09	0.40±0.10	0.27±0.05

二、训练方法的生物化学分析

不同的速度耐力项目，提高其糖无氧酵解供能能力的训练方法也不一样，目前常用最大乳酸间歇训练法和乳酸耐受力间歇训练法两种方法。

（一）最大乳酸间歇训练法

400 m 跑或 100 m 游泳常采用最大乳酸间歇训练提高机体最大糖无氧酵解能力供能。要提高糖酵解代谢能力，可采用最大乳酸间歇训练法，目的是使机体的乳酸达到最大堆积，提高机体耐受最大乳酸的刺激能力，从而提高运动员最大糖酵解供能能力。最大乳酸间歇训练法原则是：① 每次运大强度动时间为1~2 min，每组重复4~6次；②间歇为3~5 min；③在训练中可调整间歇的时间和运动时间与间歇时间的比例来提高乳酸的含量，即根据组间恢复情况，决定训练组次。通过最大乳酸训练，可使运动员在血乳酸水平达到最大时所对应的运动强度提高，或使运动员在最大强度间歇运动后的血乳酸水平进一步提高。

研究认为，血乳酸在12~20 mmol/L是糖无氧代谢训练最敏感的范围，采用一次1 min左右的极量运动便可以达到这个要求，但是，在训练课中，如果让运动员只进行一次力竭性跑，即使血乳酸达最大乳酸训练的要求，但完成的总的负荷量太小，身体获得的乳酸刺激不够，训练效果不明显。因此，为了使训练效果更明显，在训练课中必须进行多次重复训练，这就要求运动员在每次运动时既要达到极量负荷，又要在每次间歇时使身体获得合理的恢复。为验证这一观点，Herrmansen组织5名男运动员和5名女运动员进行5次超极量强度的跑步测试试验，具体安排是每次1 min超极量强度跑，4 min间歇休息，跑5次后，可从试验结果可以看到（图5-10），血乳酸浓度达到一个很高的水平，最高值达到31.1 mmol/L，这比单一次1 min超极量强度运动后的血乳酸水平升高1倍。这一结果说明，1 min极量强度间歇训练可以使身体获得最大的乳酸刺激，是提高机体最大乳酸刺激能力的训练方法。

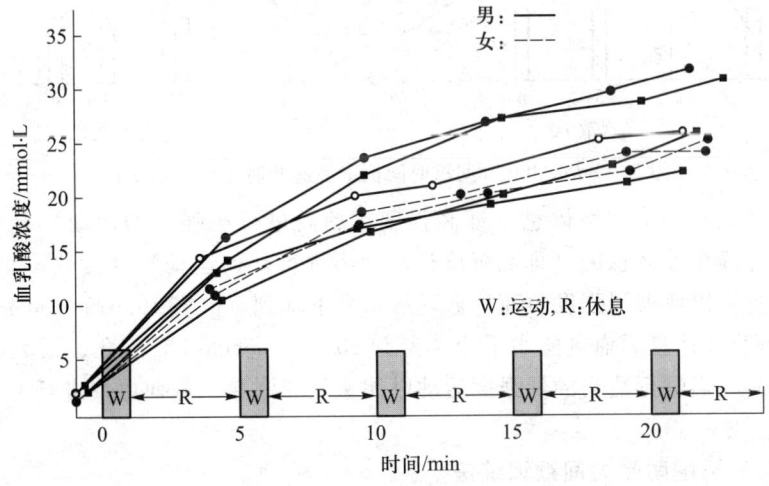

图5-10　1 min 5次超极量间歇4 min运动后血乳酸浓度水平

最高乳酸间歇训练可使血乳酸达到高水平主要在于第一次1 min左右的超极量强度跑后，肌乳酸可以升至较高水平，骨骼肌细胞内的氢离子向细胞外间隙的弥散，其半时反应约为39 s，而乳酸根从骨骼肌弥散出细胞半时反应为

9 min。在 4 min 的间歇期间，肌细胞中已升高的氢离子可降至接近运动前水平，抑制糖酵解中催化代谢的磷酸果糖激酶（PFK）的氢离子作用已不明显，因此，再进行第二次超极量训练时，骨骼肌中糖原可持续分解为乳酸供能，乳酸进一步产生，结果在间歇训练结束后血乳酸浓度就远高于一次力竭性运动后血乳酸，从而有效地提高了机体最大乳酸的耐受力。

在制订最大乳酸训练计划时，要注意安排合理的运动强度和间歇时间，400 m 跑是典型的以糖酵解供能为主的运动项目，生成乳酸最大能力和机体耐受能力直接和运动成绩有关。Banokob 曾报道，反复性训练中间歇时间影响训练效果，在 4×400m 跑训练中，恒定间歇时间安排在最后两次跑时，血乳酸下降，而递减间歇时间的安排可使后两次跑时血乳酸浓度升高（图 5-11）。由此说明，运动负荷相同，而间歇时间安排不同，会造成不同的训练效果，因此，选择适宜的运动强度和间歇时间是最大乳酸训练法的关键，为了掌握适宜运动强度和间歇，在训练课应经常进行血乳酸的测定，以达到监控运动负荷和间歇时间的目的。

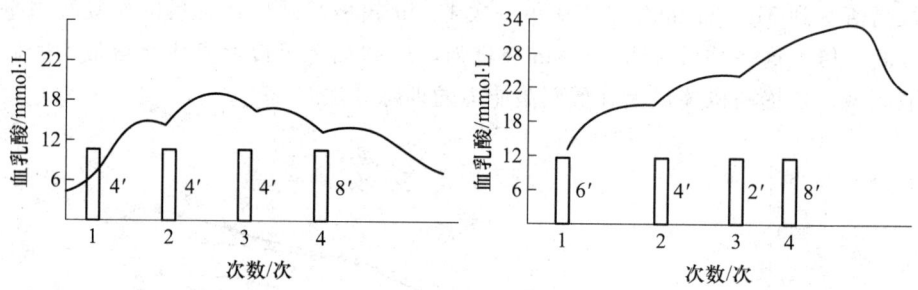

图 5-11　4×400 m 间歇时间恒定和递减时血乳酸的变化

在间歇时，主动性休息（即高强度运动后进行小强度的运动）乳酸消除的速度比静止性休息的（即高强度运动后不进行任何运动）速度快，5 min 主动性休息可以使极限强度负荷后血乳酸水平下降到（6.73±0.61）mmol/L，而 5 min 静止性休息后血乳酸水平为（8.54±0.89）mmol/L。因此，最大乳酸间歇训练后应当进行适当的低强度运动以加速乳酸消除，进而更快进行下一个训练计划。

（二）乳酸耐受力间歇训练法

对于 800 m、1 500 m 跑和 200 m、400 m 游泳等长时间速度耐力项目来说，运动中无氧代谢供能占 40%~50%，这些项目运动中生成一定浓度乳酸后机体仍要继续保持高强度运动，因此，要提高这种长时间的速度耐力，就必须在第一次练习后使血乳酸达到较高水平（约 12 mmol/L），然后保持其水平以提高机体对高血乳酸水平的适应和耐受力。目前常采用乳酸耐受力间歇训练法进行训练。乳酸耐受力间歇训练法的原则是：① 每次训练时间为 1~1.5 min；② 间歇时间为 4~5 min；③ 在第一次练习后，使血乳酸达到 12 mmol/L 左右，然后在血乳酸这一水平上进行多次重复间歇训练。表 5-4 显示，在羽毛球多球训练中，采用 20 球 10 组（组间歇 40 s）和 50 球 4 组（组间歇 60 s）对提高运动员速度耐力效果显著，训练后血乳酸水平约 12 mmol/L，这种训练方法是较典型的乳酸耐受力间歇训练法，比单纯使用跑 400 m 的意义更大。

不同运动员的训练水平不同，对乳酸耐受力也不同，乳酸耐受力提高，机体不易疲劳，运动能力也随之提高。据研究表明，当乳酸耐受力提高 100%，100 m 游泳的运动成绩大约可提高 5~7 s。因此，乳酸耐受力的训练对 800 m、1 500 m 跑和 200 m、400 m 游泳等项目的运动员尤为重要。

乳酸耐受力训练常应用超量负荷的方法，在第一次 1~1.5 min 练习后使机体血乳酸达到 12 mmol/L 左右，经过 4~5 min 间歇休息，可以完成肌乳酸从骨骼肌向血液的有效转移和血乳酸通过血液通消除，然后再进行下一次练习，使血乳酸又上升至 12 mmol/L 左右，运动重复进行，血乳酸保持在较高水平，使机体在训练中忍受较长时间的乳酸刺激，从而使机体产生生理上的适应和提高耐受力。如果间歇时间不足，将会产生血乳酸积累过多而导致运动能力的下降。在 1.5 min 的间歇运动训练过程中，机体在重复 2-3 次大强度运动后血乳酸达到 12 mmol/L（图 5-12A），这种训练方法要注意掌握好负荷强度，适宜的间歇时间，强度过大，间歇时间过短，间歇中体力的恢复少，均会导致骨骼肌因酸性增加而不能维持完成既定的运动强度，运动能力也随之下降（图 5-12B）。

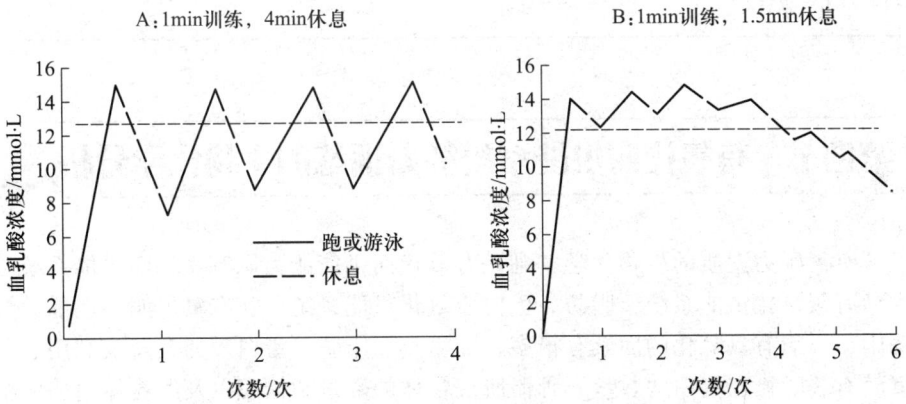

图 5-12　乳酸耐受力间歇训练中间歇时间充足与不足对血乳酸浓度的影响

乳酸耐受力训练在游泳训练中应用最为广泛，表 5-7 和表 5-8 是发展游泳运动员乳酸耐受力的训练手段和方法。

表 5-7　发展乳酸耐受力的游泳手段

重复次数	每次游平均成绩范围	最大用力最好成绩/%	在实验课时最好成绩/%	血乳酸范围/(mmol·L^{-1})	心率范围/(次·min^{-1})
5（6×1 000）	1.53~208	86~93	91~93	12.58~13.58	180~190
2（10×100）	54~1.1	86~89	89~92	11.94~14.36	180~198
20×50	25.2~27.3	84~89	89~91	9.22~15.23	187~200
100 分段游	46.9~54.4	101~103	105~110	9.33~12.37	——

表 5-8　游泳血乳酸耐受力的训练方法

距离/m	适宜组数	休息间歇	速度
46	4~6（6~20次）组	每次游休息 10~15 s；组间休息 30~60 s	最好成绩的 85%~90%
69	4~5（4~20次）组	每次游休息 10~15 s；组间休息 3~5 min	最好成绩的 85%~90%
91	3~5（8~12次）组	每次游休息 30 s、5 min；组间休息 3~5 min	最好成绩的 85%~90%
137~183	3~6 组	每次游休息 0.5~5 min	比赛速度的 90%~95%
274—366—457 548—640—731	4~5 组	每次游休息 3~5 min	比赛速度的 95%~99%

第四节　有氧代谢供能系统能力训练的生物化学分析

有氧耐力素质的生物化学基础是有氧代谢供能能力。有氧代谢供能系统分为糖有氧氧化供能系统，脂肪、蛋白质氧化供能系统。在有氧代谢供能能力训练中，影响有氧氧化的因素有很多，如糖类、脂肪、蛋白质的含量及利用、与氧气有关的血红蛋白的数量、骨骼肌线粒体的数量和体积以及线粒体内酶的活性等。因此，通过有氧代谢供能能力训练，可改善机体内氧运输和利用能力，改善糖类、脂肪和蛋白质有氧代谢的协同能力，从而提高有氧耐力素质。

一、理论依据

有氧代谢供能是指在有氧条件下能源物质氧化与分解，生成二氧化碳和水，同时释放能量的供能过程。因此，有氧代谢的先决条件是就是氧气。有氧代谢供能是长时间中等和亚极量运动强度运动时主要的供能方式。在运动训练中，乳酸生成和积累量不宜多，长时间运动的间歇训练可有效地提高有氧代谢供能能力。由于有氧代谢供能需要大量的氧气，所以，除了运动时间略长外，还要求控制好运动强度和间歇时间。

二、训练方法的生物化学分析

提高有氧代谢供能能力的训练方法通常有有氧代谢耐力间歇训练法、乳酸阈强度训练法、最大乳酸稳态训练和高原训练法等。

（一）有氧代谢耐力间歇训练法

长距离跑、超长距离跑、越野跑的运动员和400 m以上的游泳运动员不仅要有良好的有氧代谢能力，而且在完成规定的距离中，还需要根据实战战略进行加速、超越或冲刺等。因此，运动员还必须具有一定的无氧代谢能力。间歇训练是提高速度耐力的一种比较好的手段。短时间运动的间歇训练有助于提高无氧代谢能力，长时间运动的间歇训练可提高有氧代谢耐力能力。

以发展有氧代谢耐力为目的的间歇训练，运动强度应在乳酸阈强度以内（$80\% \sim 85\% \dot{V}O_{2max}$），一次运动持续时间要适当延长，间歇时间与运动时间一样。研究认为，一般要用80%的强度跑3~5 min，间歇时间也为3~5 min。有人通过对2 min运动、2 min间歇和4 min运动、4 min间歇的运动对身体供能能力影响进行研究，发现2 min间歇运动利用血液的葡萄糖都不多，第一个2 min间歇运动时，葡萄糖供应能量仅占5%，连续观察6次时，最多一次也只占23%，但4 min间歇运动时，血液葡萄糖利用较多，可占供能的23%~24%。2 min的间歇运动肌糖原利用增多（占57%~95%），4 min间歇运动仅占43%~50%，脂肪酸大量参与供能（表5-9）。这两种不同时间的间歇运动对有氧代谢和无氧代谢的供能比例也不同，在2 min间歇运动中，无氧代谢和有氧代谢之比为1∶3，而4 min间歇运动则是1∶4，显然，4 min运动、4 min间歇的运动对骨骼肌内有氧代谢明显，有助于提高氧的利用能力（表5-9）。因此，随着运动时间的延长，速度减慢，有氧代谢供能比例增大，这对于发展有氧代谢供能能力是十分有利的。例如，自由游打腿200 m训练，运动时间约为2 min，分组训练后血乳酸水平并不高。

表 5-9 2 min、4 min 间歇运动时能源物质消耗与供能比例

间歇运动安排	供能百分比/%			无氧供能与有氧供能比
	血糖供能	肌糖原供能	脂肪酸供能	
2 min 运动，2 min 休息	5~23	57~95	18~31	1:3
4 min 运动，4 min 休息	23~24	47~50	19~34	1:4

（二）乳酸阈强度训练法

在有氧代谢耐力训练中，运动强度必须使身体达到一个适当的刺激才有效果，那么，怎样的强度才是最适宜的刺激呢？运动时，机体乳酸生成增加，血乳酸浓度在一定范围内与运动强度变化呈正相关。人体在进行递增负荷运动时，血乳酸浓度随运动强度的增加在开始阶段缓慢上升，当运动强度达到某一负荷时，血乳酸浓度出现急剧上升的拐点或转折点称为乳酸阈，乳酸阈对应的血乳酸水平通常为 4 mmol/L，所对应的运动强度称为乳酸阈强度（图 5-13）。由于在完成运动负荷时，每个人具有不同的血乳酸动力学变化特点，因此，乳酸阈存在着个体差异，根据每个运动员进行递增负荷运动时的血乳酸动态变化曲线可得出每个运动员的个体乳酸阈（图 5-14），个体乳酸阈值的变化范围是 1.4~7.5 mmol/L，而相对应的个体乳酸阈强度通常相当于 55%~80% $\dot{V}O_{2max}$。

从供能角度看，乳酸阈代表人体运动从有氧代谢供能为主转向大量动用无氧酵解供能转变的临界点（或转折点），因此，血乳酸达到 4 mmol/L 时（乳酸阈强度）的稳定状态是机体以有氧供能为主的最大强度，采用乳酸阈尤其是个体乳酸阈强度安排运动训练便可有效提高运动员的有氧代谢供能能力，但要求在这样强度水平上，运动持续时间在 20~30 min 内血乳酸浓度不会进一步升高。

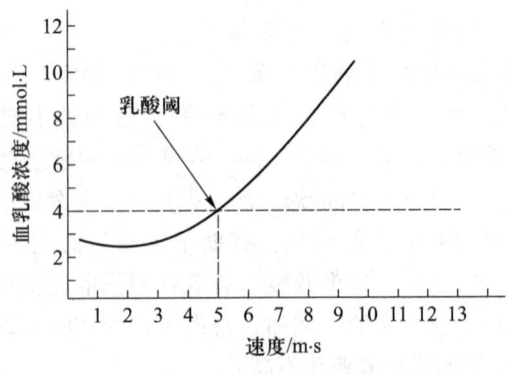

图 5-13 乳酸阈示意图

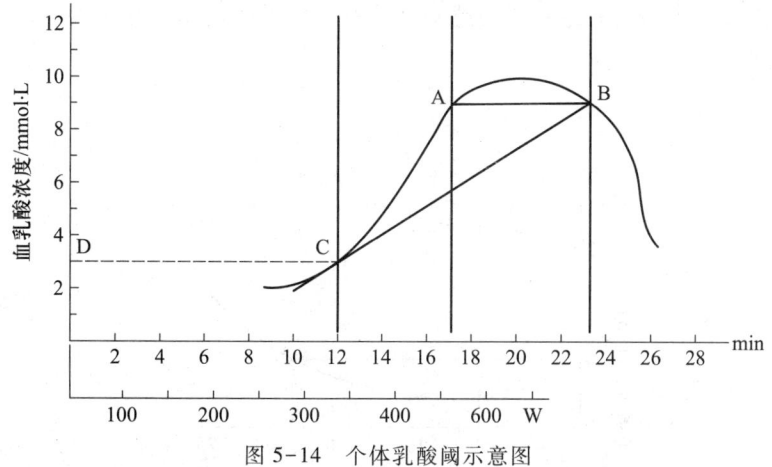

图 5-14　个体乳酸阈示意图

大量研究表明，运动员在进行有氧耐力训练时必须达到适当的强度刺激才能有效提高机体的有氧耐力素质。在一般耐力训练中，尽管不同运动员的个体乳酸阈不同，但血乳酸达到 4 mmol/L 稳定状态时的水平是最合适的。因为大部分运动员无氧耐受乳酸的浓度为 12 mmol/L，因此，4 mmol/L 血乳酸浓度刺激并不高，在这样的负荷强度持续运动 20~30 min，血乳酸不会进一步升高，机体也不会产生明显的酸血症，故通常认为训练时采用 4 mmol/L 血乳酸值是有氧耐力训练比较适宜的强度。因此，乳酸阈强度是提高有氧代谢供能系统供能能力的适宜负荷强度，乳酸阈强度训练也是当前有氧代谢训练中用得最多的一种训练模式。

在进行乳酸阈强度训练中，教练员应掌握好循序渐进增加速度这一原则，运动员最好采用个体乳酸阈强度训练，当经过一段时间训练后，如完成相近强度训练时血乳酸积累减少，则要再增加速度，使练习时的血乳酸又稍高于乳酸阈，从而不断提高身体的适应能力。当运动员训练水平提高，乳酸阈强度提高，这时必须提高运动训练强度才能达到血乳酸的乳酸阈值。大量研究发现，训练可提高运动员的乳酸阈水平，随着运动员训练水平提高，在一定运动强度训练时，血乳酸的氧化水平及乳酸清除速度增加，从而使得乳酸阈值提高，也说明其有氧耐力素质有所提高。

在实际训练中，可结合其他指标作为乳酸阈强度监控的指标，目前用得较多的是主观感觉疲劳等级量表（RPE）和心率（HR），方法是先测试乳酸阈对应的 RPE 或 HR 值。

乳酸阈结合 RPE 进行训练监控。进行有氧代谢训练时，在运动场上可将血乳酸测定和主观感觉结合起来掌握运动强度，当血乳酸超过 4 mmol/L，同时受试者的主观感觉又达到体力感知度值 6 时，说明运动强度过大（图 5-15，图 5-16）。

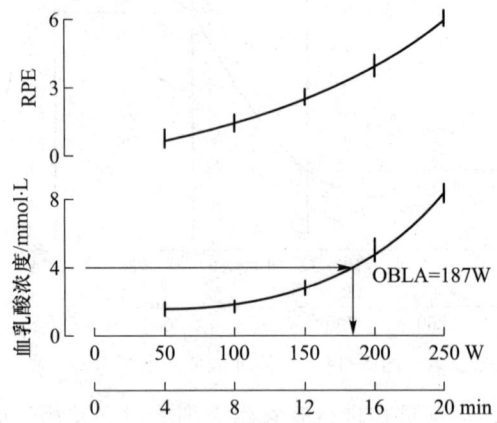

图 5-15　递增强度负荷时乳酸阈（乳酸累积起点，OBLA）和 RPE 的关系

#10	😱	精疲力竭
#9	😨	很累
#8	😥	
#7	😓	累
#6	😣	
#5	👍	较累
#4	😊	稍累
#3	😎	适度
#2	😎	轻松
#1	😴	很轻松

图 5-16　主观感觉疲劳等级量表（RPE）

乳酸阈结合 HR 进行训练监控。在进行递增负荷运动测试血乳酸动态变化曲线时，可同时检测受试运动员的 HR，得出 HR 曲线，血乳酸在 4 mmol/L 时的 HR 简称 HR4，HR4 训练是指采用运动强度到达血乳酸 4 mmol/L 时的 HR 训练方法。若在训练课中以 HR 来掌握血乳酸 4 mmol/L 时的训练强度，即可

不用在每次训练课中都测量血乳酸。因此，在测定乳酸阈的同时测定 HR，以找出 HR4 的值（图 5-17）。但由于 HR 易受多种因素影响，对运动强度判断的准确度没有血乳酸高，经过一个训练阶段后便要重新测定乳酸阈及对应 HR，以了解训练对乳酸阈的影响来评定训练效果。如运动员在训练季度开始时的 HR 可能是 160 p/min，经过一个阶段训练后，可改变为 170 p/min。

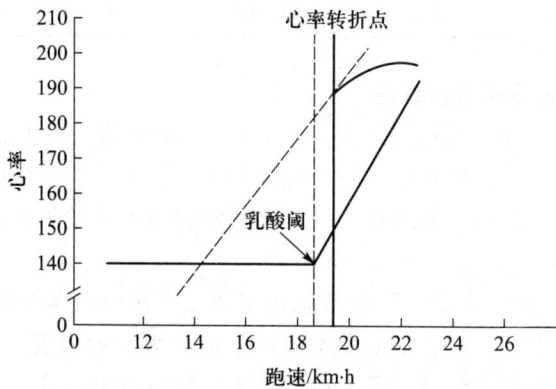

图 5-17 乳酸阈与 HR 转折点的关系

图 5-18 和表 5-10 是乳酸阈强度训练及评估案例，通过递增负荷试验测试乳酸阈强度，据此安排阶段性有氧耐力训练，训练后重新进行血乳酸—强度（游速）曲线比较，结果分析显示，乳酸阈强度可以最大限度刺激机体进行有氧代谢，从而提高有氧耐力能力。

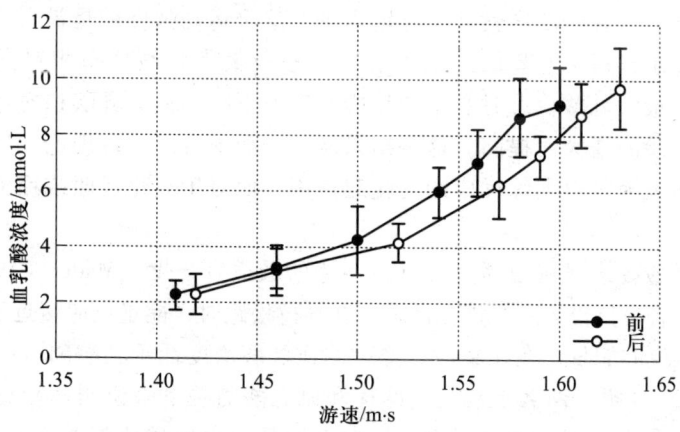

图 5-18 血乳酸—泳速曲线前后变化

表 5-10　4×1 000 m 乳酸阈测试要求

项目	强度等级	时间	桨频/(桨·min^{-1})	心率	血乳酸/(mmol·L^{-1})
男皮	1 级	4:30	62~64	140	<2
	2 级	4:15	72~74	160	<4
	3 级	3:55	82~84	170	<7
	4 级	全力	95~100	180	>8

（三）最大乳酸稳态训练法

最大乳酸稳态（MLSS）是 1985 年由 Heck 提出的。最大乳酸稳态可用于评定氧转运系统的适应性和专项耐力运动的能力。这一有氧代谢能力的测试方法，无须使机体达到无力继续程度，它是监测耐力训练效果和评定机能的灵敏手段之一。

1993 年，Tegtbur 将最大乳酸稳态定义为："在恒定负荷运动中，除了运动开始短暂的变化外，血乳酸浓度不再增加的最大运动强度。"即最大乳酸稳态时的强度，代表着乳酸转运进入血液与乳酸被转运出血液达到平衡时的最大强度。它比乳酸阈更能有效地反映进行亚极量运动时机体的代谢状态。

糖在代谢过程中不断产生中间产物丙酮酸，丙酮酸的主要代谢途径是进入线粒体，经丙酮酸脱氢酶系催化生成乙酰 CoA，然后进入三羧酸循环彻底氧化；其次是在乳酸脱氢酶作用下生成乳酸。在适当的运动负荷情况下，丙酮酸的生成与通过氧化消除的量基本相等，即肌乳酸生成与最大丙酮酸氧化清除之间达到平衡，血乳酸浓度就处于稳定水平，这个运动强度就是最大乳酸稳态强度。研究显示，11~20 岁时，最大乳酸稳态及最大乳酸稳态相对强度与年龄没有关系，最大乳酸稳态时心率随年龄增加而下降，最大乳酸稳态绝对和相对负荷随着年龄的增大而提高。这一结果从一方面支持了一种理论，即生理成熟期的神经肌肉因素对训练反应的变化起作用，而对于氧化代谢或糖酵解的变化不起作用。

最大乳酸稳态是耐力项目长时间训练的最适宜强度。Mader（1991 年）用此强度对 9 名马拉松运动员进行训练。在马拉松跑时，能量供应接近于完全依靠有氧代谢供应的能量，在比赛时，途中跑血乳酸浓度低于乳酸阈（4 mmol/L）。在图 5-19 中列举了两名运动员的跑速和血乳酸的关系来说明马拉松训练要求的供能特点，当达到比赛速度时，男女运动员的血乳酸值都在 3.5 mmol/L 左右。而在田径场测试时，男女马拉松运动员的血乳酸值均在 2.5 mmol/L 以下，说明血乳酸和跑速呈正相关（图 5-20）。因此，在马拉松跑训练时可以采用在 3 mmol/L 最大血乳酸稳态水平的强度负荷。由此可见，马拉松运动员运动能力的跑速极限应低于 4mmol/L 的跑速。这种训练强度被认为是最适宜的最大有氧代谢训练强度。

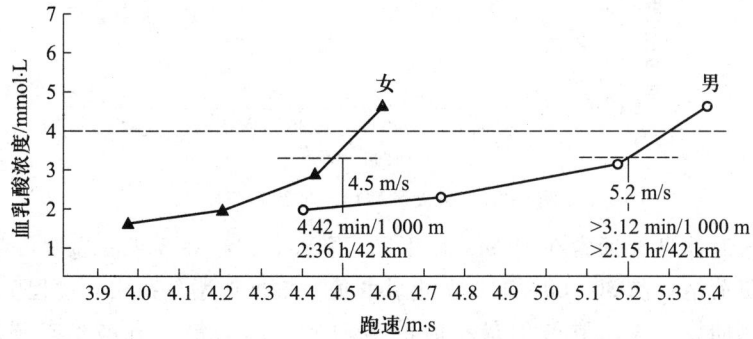

图 5-19　马拉松跑运动员跑速与血乳酸浓度的关系

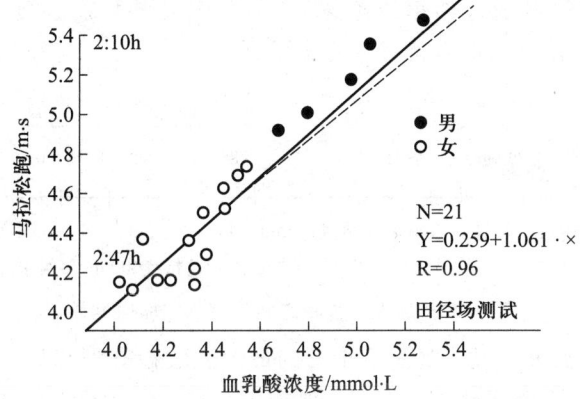

图 5-20　马拉松比赛速度在 2.5 mmol/L 时与田径场测试时男女运动员比较

运动员在训练前后都接受最大乳酸稳态试验，在训练后稳态试验时，血乳酸和心率明显下降，表示运动员有氧代谢能力改善。

在进行最大乳酸稳态强度测试时，可选择直接测试法，即运动员采用个人专项最好成绩时的强度进行 30 min 持续运动，测试第 10 min 和第 30 min 的血乳酸差值不超过 1 mmol，则认为该强度是最大乳酸稳态强度，不然则选取下一个强度进行同样的操作，直至出现最大乳酸稳态，该方法通常需要几天才能完成（图 5-21）。

此外，还可选择间接测试法，目前，乳酸最小实验被认为是间接测定最大乳酸稳态强度的可行性方法之一，一日测试的方法代替以往多日测试的过程，具体过程是：受试者首先进行一次短时间的全力大强度运动，使机体乳酸生成速率增加，目的是为了实现乳酸的最大堆积，使机体处于代谢性酸中毒状态。

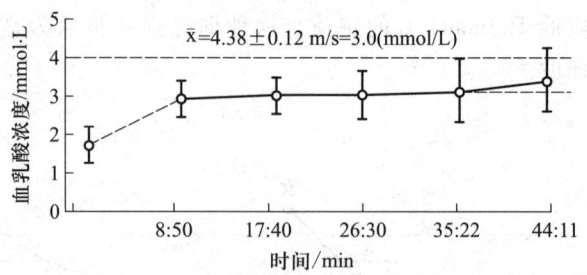

图 5-21 最大乳酸稳态训练示意图

然后经短时休息（通常在 10 min 以下），再进行一次 6~8 级的递增负荷实验，在每级负荷结束前 30~60 s 取血测定乳酸值并根据递增负荷实验过程中乳酸值变化绘制曲线，找出乳酸值最小时的运动强度即为最大乳酸稳态强度（图 5-22）。也可在递增负荷中进行呼吸商测定，绘制呼吸商变化曲线，找出呼吸商（RQ）=1 时的强度（功率或跑速），与最大乳酸稳态强度高度相关（$r=0.95$，$P<0.01$），可以作为其简单的估算值。

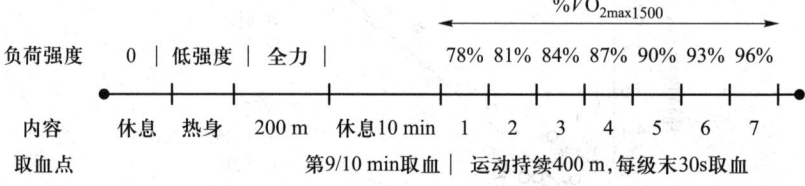

图 5-22 最大乳酸稳态间接测试实验时间轴

图 5-23 是游泳运动员经过一个月的最大乳酸稳态训练后，出现血乳酸—游速曲线右移，表明运动员的有氧代谢能力提高，运动员在完成相同的运动负荷强度时动员了更多的有氧代谢系统参与供能，糖酵解代谢参与供能比例降低。在高速游时，曲线右移较为明显，且血乳酸峰值较最大乳酸稳态训练前也有所提高。

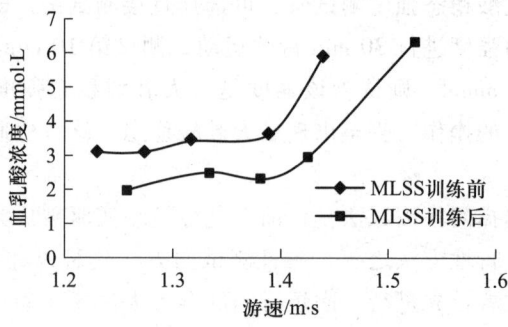

图 5-23 最大乳酸稳态训练前后 5×200 m 递增游泳游速—乳酸变化曲线

(四) 高原训练法

自 1968 年墨西哥奥运会以后，高原训练作为一种特殊的训练手段，以其更大限度地增加运动负荷和提高运动员携氧能力而受到体育研究和应用领域的高度关注，高原训练也成为中长距离跑等有氧耐力项目运动员赛前有效的、针对性强的训练方法，许多中长距离跑耐力项目的优胜者均得益于赛前的高原训练。但多年的实践发现，高原训练效果受很多因素影响，如上高原的时机、高原训练的持续时间、负荷的量和强度、下山的时间、下山后调整期距离比赛的时间长度以及训练内容等。此外，高原训练也存在诸多问题，如运动强度降低，绝对运动量比平原训练少，运动后的最大心率和最大乳酸浓度都降低；高原缺氧导致运动员睡眠障碍，使高原训练产生的疲劳不易完全恢复；训练强度降低和高原缺氧造成最大吸氧量降低，肌肉血流量和蛋白质合成减少，最终导致运动员体能下降，不利于运动员返回平原后运动成绩的提高；运动强度降低，对肌肉系统的刺激不够，使最大肌力下降。这些都影响了高原训练在实践中的应用及其效果，为此，人们致力于寻找新的低氧训练模式，目前，研究应用较多的低氧训练模式有高住低练法（HiLo）、低住高练训练法（LoHi）、间歇性低氧暴露法（INHE）和高住高练低练法（HiHiLo）等。

高住低练法指让运动员居住在相当于 2 500 m 左右高度的缺氧环境中，训练安排在正常氧浓度环境下进行的方法。低住高练训练法指让运动员在相当于 2 500 m 左右高度的模拟缺氧环境中训练数小时，在常氧条件下恢复的方法。如此连续进行数周训练，可发挥高原缺氧和运动双重刺激对机体产生有益影响，还能避免高原低氧不利于身体恢复的缺点。间歇性低氧暴露法是利用低氧仪在平原条件下模拟不同海拔高度的高原低氧环境，对运动员进行间歇性（脉冲式）的低氧刺激，以提高运动员机体的有氧代谢能力和抗缺氧能力的一种新科学方法。由于低氧刺激呈现间歇性或脉冲性，所以称为间歇性低氧暴露。间歇性低氧暴露法通常作为一种辅助训练手段，与正常训练交替进行。高住高练低练法是让运动员居住在人工低氧环境，训练采用以常氧训练为主，低氧运动为辅的方式进行的一种方法，其是目前最被推崇的一种模拟高原训练方法。

上述几种低氧训练模式均是围绕不同低氧条件运用展开的，与传统高原训练相比各有利弊，效果也各不相同（表 5-11 至表 5-13），因此，在实际训练中，应该针对项目特点、运动员对低氧训练的个体差异和敏感性、阶段性训练目标、比赛日程、经费开支等诸多因素进行计划和考虑，才能获得理想的训练效果。

表 5-11　几种低氧训练法优缺点的比较

训练方法	优点	缺点
高原训练（AT）	（1）改善呼吸系统机能；（2）提高血液运氧能力；（3）EPO生成增多；（4）改善运动员心脏的结构和功能；（5）提高骨髓肌代谢能力；（6）提高机体的耐缺氧能力	（1）不能提高骨骼肌能力；（2）运动训练强度小，运动后最大心率和最大乳酸浓度降低；（3）训练后疲劳恢复比平原慢
高住低练（HiLo）	（1）解决了运动负荷与缺氧负荷同时存在的矛盾；（2）可以根据不同运动员的特点选择最佳高度；（3）对训练的持续时间不需要像传统高原训练那样进行细致的计划；（4）运动员在不同的时间分别接受缺氧负荷和运动负荷，使之能相互协调；（5）容易设立相应的对照组，从而更具科学性和确定性	（1）对心肺功能刺激不足；（2）机体机能状态的改善不大
低住高练（LoHi）	（1）基本不干涉常规训练，其目标是让运动员通过适应低氧来发展有氧、无氧能力以及一般和专项耐力，提高身体的生理功能和协调能力；（2）训练高度和持续时间根据需要灵活可变，每天只需要训练60~120 min，有利于更科学地安排训练；（3）低氧训练和正常训练交替进行。当基本耐力训练在低氧环境中训练后，能在同一天正常环境中进行高强度训练；（4）影响LoHi训练的因素少，不受外界条件的限制（如气候、地域等）；（5）在训练过程中同时以低氧和运动的双重刺激作用于人体，可对机体产生较大刺激，从而有效提高机体的运动能力	整个训练中低氧训练和专项的合理组合很难掌控
高住高练低练（HiHiLo）	最大限度了地扩大了模拟低氧训练的效果，训练中既保证了高住期间低氧对血液系统产生良好的适应性变化，又保证了低氧训练对提高机体运动能力的作用	不易合理安排高住、高练和专项训练的比例

续表

训练方法	优点	缺点
间歇性低氧暴露（INHE）	（1）无须降低平原的训练量和强度，适合任何强度的运动；（2）训练安排在正常训练以后进行，既保证了正常训练的质量，又易实施低氧刺激；（3）不需要设置适应期和恢复期，训练后效果稳定、持久，避免长时间的低氧暴露对机体造成的一定的损伤；（4）训练是在平原上进行，可以通过仪器调整和控制低氧刺激的强度和量，不易对运动员造成意外伤害；（5）不存在适应环境的问题，整个训练计划容易设计和安排；（6）花费少，易推广	（1）低氧刺激的时间较短；（2）机体接受低氧刺激的强度不足

表 5-12　几种低氧训练的特点的比较

要素	高原训练	HiLo 训练	LoHi 训练	HiHiLo 训练	INHE 训练
训练条件	高原训练基地	低氧舱	低氧舱	低氧舱	低氧仪
负荷强度	<平原强度	维持平原强度	<平原强度	两种强度都有	
缺氧方式	连续性	间断性	间断性	间断性	
缺氧时间	24 h/d	多为 8~16 h/d	60~120 min/d	因人而异 不宜过长	30~60 min/d
缺氧程度	与基地高度相关	低氧舱可调控氧含量，但相对固定			
负荷类型	高原缺氧+运动缺氧	两种负荷交替作用			
脱水速率	加快	变化不大			
血容量	减少达 25%，血液变"稠"	增加，氧气更好地供应外周组织			
肌纤维	变细，肌肉质量降低	肌肉组织增长，毛细血管增加			
往返迁移	需要	不需要			

表 5-13　几种低氧训练法对机体的影响

	高原训练	ST	HiLo	LoHi	HiHiLo
心血管训练	↑↑	↑	↑	↑↑	↑↑
呼吸系统	↑↑	↑	↑	↑↑	↑↑↑

续表

	高原训练	ST	HiLo	LoHi	HiHiLo
血液成分等指标	↑	↑	↑↑	↑↑	↑↑
抗氧化能力	↑↑	↑	↑	↑↑	↑↑↑
乳酸代谢系统	↑↑			↑	↑
骨骼肌系统	↓	↑↑↑	↑↑	↓	↑↑
有氧耐力	↑	↑↑↑	↑↑	↑	↑↑

注：↑：促进（程度：小）；↑↑：促进（程度：中）；↑↑↑促进（程度：大）；↓：降低。

在高原训练安排中应该注意以下问题：

（1）高原训练的适宜高度或氧含量。一般认为 2 000～2 500 m 是最佳高度，这个高度对提高运动员的有氧耐力水平效果最佳。海拔太高氧含量低，不利于训练强度的增大，海拔太低，不能引起机体的有效刺激。

（2）训练的量和强度。强度相对较低、量相对较大的高原大运动量训练可提高运动员的有氧代谢能力。有研究表明，运动员经过 3~4 周的高原训练，其前后 10 天的血乳酸值都有明显下降。高原训练前为（7.7±3.1）mmol/L 和（11.3±2.7）mmol/L；后为（6.7±3.4）mmol/L 和（10.2±3.0）mmol/L。

（3）高原训练的持续时间，从平原到高原训练的时间最少要 3 周，因为从平原到高原要有一个适应过程。

本章小结

专项素质不同其训练方法和要求也不一样，在训练中怎样及时了解训练方法的科学性和针对性是评价训练计划制订是否合理性的关键，也是训练计划修订的重要环节。因此，基于运动时供能代谢基质的代谢特点，可从骨骼肌、血液、尿液中的各种代谢基质或代谢产物获得运动训练监控的生物化学指标，并通过生物化学指标变化观察不同训练方法对机体的影响。目前，血乳酸是最可行的有效指标，从血乳酸浓度变化可反映运动时机体有氧和无氧代谢所占的比例以及承受强度的能力，并且可了解训练时强度是否达到了比赛的要求，通过综合分析判断及时调整训练计划。

速度、力量素质的生物化学基础是磷酸原代谢系统，提高速度、力量素质必须是要发展磷酸原供能系统的供能能力。依据磷酸原供能系统的供能特点，可采用无氧低乳酸训练方法。

速度耐力素质的生物化学基础是糖酵解供能能力。提高速度耐力素质必须是要发展糖酵解供能系统的供能能力。根据糖酵解供能系统的供能特点，速度耐力素质训练可采用最高乳酸训练和乳酸耐受力训练两种方法。最高乳酸训练的目的是在训练课或训练内容结束后血乳酸浓度达到最高，从而对机体产生最大的酸刺激，以提高 400 m 跑和 100 m、200 m 游泳以及最大强度运动 1~2 min 时的运动能力。最高乳酸训练通常采用间歇训练法，在训练中可调节间歇的时间和运动与休息的比例来提高乳酸生成量。乳酸耐受力训练对需要长时间耐受乳酸刺激的中距离跑和 200 m、400 m 游泳运动员尤为重要，训练时要求采用多次重复间歇训练方法，每次训练后血乳酸要求达到 12 mmol/L 左右，这样重复多次训练，达到提高机体乳酸耐受力。

有氧耐力素质的能源基础来自有氧代谢供能系统，人体内的有氧代谢供能系统包括糖有氧代谢供能系统和脂肪、蛋白质有氧代谢供能系统，其中以糖的能量输出功率最大，因此，提高机体长时间大强度有氧耐力主要是发展其氧摄取和利用的能力，特别是提高运动时糖有氧代谢的能力。目前，有氧耐力素质的训练方法主要有间歇训练法、乳酸阈强度训练法、最大乳酸稳态训练法和高原训练法等。通过对有氧代谢供能能力训练，可改善人体的供氧和利用氧的能力，提高糖类、脂肪、蛋白质有氧代谢供能以及各系统之间的协同供能能力，从而提高有氧耐力素质。

思考与练习

1. 血乳酸为何可以作为运动训练方法监控最适宜生物化学指标？
2. 简述 100 m 跑运动时的供能过程并指出其供能特点，试分析为何发展其速度时采用 5~10 s 的全力跑，间歇为 30~90 s 的训练方法。
3. 采用何种训练方法可以发展 400 m 跑运动员的供能能力，为什么？
4. 解释乳酸阈的概念，并分析乳酸阈训练发展有氧代谢能力的生物化学原理。
5. 为什么高原训练可以发展运动员的有氧代谢能力？目前高原训练有哪些方法？试举例说明其优缺点。

第六章 运动训练监控的生物化学分析

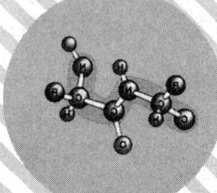

运动负荷是运动员在训练中所承受或完成的身体负荷量，它是运动训练中最重要的环节之一。不同的运动负荷对不同运动员会产生不同的影响，而相同的运动负荷对不同的运动员产生的影响也不相同。运动负荷过大或过小，训练效果均不理想。要挖掘运动员的运动潜力，极大限度地提高人体的运动能力，在训练中强调负荷量的安排是基础，负荷强度是关键。只有当训练负荷强度和负荷量最大限度地与运动员承受训练负荷的能力相适应时，训练刺激才会产生效果。因此，必须在运动训练中最大可能地提高运动员承受运动负荷的能力。本章应用运动生物化学的原理和方法，科学客观地、准确地评价运动负荷和身体机能，以便及时调整训练计划和运动负荷，并做到训练的个体化，防止运动损伤和过度训练的发生，有效地提高训练效果。

第一节 运动训练的生物化学监控概述

运动时人体内的一系列生物化学变化是机体对所承受运动负荷的客观反映，即机体对运动训练的应激能力。自 20 世纪六七十年代开始，研究人员根据不同运动负荷引起机体代谢特点，如血乳酸变化与负荷强度的关系、血尿素变化与负荷量关系等，提出运动训练生物化学监控的概念，并在此基础上构建了运动训练生物化学监控的理论和方法。

一、运动训练生物化学监控的概念与内容

运动训练是运动员在教练员指导下通过训练提高运动能力，从而创造优异运动成绩的过程。当前竞技体育的运动训练，已发展成为一门多学科、综合性的交叉学科，在运动训练和竞赛中，科学技术和科研成果的应用，对训练水平和运动成绩产生了积极的影响。

（一）运动训练生物化学监控的概念

训练监控就是将运动医学、运动生物力学、运动心理学、运动生理学和运动生物化学等学科的理论和方法应用于训练过程中，应用综合方法和手段研究训练过程和训练效果，旨为帮助教练员不断调整训练计划，使运动员达到体能、心理和技术等最佳状态，从而最大限度地提高训练效果和运动能力。

运动时能量产生和动员达到的状态是运动能力高低的关键，因为能量是运动训练中所有活动的基础。在某种程度上，最佳运动能力的障碍有三种基本类型，即运动生物化学和运动生理学障碍、运动心理学障碍和运动生物力学障碍。运动生物化学和运动生理学的障碍限制了能量的产生，主要影响运动员的

体能；运动心理学障碍限制了对能量的控制；而运动生物力学障碍限制了最有效地使用能量，主要表现在运动员的运动技术技能。这三个障碍又是相互关联的，也就是运动训练中常常涉及的"体、心、技"三合一。由此可见，训练监控的主要组成部分包括在运动训练中研究限制运动能力三大障碍的医务监督、生理生物化学检测与评定、心理测试和评定、生物力学的技术分析和诊断等（图6-1）。

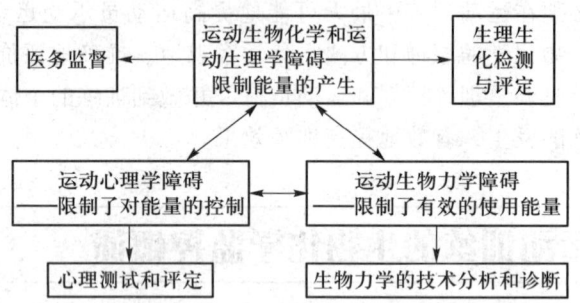

图6-1　运动能力的主要限制因素及训练监控的主要组成部分

运动训练的生物化学监控是训练监控的一个主要组成部分，它通过利用生物化学的方法和技术，测定运动训练过程中运动员体内的一些生物化学指标，以评价运动员训练时的负荷强度和量、训练方法和手段的合理性与效果，以及机体对运动训练产生的适应、恢复效果等，从而帮助教练员了解训练效果，正确评价和调整训练方案。

（二）运动训练生物化学监控的内容

运动训练生物化学监控内容涉及方面很多，本章主要介绍运动训练生物化学监控中运动负荷强度和量的评定以及运动训练监控中训练后恢复过程的机能评定等（图6-2）。

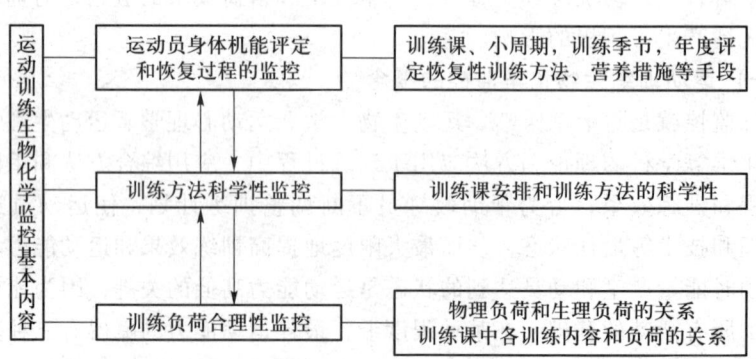

图6-2　运动训练生物化学监控的基本内容

二、运动训练生物化学监控的作用

运动训练中应用生物化学监控对运动训练的作用，主要体现在以下几个方面：

（一）评价训练负荷的大小及合理性

通过测定某些针对性很强的生物化学指标（如血乳酸、血清 CK、血尿素等）来反映训练负荷强度、训练负荷量的大小，并通过相关的训练学和生物化学指标来评定训练效果。

（二）评价专项训练方法和手段的合理性与有效性

主要包括评价专项训练方法的合理性和有效性，其主要意义在于评价专项训练方法的针对性，了解其是否能够达到提高专项能力的目的，能够达到什么水平和标准，并提出改进建议等。

（三）评价辅助性训练方法和手段的合理性

包括对准备活动、训练间歇时间、恢复性训练、放松方法和竞赛前训练等的合理性评估，甚至还包括对减体重训练或增体重训练等非提高专项能力为目的的训练方法和手段的评估。

（四）评定身体机能状态

主要是利用多项生物化学指标对运动员承受训练负荷的状态、机体的疲劳程度及恢复情况进行综合评定和诊断，特别是在大负荷训练期间，可及时了解运动员的机能状态及体能恢复情况，为教练员提供训练安排的依据和建议，以防止过度疲劳及运动损伤的发生。

（五）评估恢复过程、恢复方法和手段的效果

在科学的训练安排中，恢复应贯穿于整个训练过程，即没有恢复的训练是无效的训练。优秀运动员的恢复手段和方法，主要包括合理的训练安排（充分的准备活动、合理的训练交叉和间歇、合理的恢复性训练）、合理的膳食及营养补充、运动营养品的合理使用、有效的物理性恢复手段和中医中药恢复方法、适宜的心理恢复措施等。这些方法的合理性和有效性可以通过运动员身体中某些生物化学指标的变化来反映，并据此对这些方法和手段进行改进。

另外，运动员受伤后体内的某些生物化学指标也会出现变化，如肌肉拉伤可以引起血清 CK 大幅度升高，通过该指标的变化情况可以反映肌肉损伤的恢复情况，起到监测伤病恢复过程的作用。

（六）为探讨创新性训练方法提供帮助

生物化学的训练监控不仅能为提高一般或专项能力的创新性训练方法提供评价手段，并且其基础理论与应用研究也是训练方法创新和改进的主要理论

依据。

总之，对运动训练生物化学监控的主要意义在于：以运动时物质代谢和能量代谢的规律为训练提供理论依据，通过选择合理的训练手段和运动负荷进行合理的组合与调配，使训练能够达到专项要求，最终真正实现科学化训练。

三、运动训练的生物化学监控原理

用生物化学的方法与手段监控运动训练过程时，首先必须了解训练过程中不同训练负荷时运动人体的生物化学代谢特点以及对应发展的身体运动素质（图6-3）。

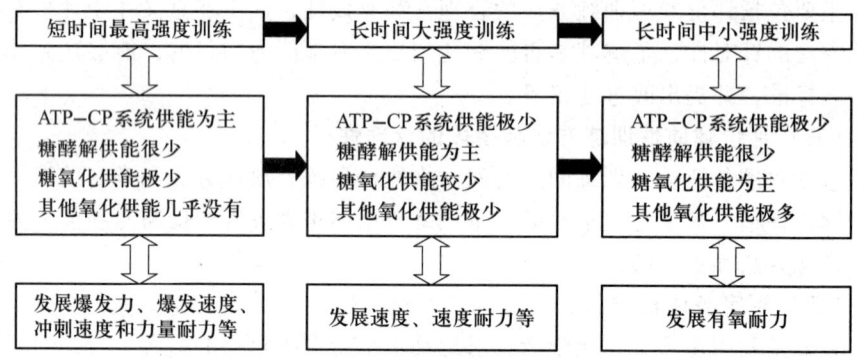

注：其他氧化供能包括脂肪分解供能和蛋白质分解供能

图6-3 不同训练负荷与体内能量动员的顺序、生物化学代谢特点及发展身体素质的关系

运动的人体能量产生的过程包括无氧代谢（磷酸原供能系统、糖酵解供能系统）与有氧代谢（包括糖、脂肪有氧氧化供能系统）两种供能方式。因此，在进行无氧训练和有氧训练时，运动的人体内产生的生物化学改变、运动训练对代谢能力的影响以及不同代谢中产生的主要可检测的代谢产物是用生物化学手段进行训练监控的理论基础。

（一）无氧训练的生物化学特点

无氧训练中主要参与供能的是无氧供能系统，它由两部分组成，即由ATP-CP分解供能和糖无氧酵解供能。ATP-CP是无氧功率的物质基础，冲刺跑、短距离跑、投掷、跳跃等短时间（6~8 s）最大功率运动的运动能力均取决于ATP-CP系统的供能能力。30~90 s内的速度耐力则取决于糖酵解供能能力，同时还有学者提出在30 s~15 min内的运动都会不同程度主要依赖糖酵解供能。

无氧运动中产生的主要代谢产物是乳酸和氨，一般以血液中血乳酸浓度评定糖酵解供能能力和功率，以血氨的浓度评定 ATP-CP 系统供能能力和功率。对这两种物质的监测是监控无氧训练强度的主要生物化学手段。

(二) 有氧训练的生物化学特点

有氧训练中参与供能的主要是有氧代谢供能系统，最重要的是糖有氧氧化供能。在长距离及超长距离运动中，脂肪、蛋白质有氧氧化供能也占一定比例。

在有氧训练中，根据参与供能的物质来源不同，可以检测到的代谢产物也不相同：

(1) 中等强度（65%~85% $\dot{V}O_{2max}$）、30~60 min 以内的运动中，代谢底物主要是糖，糖通过完全氧化供能，最后产物为二氧化碳和水，因此可以说在血液中没有可检测的糖代谢产物。在"无氧阈"强度下血液的乳酸水平被称为"乳酸阈"，当运动强度超过此阈值，人体内血乳酸会出现加速积累，如果用曲线描绘乳酸变化情况的话，则存在两个非线性的偏离点，第一个偏离点在 2 mmol/L 左右，第二个偏离点在 4 mmol/L 左右。目前，国内外广泛应用血乳酸 4 mmol/L 时对应的摄氧量、功率或运动速度作为运动训练和实验室检测时的乳酸阈。这也是进行运动强度生物化学监控的一个重要界定标准。不同个体有不同的乳酸阈，有氧代谢能力越强的运动员乳酸阈时的运动强度（乳酸阈强度）越高。作为优秀运动员，其科学化训练的水平主要体现在训练中的"个体化"，因此在训练开始时最好对该运动员进行"个体乳酸阈"的测试，在训练中根据个体乳酸阈来安排训练负荷强度，这样才能真正最大限度提高有氧训练的效率。

(2) 达到一定程度（>60% $\dot{V}O_{2max}$）的运动训练开始后，脂肪就开始动员。运动时间超过 30 min 左右脂肪动员逐渐接近最高水平，此时血液中的酮体会开始升高。酮体是酸性物质，积累过多会使机体发生酸中毒，是疲劳产生的因素之一。因此，测定血液酮体的水平可以反映脂肪动员与氧化代谢的矛盾，显然训练达到一定的强度后，训练时间越长，酮体堆积也会越多，因此，此指标可以用来监控训练量的大小。

(3) 当运动时间超过 30~60 min 且肌糖原消耗到一定程度时，肌肉就会开始分解蛋白质和氨基酸供能。此时的主要代谢产物是氨。因此在长时间运动中血氨主要的来源是氨基酸、不稳定蛋白和结构蛋白质的分解。血氨水平可以作为反映训练量的一个指标。另外，由于氨对人体来说具有相当大的毒性，是人体外周疲劳和中枢疲劳的重要原因之一，在正常人体，肝脏会迅速将氨转化为无毒性的尿素，因此，检测血液中尿素的水平也能够反映训练量。

第二节 运动训练监控常用生物化学指标

运动训练的生物化学监控主要包括对训练负荷、训练方法和运动训练期间运动员身体机能状态的监控，而训练负荷的监控又分为对负荷强度和负荷量的监控。训练负荷强度和训练负荷量对机体刺激所引起的反应是不同的，由于有些生物化学指标，如尿蛋白受到训练负荷强度和训练负荷量两个因素的影响都较大，因此，在训练监控实践中只能根据训练实际完成情况来区分究竟哪个因素影响更为主要一些。所以，在实际应用中，这样的指标不能单独作为评价训练负荷强度和训练负荷量的有效指标，而应结合其他生物化学指标进行综合评价。运动训练监控常用的生物化学指标见表6-1。

表6-1 运动训练监控常用的生物化学指标

指标	监控目的	功能	来源
血乳酸	次/组动作的运动强度	精确定量分析运动强度；运动后血乳酸清除率可反映阶段性有氧耐力训练的成果	糖酵解的终产物
血氨	次/组动作的运动强度	主要用于评定极限或亚极限强度无氧运动中ATP-CP系统供能情况	大强度运动中AMP的降解
血清CK	一堂训练课或一个训练日的训练负荷强度及肌肉的恢复情况	通过测定运动员对一堂课或一个训练日训练负荷强度的肌肉反应来反映该堂课或训练日训练负荷强度；测定次日恢复值可评定肌肉的恢复期值可以监测一个小周期训练负荷强度的变化	大强度运动造成骨骼肌细胞或心肌细胞受损、凋亡，由肌细胞中渗透到血液
血红蛋白	一个训练日或一个训练周期的训练负荷量	反映训练负荷量，主要根据训练课所着重的训练目的、方法，并结合训练成绩来评价；连续测定恢复期值可以监控一个小周期训练负荷的变化	造血功能障碍
血清睾酮	一个训练周期训练负荷	反映一个训练小周期或大周期训练负荷，尤其以评价大周期训练负荷为主	由垂体-性腺轴调控，由性腺分泌

续表

指标	监控目的	功能	来源
尿蛋白	一堂训练课或一个训练日的训练负荷强度或量	既能够反映训练负荷强度也可以反映训练负荷量,主要根据训练课所着重的训练目的、方法,并结合训练成绩来评价;测定次日恢复值可评定机体的恢复情况,连续测定恢复期值可以监控一个小周期训练负荷的变化	肾小球滤过率升高、肾小管重吸收率下降及分泌增加
血尿素	一堂训练课或一个训练日的训练负荷量	反映耐力训练负荷量;测定次日恢复值可评定机体的恢复情况,连续测定恢复期值可以监控一个小周期训练负荷量的变化	蛋白质和氨基酸分解最终代谢产物
尿酮体	一堂训练课或一个训练日的训练负荷量	反映耐力训练负荷量;属于辅助性指标	脂肪酸分解代谢中间产物

一、监控训练负荷强度与身体机能状态的常用生物化学指标

训练负荷强度指单位时间内单个或单组动作中运动员身体承受的外部刺激所引起的内部应答反应的程度。科学评定负荷强度不仅能防止运动损伤和过度疲劳的发生,而且能够有效提高训练科学性与训练效果。

用于评价训练负荷强度的指标大多是在大强度训练中变化显著的指标,目前主要有血乳酸、血清CK、尿蛋白、血氨等。

(一)血乳酸(Blood Lactate,Bla)

自从1908年英国剑桥大学Berelius首次研究乳酸以来,许多研究者均在不断深入研究运动和乳酸以及乳酸在运动训练中的应用,并已取得巨大成果。许多研究表明,乳酸的测试能帮助人们阐明和了解训练的原理;制订和修改训练计划;调节和控制训练强度;评定和预测训练水平。

1. 血乳酸的生成

在安静条件下,一些耗能多的组织,如神经、视网膜、肾髓质和红细胞等细胞内糖酵解很活跃,正常时也有乳酸生成。运动时骨骼肌是产生乳酸的主要场所,从乳酸生成的化学本质分析,其生成量的多少取决于丙酮酸和$NADH+H^+$的生成量和氧化量。

在运动开始时,机体主要利用肌肉内 ATP 和 CP 进行供能,由于 ATP 和 CP 储量少,消耗快,当肌肉中 ADP、Pi、C 增加时,即激活磷酸化酶,使糖酵解过程酶系活性提高,生成乳酸速度加快,同时以底物水平磷酸化形式合成 ATP,以维持 ATP 浓度的相对稳定。另外,肌肉开始收缩后,即使无明显缺氧也将会有乳酸的生成。可见,细胞不管在有氧或无氧时都可以生成乳酸,且不只限于骨骼肌细胞。肌肉中生成的乳酸进入血液成为血乳酸,肌乳酸与血乳酸间平衡有一个过程,时间在 3~10 min,因此,在运动训练中,通过测定和分析血乳酸不仅可以了解体内乳酸生成和代谢变化特点,还可作为评定运动强度和训练效果的重要指标。

2. 血乳酸与负荷强度的关系

运动时所需的能量来源于体内的有氧代谢和无氧代谢,乳酸是这个代谢体系中的一个重要中间产物。运动时和运动后肌肉中的乳酸与血液乳酸不断平衡,因此,可以测定血乳酸浓度的变化来反映肌肉中乳酸的浓度变化。当负荷强度增大时,机体缺氧增加,造成丙酮酸和 $NADH+H^+$ 堆积增加,乳酸将生成增多。10 s 内的短时间极量运动,强度大,机体主要由 ATP 和 CP 供能,生成的乳酸少;30~90 s 的短时间极量运动,强度大,机体主要由糖无氧酵解供能,生成的乳酸多;大于 30 min 的长时间亚极量运动,强度小,机体主要由糖类、脂肪和蛋白质有氧供能,生成的乳酸少。

3. 血乳酸与负荷强度的评定

在安静状态下,血乳酸总是保持一定的水平。正常人在空腹、休息时动脉血乳酸参考值为 0.4~0.8 mmol/L;空腹、休息时静脉血乳酸参考值为 0.45~1.3 mmol/L;运动员清晨安静时血乳酸水平和正常人并无差异,一般在 2 mmol/L 以下(表 6-2)。

表 6-2　不同项目运动员安静时血乳酸浓度

项目	性别/人	血乳酸/($mmol \cdot L^{-1}$)
游泳	男(13)	1.22±0.41
	女(23)	1.02±0.22
摔跤	男(35)	1.51±1.21
羽毛球	男(499)	1.20±0.59
	女(520)	1.00±0.47
垒球	女(15)	0.89±0.26

续表

项目	性别/人	血乳酸/(mmol·L^{-1})
网球	男单（6）	1.72±0.33
	女单（4）	1.55±0.44
	男双（10）	1.90±0.34
	女双（8）	1.67±0.56
排球	男（14）	1.35±0.23

在训练时，测定血乳酸峰值变化，可以了解运动强度和训练过程中运动员能量代谢的变化。运动以磷酸原系统供能为主时，血乳酸较少，一般不超过 4 mmol/L；如以糖酵解系统供能为主时，则血乳酸可达 15 mmol/L 左右；如以有氧氧化系统供能为主时，则血乳酸在 4 mmol/L 左右。不同时间最大强度运动时，能量利用比例与全力运动时间后血乳酸浓度见表 6-3。在应用血乳酸评定负荷强度时，如果运动后血乳酸在 4 mmol/L 左右时，负荷强度低；血乳酸在 10 mmol/L 左右时，负荷强度中等，血乳酸大于 12 mmol/L 时，负荷强度较大（图 6-4）。一般来说，长于 35 s 至 10 min 的全力运动血乳酸值最高（表 6-4，表 6-5）；其他长时间全力运动，血乳酸值较低，如长距离跑或超长距离跑、时间较长的羽毛球比赛等（表 6-4）。因此，如果训练一个阶段后，运动员完成同样强度耐力运动时，血乳酸值下降，是乳酸消除速率加快和有氧代谢能力提高的表现，可以加大训练强度，通过对比赛和训练时血乳酸数值的比较，也可以了解训练时强度是否达到比赛的要求。但血乳酸变化是体内变化平衡的一个点，受多种因素的影响，应当以动力学的观点来认识它。

表 6-3 运动员不同时间最大强度运动时能量利用比例与全力运动时间后血乳酸浓度

机能系统	全力运动时间					
	<35 s	35 s~2 min	>2~10 min	10~35 min	35~90 min	90~360 min
心率/(次·min^{-1})		185~200	190~210	180~190	175~190	150~180
$\dot{V}O_{2max}$/%	>100	100	95~100	90~95	80~95	60~70
能量供应/%						
有氧代谢	<5	20	60	70	80	95
无氧代谢	>95	80	40	30	20	5
肌糖原分解（%）	<10	10	30	40	60	80

续表

机能系统	全力运动时间					
	<35 s	35 s~2 min	>2~10 min	10~35 min	35~90 min	90~360 min
血乳酸浓度/(mmol·L^{-1})	<10	18	20	14	8	4

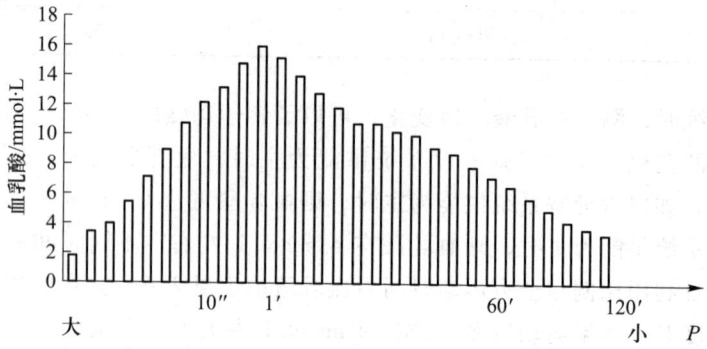

图 6-4　血乳酸积累值与负荷强度

表 6-4　羽毛球不同项目比赛时间结构和血乳酸的变化

项目	运动时间		间歇时间	血乳酸浓度 mmol/L
	0~3 s 占总次数百分比/%	15 s 以上占总次数百分比/%	15 s 以上占总次数百分比/%	
男单	68.20±13.50	11.50±8.30	30.00±17.30	4.50±1.10
女单	77.80±7.10	5.00±3.10	18.20±7.80	4.20±1.60
男双	77.20±6.50	7.70±3.70	23.90±11.10	2.30±0.40
女双	70.80±11.40	13.30±5.70	19.10±13.60	2.80±0.40
混双	83.90±4.10	4.70±2.40	14.50±2.90	2.50±0.30

表 6-5　不同羽毛球训练内容和比赛前后血乳酸变化

（单位：mmol/L）

	二一式攻防	复线球路	步法	三一式防守	多球训练	比赛
运动前	2.57±0.89	2.55±0.78	2.72±0.91	4.80±1.05	3.75±0.92	2.70±0.6
运动后	6.08±1.32	7.08±2.26	10.25±3.7	10.90±2.02	15.25±2.48	7.66±1.4

4. 注意事项

血乳酸浓度受很多因素的影响，如采血部位、采血时间和测定方法，以及高原、低氧训练时同强度血乳酸之间的差异等，控制好相关的条件，增强可比性，这些是在研究和评定训练监控中应注意的问题。

（二）尿蛋白（Urine Protein，UPro）

尿蛋白是尿中多种不同分子量蛋白质的总称，其主要成分是白蛋白，其他还包括 α、β、γ 和球蛋白。许多研究表明，尿蛋白是评定负荷量特别是负荷强度的灵敏指标。由于尿液的收集属无损伤方法，简便易行，便于推广。因此，近几年尿蛋白测定及其在运动训练实践中的应用越来越广泛。

1. 运动性蛋白尿的生成

在激烈运动下，尿液中的蛋白质增加。由于运动使尿中蛋白质增加的现象称为运动性蛋白尿。运动性尿蛋白常含有血浆蛋白、血红蛋白、肌红蛋白和酶等。

运动性蛋白尿是由于运动时肾上腺素、去甲肾上腺素、肾素-血管紧张素系统和激肽释放酶分泌增加，使肾血管收缩，肾血流量减少，肾小球毛细血管压上升，滤过分数增加，肾小球膜电性和可滤过蛋白的电荷变化，使肾小球滤过较大分子量的蛋白质较多，在运动时肾小管的重吸收处于饱和状态，同时还会增加某些小分子量蛋白质的分泌而产生的。所以，运动性蛋白尿是肾小球-肾小管混合型蛋白尿，但肾小球型是主要的。

2. 尿蛋白正常参考值

正常成人尿中蛋白质含量极少，常在 10 mg% 以下（低于 150 mg/24 h 尿）。安静尿内蛋白质含量很少，采用一般方法检查不出来，故称为阴性尿。

3. 尿蛋白与负荷强度的评定

许多研究表明，运动员经过激烈比赛或运动训练后，尿中蛋白质明显增加。尿蛋白的出现不仅与运动量有关，而且与运动强度关系最为密切，负荷强度越大，尿蛋白阳性率越大，尿蛋白量也会明显增高（表6-6）。另外，同一运动项目，比赛后尿蛋白明显高于平时训练，这可能是比赛的强度刺激比训练时大，对机体的影响更强烈所引起的。同时，比赛过程中神经处于高度紧张状态，使内分泌活动加强等也可能是原因之一。因此，尿蛋白可以作为评定负荷强度的生物化学指标。

表 6-6 游泳训练强度和尿蛋白的关系

运动量/m	平均强度/%	平均脉搏/(b·5 s^{-1})	尿蛋白/mg%
3 950	82.9	13.9	70
3 300	59.0	12.2	10

运动性蛋白尿不同于病理性蛋白尿，运动性蛋白尿在运动后能迅速自行复原。

在训练周期中，可以采用尿蛋白作为监测运动员身体机能状态和对训练负荷的适应情况的指标。一般情况下，在大运动量训练期，如果运动员晨尿中蛋白含量较高或超出正常范围，可能是过度疲劳或过度训练的表现。如在大运动量训练过程中，运动员尿蛋白排泄量增多，说明运动员对运动负荷不适应；继续坚持一个阶段的训练后，在完成相同强度的训练时，尿蛋白逐渐减少，说明运动员对运动负荷适应。如果尿蛋白没有减少，反而增加，说明运动员不适应，此时就要注意运动员的身体状态，酌减训练强度或训练量。

4. 注意事项

不同运动项目，尿蛋白的排泄量不同，相同运动项目，不同运动员，其蛋白质排泄量也不相同。因此，在评定时应考虑运动员的个体差异、采样时间、训练手段、年龄、环境和情绪等因素。

（1）个体差异。

运动性蛋白尿有较大的个体差异，有些人在运动后易出现，数量又较多；有些人则不易出现，或出现时数量较少。这种个体差异可能与遗传因素有关，与训练关系不大。尽管运动员运动后尿蛋白数量受个体机能影响很大，但个体在完成相同距离比赛或相似运动负荷后，尿蛋白量则较为稳定，一旦突然出现尿蛋白增多，并一直延续到次日清晨或更长时间，这即是机能不适应或疲劳未消除的表现。因此，采用尿蛋白评价训练负荷和身体机能状态时应做到纵向系统观察。应对每一个受试者都进行比较长期的跟踪测试，总结出个人尿蛋白的变化规律以及与训练负荷的关系特点。

（2）采样时间。

在一次激烈运动时，尿蛋白排泄量在运动后 15 min 才可达最高值。因此，在比赛后测定尿蛋白，应当让运动员休息 15 min 后再取尿测试。训练或比赛结束 4 h 后或次日清晨可以再测一次尿蛋白，如果尿蛋白能够恢复至安静水平，表示运动员机能状态保持良好，能够及时恢复，下一训练日可以安排同样的，甚至更高一点的训练负荷。反之，如果训练课后尿蛋白增加明显，而次日清晨没有明显下降甚至高于训练后的水平，说明前一训练日的负荷安排过大，运动员身体机能下降，下一训练日的负荷安排应该谨慎。

（3）训练手段。

训练引起人体内环境的改变，如大强度的训练课可出现大量的尿蛋白。对短距离游泳运动员来说，主要是主项和短于主项的 50 m 和 100 m 的重复和间歇训练手段影响明显。对短跑运动员来说，主要是 100 m 和 200 m 的专项训练课影响明显。中长距离跑运动员则表现为反复跑训练法比变速跑影响明显。球类，如篮球运动外围队员的身体反应要比内线队员大；排球训练中滚动救球引起的身体反应往往比用其他手段时更明显。总之，速度快、强度大的训练手段是引起尿中蛋白质明显增加的主要原因。

（4）年龄和环境因素。

青少年运动员尿蛋白比成年运动员更为明显。冬泳时，尿蛋白出现的阳性率和排泄量大于常温条件下。这可能是由于寒冷因素的刺激，运动后常可由于血液重新调配，使肾血流量减少，引起肾小球上皮缺血缺氧，使其通透性增加，蛋白漏出增加。高原条件下，运动后出现的尿蛋白多于平原，这可能是低氧分压对肾脏刺激的结果。另外，运动环境气温高低直接影响到运动员训练时的排汗脱水程度，如在炎热的环境下训练，运动时大量排汗可以导致尿液的浓缩而显著影响尿蛋白的浓度，这时，在测定尿蛋白时应该同时测定尿液的比重以反映尿液的浓缩程度。在对运动员的训练负荷进行纵向比较时，必须经过换算以使尿蛋白在同一尿比重水平下进行比较，这样对训练负荷的评价就更加客观。当然在训练中还要让运动员及时补液，避免身体脱水，尽量使尿液比重保持一致。

（5）情绪因素。

比赛后的尿蛋白量比平时训练后明显增加，这除与比赛时的激烈程度有关外，情绪也是一个很重要的因素。由于情绪的激动，精神高度集中和紧张，导致神经系统和内分泌活动加强，使肾紧张程度增加，因而，尿蛋白的排出量也随之增加。运动员在比赛时，不仅由于激烈竞争引起身体、心理的反应，而且还受到比赛场外的教练员或某些体育迷而引起的情绪变化，加快肾上腺的反应，从而导致尿蛋白的增加。

（三）血清肌酸激酶（Creatine Kinase，CK）

肌酸激酶又称为磷酸肌酸激酶。人体骨骼肌、心肌、脑中都含有肌酸激酶，尤其骨骼肌含量最为丰富，占全身总量的96%之多，肌酸激酶是骨骼肌能量代谢的关键酶之一。血清肌酸激酶主要是肌肉中的肌酸激酶通过肌细胞膜进入血液中产生的，不具有生理功能作用。

1. 肌酸激酶的功能

肌酸激酶的作用是催化二磷酸腺苷和磷酸肌酸与三磷酸腺苷和肌酸间高能磷酸键可逆性转移反应过程，以保证激烈运动肌肉收缩时的能量供应和运动后ATP和CP的再合成。

2. 血清肌酸激酶正常参考值

正常情况下，骨骼肌细胞膜结构完整，功能正常，肌酸激酶很少透出细胞膜，因此，血液中肌酸激酶活性极低。血清肌酸激酶是由骨骼肌和心肌细胞透过细胞膜进入血液的结果，其数量很少，男子正常安静参考值为 10～100 U/L，女子正常安静参考值为 10～60 U/L；男运动员正常安静参考值为 10～300 U/L，女运动员正常安静参考值为 10～200 U/L（表 6-7）。

表 6-7　不同项目运动员安静血清 CK 的正常参考值

项目	性别（人数）	血清 CK（U/L）
田径	男（14），女（32）	63.81±10.78
柔道	男（12）	222.67±119.99
	女（12）	129.5±37.7
举重	男（16）	398.18±280.44
武术	女	97±73
射箭	男（35）	148.7±41.8
	女（20）	147.1±36.1
广东花泳	女（18）	115.2±54.6
国家花泳	女（11）	244.5±97.2

3. 血清 CK 与负荷强度和身体机能的评定

运动可引起血清 CK 升高，其原因可能与肌细胞膜的通透性增大和损伤有关。当运动负荷强度过大，肌纤维由于受牵拉造成通透性过大，使细胞内的肌酸激酶溢出细胞外。一般认为，运动强度和负荷量对血清 CK 活性都有影响，负荷强度的影响大于负荷量，当负荷强度和量都大时，其升高最明显。因此，血清 CK 活性的测定能反映运动员身体机能状态及运动后身体恢复状况。

运动对血清 CK 的影响受运动负荷的影响，在较大强度运动后的血清 CK 活性可增至 100～200 U/L（表 6-8，表 6-9）；极限运动后可达到 500～800 U/L（表 6-10），甚至 1 000 U/L。当负荷强度和时间都大时，影响最明显。例如，马拉松跑后血清 CK 活性显著上升；铁人三项运动后血清 CK 活性也明显上升，其上升幅度比马拉松更显著。与运动时间相比，运动强度对 CK 的影响更大，如 100 m 比赛后连续几天体内血清 CK 活性均很高。

运动强度和运动时间对血清 CK 活性的影响具有以下规律：

（1）运动强度只有达到一定程度时，才引起酶活性的显著变化。

（2）较大强度和较短时间运动后，血清 CK 活性变化显著大于较长时间和较小强度的运动。

（3）运动强度和持续时间都是影响血清 CK 活性的重要因素。

不同的运动类型对血清 CK 活性的影响有所不同，冲击力较大的运动（如跑、跳等）较冲击力较小的运动（如自行车、划船等）在运动后血清 CK 活性增加幅度要大。持重运动（如台阶试验、下坡跑等）较非持重运动（游泳、自行车等）引起血清 CK 活性增加更为明显。通常认为，造成这种现象的原因与肌纤维的损伤有很大关系。

表 6-8　优秀男短跑运动员比赛前后血清 CK 浓度变化

($n=10$，单位：U/L)

性别	比赛日前	赛后 30 min	次日晨
男	124.25	374.33	396.84
女	65.81	118.54	157

表 6-9　不同项目网球比赛前后血清肌酸激酶的变化

(单位：U/L)

项目	n	比赛前血清 CK	比赛后血清 CK
男单	6	156.30±3.95	212.3±7.55
女单	4	207.60±5.33	256.4±3.25
男双	10	213.66±1.85	267.4±3.11
女双	8	200.11±3.41	211.2±5.55

表 6-10　国家队和某省队跆拳道运动员 9 运会赛前训练周期血清 CK 变化

(单位：U/L)

	国家队		省队	
	女	男	女	男
安静值	115±16	178±24	98±26	152±17
冬训上强度阶段	574±57	657±89	487±80	721±68
赛前调整	215±43	258±32	311±35	336±43

续表

	国家队		省队	
	女	男	女	男
夏训上强度阶段	611±109	809±270	532±58	845±112
赛前调整	187±56	223±42	203±39	247±50

不同的运动时间对血清 CK 活性的影响也有所不同，短时间极限运动后，血清 CK 在 5~6 h 升高，8~24 h 达到峰值，48 h 以后逐渐恢复。长时间激烈运动后，血清 CK 活性在 0~2 h 内轻度增加，6~8 h 明显升高，16~24 h 达到峰值，持续 48~96 h 恢复到运动前水平。然而，在持续强度不大、时间较短的运动后，血清 CK 活性变化不大。

因此，定期检测血清 CK 活性，根据血清 CK 活性变化作为整个训练过程中调节的一个微观依据，能使教练员掌握肌肉对训练负荷的适应水平和运动员的机能状态，以保证科学训练和安排好各类比赛。

训练后血清 CK 升高的程度与恢复的快慢，可反映训练强度的大小及身体的适应情况。若肌酸激酶过高，说明运动负荷过大，则需要调整运动负荷强度和运动负荷量，加强营养，以尽早使运动员恢复。在网球训练中，如果大强度训练 1~2 天后血清 CK 仍高于 300 U/L，则认为运动员身体尚未恢复，运动员身体机能下降。

4. 注意事项

血清 CK 受很多因素的影响，如运动员个体、运动项目和训练课内容等。运动机能下降造成的安静状态下血清 CK 活性升高，应与心肌炎时的血清 CK 活性升高相区别。

（四）血氨（Blood Ammonia）

除了乳酸以外，短时间大强度训练后即刻增加的代谢产物主要是氨，在正常生理条件下，血液中氨主要以氨离子（NH_4^+）形式存在，游离形式的比例小于 5%。血氨水平是氨进入血液和从中消除的综合反映。

1. 血氨的来源

在短时间激烈运动时，尤其是在糖酵解供能为主的运动中，ATP 大量消耗，其浓度下降到一定水平后激活肌激酶（MK），MK 催化 2 分子 ADP 相互作用生成 1 分子 ATP 和 AMP（一磷酸腺苷），然后 AMP 在腺苷酸脱氨酶作用下，分解为 IMP（次黄嘌呤核苷酸）和氨。

$$2ADP \xrightarrow{MK} ATP + AMP$$
$$\quad\quad\quad\quad\quad\quad\quad \hookrightarrow ADP + Pi + Energy$$

$$AMP \xrightarrow{\text{腺苷酸脱氨酶}} IMP + NH_3$$

2. 血氨的参考值

在安静状态下，外周血液中氨的浓度保持较低的水平，一般为 20～113 $\mu mol/L$。运动员安静时血氨浓度正处于正常范围内，大强度运动使肌肉细胞内 AMP 迅速堆积，并迅速通过脱氨反应生成 IMP 和氨，由于氨离子非常小，极性强，能够很快穿过肌组织和血管壁扩散进入血液，使血氨升高。表 6-11 为某省队和国家队运动员血乳酸和血氨安静组比较。

表 6-11 某省队和国家队运动员血乳酸和血氨安静组比较

	省队（$n=8$）	国家队（$n=7$）
BLa/(mmol·L^{-1})	1.5±0.4	1.7±0.6
Amm/($\mu mol·L^{-1}$)	48±10	50±23

3. 血氨与负荷强度和身体机能的评定

由于短时间极量运动过程中骨骼肌细胞中 ATP 的大量消耗，引起 ADP 浓度增加，使其缩合程度加强，氨生成增加，最终使血氨水平上升。例如，在 15～45 s 的冲刺跑后，血氨水平可上升到 130±33 $\mu mol/L$，因此短时间剧烈运动后，血氨水平可以评价磷酸原供能系统的供能能力。在中等强度长时间运动中，氨基酸与蛋白质分解也会生成氨，但很快会被肝细胞摄取并转化为尿素，或者与丙酮酸结合生成丙氨酸并进入丙氨酸-葡萄糖循环。由于此时血氨的生成速度低于代谢速度，不会造成血氨的积累，其浓度与运动量的关系不大，不作为评价训练负荷量的指标。表 6-12～表 6-14 是不同时间、距离、方式运动前后血氨变化情况。

4. 注意事项

由于目前测定血氨的方法复杂、成本高、准确性较差，测试条件和方法受到限制，因此目前在短距离项目、技巧性项目和力量性项目中，对不同强度训练中血氨的变化规律摸索得还不多。随着测试手段的不断进步，测试精确度的不断提高，血氨必须会逐渐作为训练监控的一个辅助指标应用到训练实践中。

表 6-12 300 m 跑后 4~22 min 血氨及血乳酸测定值

指标	安静	4 min	7 min	10 min	13 min	16 min	19 min	22 min
Amm (μmol/L)	73.83±16.42	218.1±47.92	279.83*±41.63	252.17±55.69	240.45±46.51	189.82±49.66	188.09±18.82	114.5±17.11
Bla (mmol/L)	3.2±1.1	12.8*±3.92	12.02±4.09	11.97±4.64	11.88±4.71	11.72±4.70	9.85±4.25	5.5±2.1

* 表示最大值

表 6-13 400 m 跑前后受试者血氨、血乳酸以及 CK、LDH 测试结果

组别	n	Amm/(μmol·L^{-1})		Bla/(mmol·L^{-1})		CK/(U·L^{-1})		LDH/(U·L^{-1})	
		运动前	运动后	运动前	运动后	运动前	运动后	运动前	运动后
男性	27	75.57±31.55	181.67±44.28**	2.86±3.11	19.27±3.45**	105.56±27	321.58±69**	157.49±47	297.38±51**
女性	13	74.29±24.17	132.34±39.12**	3.41±2.89	20.14±4.12**	101.38±35	313.62±57**	161.49±38	289.46±39**

** $p<0.01$，与运动前相比。

表 6-14 2×800 m 跑血氨及血乳酸测定值

指标	安静	热身	1×800 m	跑后即刻	4 min	7 min	10 min	13 min	16 min	19 min	22 min
Amm/(μmol·L^{-1})	65.6±24	119.09±77.3	185.44±73.74	234.06±68.3	258.09*±65.9	229.98±51.35	193.82±57.66	167.36±52.8	205.15±59.37	212.05±61.06	178.46±42.8
Bla/(mmol·L^{-1})	2.98±0.2	6.84±1.84	11.81±1.77	16.55±1.82	16.74*±1.4	16.73±2.05	13.11±2.99	12.33±2.7	9.11±1.87	5.65±0.64	5.05±0.45

* 表示最大值

二、训练负荷量与身体机能状态的常用生物化学指标

训练负荷量简称"训练量",是指在持续、连贯的身体活动时运动员机体承受的外部刺激的总和,引起的内部反应的程度。训练量的增加往往体现为训练时间的增加,随着训练时间的延长,非糖物质参与氧化供能的比例也越来越多,其代谢产物(主要是氨基酸和蛋白质的分解代谢产物血尿素、脂肪酸分解代谢中间产物酮体等)也越来越多。因此,血红蛋白及其代谢产物尿胆原等可作为反映负荷量和身体机能状态的指标。

(一)血尿素(Blood Urea,BU)

血尿素与人体机能状态、疲劳程度以及运动负荷的大小有关,主要说明蛋白质和氨基酸参与供能的特点,是测定肾功能主要指标之一。

1. 血尿素的来源

血尿素是血液非蛋白氮的主要成分,约占血液非蛋白氮含量的一半。尿素是蛋白质、氨基酸的代谢产物,正常生理条件下,蛋白质和氨基酸等含氮物质在分解代谢中,先脱下氨基,然后氨在肝脏经鸟氨酸循环生成尿素,进入血液的尿素就是血尿素。目前认为,运动引起血尿素升高的机理主要有:

(1)丙氨酸—葡萄糖循环加强。在进行长于 30 min 的运动时,骨骼肌中蛋白质参与供能加强,肌肉中支链氨基酸脱氨基、碳链被氧化,氨基与丙酮酸反应生成丙氨酸,通过血循环,在肝中丙氨酸再脱氨基而生成尿素,使血尿素增加。

(2)运动使肌肉中酶老化分解加强,使其分解代谢最终产物尿素增多。

(3)长时间激烈运动时,肌肉能量平衡遭到破坏,致使 ATP 不能迅速合成,生成的 AMP 在肌肉中易脱氨基生成 IMP(次黄嘌呤核苷酸),氨也会转变为尿素,使血尿素增加。

2. 血尿素的参考值

正常生理条件下,由于体内尿素的生成和排泄量处于平衡状态中,故血尿素保持相对稳定。安静时,我国一般人血尿素参考值为 3.2~7.0 mmol/L,国外报道运动员正常安静血尿素为 5.83 mmol/L;我国运动员正常安静值常为 3.81 mmol/L。

3. 血尿素与负荷量和身体机能状态的评定

当人体进行运动时,体内能量平衡遭到破坏,蛋白质及氨基酸的分解代谢加强,尿素生成增多。在 30 min 以内的运动时,血尿素变化较小,只有在长时间较大强度运动时,血尿素的变化才明显(表 6-15)。

(1)一次大运动量训练前后血尿素变化与负荷量的评定。

应用血尿素评定运动量，除分析运动前后血尿素变化值外，还应结合血尿素的疲劳阈值。研究报道，清晨空腹安静时血尿素达 8.33 mmol/L 时为过度训练（表 6-16）。当运动员安静血尿素值为 7.5~8 mmol/L 已达过度疲劳（表 6-17）。

运动量大小与运动前后的血尿素变化值有关，大运动量前后，运动员的血尿素值变化均在 1~3.5 mmol/L（表 6-16）。

表 6-15　国家队及省队跆拳道运动员在大强度
训练前后及 9 运会比赛前后的血尿素变化　（单位：mmol/L）

	国家队		广东队	
	女	男	女	男
训练前血尿素	3.49±1.07*	3.62±1.28*	3.22±1.21*	3.45±1.03*
训练后血尿素	9.11±2.31*	9.75±0.73**	8.87±2.52*	10.17±1.10**
赛前血尿素	5.97±1.56**	4.33±1.27**	5.54±1.02**	4.09±1.58**
赛后血尿素	9.76±2.15**	10.16±1.54**	10.35±3.32**	10.68±1.75**

表 6-16　中国优秀皮划艇运动员血尿素变化值（$n=15$）

训练内容	次日晨血尿素/(mmol·L^{-1})	增高率/%
大量大强度力量训练	10.8±1.6	45.9
大量大强度水上训练	9.9±1.6	32
小量大强度水上训练	9.4±1.0	27

表 6-17　大运动量训练前后血尿素变化及运动量评定

运动员	血尿素/(mmol·L^{-1})		运动量评定	运动员	血尿素/(mmol·L^{-1})		运动量评定
	早晨	训练后			早晨	训练后	
1	4.73	5.75	小	7	5.71	6.53	小
2	6.06	7.18	中	8	5.08	7.94	很大
3	5.62	7.27	中	9	4.64	7.74	很大
4	5.26	5.46	小	10	6.20	7.78	较大
5	—	—	—	11	6.46	7.62	较大
6	6.64	7.40	中	12	6.24	9.89	很大

续表

运动员	血尿素/(mmol·L^{-1})		运动量评定	运动员	血尿素/(mmol·L^{-1})		运动量评定
	早晨	训练后			早晨	训练后	
13	4.10	5.05	小	20	4.28	7.13	大
14	3.48	4.73	小	21	4.32	5.84	中
15	6.46	8.07	中	22	6.69	9.08	很大
16	4.19	5.39	小	23	4.37	6.36	大
17	4.82	6.29	中	24	5.57	6.82	中
18	4.68	6.60	较大	25	5.35	7.82	较大
19	4.19	6.06	较大	26	4.63	5.34	小

当运动前后血尿素增加值超过 3 mmol/L 时，可认为运动量大，运动员已达疲劳阈值；如增加量到 2 mmol/L 左右，则认为运动量较大，运动员还能适应，但如果血尿素变化值为 1 mmol/L 时，说明其运动量很小。

（2）训练周期血尿素变化与负荷量的评定。

在一个在训练周期中，血尿素含量的变化呈现出一定的规律，归纳起来有三种情况：

① 在训练整个周期中，次日清晨血尿素含量变化不大。

② 在训练周期中，次日清晨血尿素含量开始时上升，到中后阶段达高峰，然后逐渐下降，恢复至原水平。

③ 在训练周期中，次日清晨血尿素含量始终处于较高水平。

以上三种情况血尿素的变化与训练小周期中每天的负荷量和机能状态有着一定的关系。第一种类型说明运动量小，因为较小的负荷量不足以造成肌肉能量供需失去平衡而引起蛋白质分解的增强，或是身体机能状态较好、训练水平高及适应性强，因而在运动训练后物质迅速恢复，使次日晨血尿素保持相对稳定。第二种类型是运动量足够大，而运动员身体机能状态良好，对运动训练能适应。第三种类型说明运动量过大，或在上一周期训练后身体还未恢复下进行连续的训练，物质未得到充分恢复而造成血尿素累积，使血尿素含量维持在高水平。这种情况往往出现疲劳的征象，如果出现这种状况，有必要控制运动量，以免造成疲劳积累而引起过度训练。如果在一次训练后，血尿素超过 8.33 mmol/L 时，就是运动量过大，一定要调整运动量。因此，运用血尿素这一指标评定身体对训练的适应时，选用的课应是大运动量的课，在训练前、后及次日清晨取血测血尿素。如评定一个训练周期情况，可在训练周期开始，中间和结束的清晨取血测定。

血尿素恢复正常值的速度和训练程度有关。由于蛋白质分解代谢加强，不仅仅发生在不适应的运动时，还会延续到运动后休息期，所以常表现为运动后次日或第2、3天还保持较强的分解代谢。训练水平高者或机能状态好者，恢复较快些。如果血尿素在运动后升高，在次日晨血尿素恢复至正常或比原来的水平低些，说明身体对负荷适应；如果血尿素在训练期早晨停留在升高水平或继续升高，说明经过一夜休息，身体还未恢复。如果运动员对训练或环境不适应（如初到高原训练），通常会表现为开始时血尿素上升，在其后的训练中，当身体逐渐适应时，血尿素又会逐渐下降至开始水平。

4. 注意事项

在用血尿素评定负荷量时应考虑膳食因素的影响，高蛋白膳食后血尿素含量明显增加。而现阶段，运动员的饮食中往往含有过多的蛋白质，从而使蛋白质的分解代谢占主导优势，尿素生成增多。

有研究（表6-18）对受试者第一、二天采用普通膳食，第三、四天采用高蛋白膳食（平均每天摄入蛋白质的量为：男 256.84±34.22 g；女 191.02±33.71 g）后进行血尿素测试。结果发现：高蛋白膳食后血尿素含量明显增加，至第四天已高达 11~12 mmol/L，说明血尿素含量受高蛋白膳食的影响。另外，还有实验证明，晚餐的膳食会明显影响第二天清晨的血尿素含量。因此，在用血尿素评定运动负荷时，应注意排除高蛋白膳食的因素。

表 6-18 受试者高蛋白膳食后血尿素的变化值

（单位：mmol·L^{-1}）

性别	时间	6：30	9：30	14：30	20：30	22：30
男	第三天	4.95±1.1	5.11±0.7	6.7±0.4	8.3±0.9	9.98±0.1
	第四天	8.45±0.9	8.9±0.5	9.35±0.4	11.1±0.9	12.1±0.7
女	第三天	4.03±0.7	4.74±0.6	6.2±0.6	7.6±1.12	8.42±1.2
	第四天	6.7±1.2	7.3±0.7	8.03±1.0	9.8±0.8	11.1±1.1

（二）血红蛋白（Hemoglobin，Hb）

血红蛋白也称血色素，是红细胞的主要成分，占红细胞干重的95%左右。定期测定血红蛋白的含量有助于评价大运动量训练期间运动员承受运动负荷状况、身体机能状态及营养水平。

1. 血红蛋白的功能

血红蛋白的主要功能是作为红细胞运输氧气和部分二氧化碳的载体，又有维持体液酸碱平衡的作用，故能直接影响体内物质代谢与能量代谢，从而影响人体的身体机能及运动能力。

2. 血红蛋白的参考值

血红蛋白男性成年人正常参考值为 120~160 g/L，女性成年人正常参考值为 110~150 g/L。我国运动员安静时血红蛋白值范围与非运动员基本一致。贫血是指单位容积血液中红细胞及血红蛋白低于正常值低限，临床医学上常利用血红蛋白、红细胞的检查来诊断有无贫血。

目前，我国采用的贫血诊断标准是：男性血红蛋白数值低于 120 g/L，女性低于 105 g/L，14 岁以下儿童低于 120 g/L。在运动训练过程中，运动员发生实质上的贫血情况较少。一般当血红蛋白下降超过 10% 时，已造成运动员身体机能低下，运动能力下降，这种情况称为运动性血红蛋白低下。目前认为，耐力项目运动员的血红蛋白含量应达到最大有氧代谢能力要求的水平。血红蛋白在 160 g/L 左右时，最适宜发挥人体的最大有氧代谢能力。

3. 血红蛋白与负荷量和身体机能状态评定

血红蛋白是评定运动员有氧代谢能力的一个重要指标。当运动员的血红蛋白增加时，表示身体机能增强，若经过训练后运动员的血红蛋白值下降，则表示训练时负荷强度或运动量过大，运动员的身体机能下降。

一般认为，运动员在大运动量训练开始时，易出现血红蛋白下降，这是由于红细胞溶血增多造成的，其中部分血红蛋白可用于合成肌肉蛋白质和新生的红细胞，运动能加速这种再生。因此，血红蛋白浓度降低是大运动量的早期反应，经过一个阶段训练后，身体对运动量适应时，血红蛋白的浓度又会回升，这是机能改善和运动能力提高的表现，此时运动员参加比赛成绩一般较好；如果训练一个阶段后血红蛋白水平仍未回升，甚至还有下降的趋势，此时应注意调整训练计划和比赛安排，并加强营养的补充。当血红蛋白的水平较训练前下降了 10% 时，运动员比赛成绩大多不好；下降 20% 时，运动员的成绩明显下降。

如果在营养状况良好时，血红蛋白水平持续下降或者长时间不回升说明训练量过大，运动员对训练不适应。测定血红蛋白一般以训练周期为单位，在膳食不变的前提下，血红蛋白的变化显著依赖于运动量的变化，而与训练强度的联系并不明显，并常常出现对运动量影响的滞后性，一般滞后周期为一周左右，这种情况下往往运动员自述乏力、有疲劳感，而测试指标却无明显的下降迹象，这表明负荷已经对运动员的机体造成了影响，但并未马上反映出来。因此，运用该指标应该注意掌握规律，通过比较较长一段时间的纵向跟踪，掌握运动员在能量摄入和营养补充不变的前提之下，运动负荷和血红蛋白变化之间的关系，同时注意结合其他指标综合评定运动员的机能状态。

4. 注意事项

血红蛋白的百分含量变化范围较大，除受年龄、性别的影响外，运动员的身体机能、训练季节、所处的环境以及膳食中蛋白质的含量均影响血红蛋白的含量。

（1）高山环境。

高山环境由于空气稀薄，氧气缺少，运动员的血红蛋白也有适应性的变化。据研究表明，运动员在高原冰场上，大气压降低，人体从大气中获取的氧量减少，使血液的红细胞增多，血红蛋白的含量也随着提高。如上山后第一周到第二周中，男女运动员的血红蛋白大幅度上升，男子增加了 13.30 g/L，女子增加了 17.50 g/L，之后逐渐下降。

（2）膳食。

由于血红蛋白是由亚铁血红素和珠蛋白组成的，而这些物质都是通过膳食摄取，所以膳食中营养的高低，摄入蛋白质或铁的含量不足，或由于某些原因使机体吸收铁离子的机能发生障碍时，往往会使血红蛋白的含量下降，严重时会引起贫血。

（3）年龄。

一般来说，新生儿血红蛋白较高，可达 150~230 g/L，以后逐渐减少，4~5 岁又略有增加，约 130 g/L。成年男性高于同年龄的女性。随着年龄的增大，差别减少，老年人的血红蛋白相对偏低。

（4）大运动量训练。

大运动量训练会引起高血容量反应，血液稀释，血红蛋白和红细胞压积降低，这是机体的适应性表现。

（5）采样测试时间和部位。

不同部位的血红蛋白测定结果有一定的差别，需要固定采血部位，才可对训练阶段血红蛋白含量进行连续比较。因指尖血与静脉血相关性较高，目前多采用指尖取血。另外，一日之内的血红蛋白也有波动，最好固定取样时间。

（6）系统评定。

运动员的血红蛋白个体差异较大，但每一个人都在自己的一定范围内波动。在运动员机能评定的工作中，建立个体血红蛋白浓度评价标准是十分必要的，特别是对优秀运动员来说，在大强度、大运动量训练中更为重要，通常可在系统测试的基础上，再进行个体的纵向比较。

（三）血睾酮/皮质醇（Testosterone/Cortisol，T/C）

睾酮为雄性激素中的一种，由于它具有增强合成代谢的功能，故与运动能力的关系十分密切。皮质醇是由肾上腺皮质分泌的一种甾体类糖皮质激素。20世纪50年代至今，合成类固醇在运动员中一直广泛使用。研究表明，大负荷量运动训练，血睾酮浓度下降，皮质醇浓度上升，因此，血睾酮和皮质醇的变化与负荷量和身体机能有一定的关系。

1. 睾酮与皮质醇的功能

睾酮的主要生理功能是促进雄性生殖系统的发育与成熟，增加合成代谢等。而皮质醇的主要生理功能是促进机体进行分解代谢等。

（1）睾酮的功能。

睾酮和卵泡刺激素一起能促进睾丸曲细精管的发育和精子的成熟。随着睾酮的分泌增加，男性生殖器官发育日趋成熟，并出现阴毛、腋毛和胡须，喉结隆起，汗腺和皮脂腺分泌增多。

睾酮到达靶细胞后，还原为二氢睾酮（DHT），DHT在靶细胞的胞质中先和一特异的受体蛋白结合成复合物，此复合物进入核内，与染色质上的特异酸性蛋白结合，使DNA开始转录，从而促进核糖体RNA（rRNA）、信使RNA（mRNA）和转运RNA（tRNA）的生成，最后促进蛋白质的生物合成。睾酮还可促进骨骼增厚，促进长骨端融合，有利于骨骼的生长。此外，睾酮也能刺激红细胞的生成，同时，也能使肌酸与ATP作用合成磷酸肌酸。

（2）皮质醇的功能。

皮质醇可以维持体内糖代谢的正常，保持血糖浓度稳定，促进肝外组织蛋白质分解，抑制氨基酸进入肝外组织，使血中氨基酸含量上升，加强糖异生。另外，还可以促使四肢的脂肪组织分解进行氧化，使红细胞、血小板和中性粒细胞在血液中的数目增加，使淋巴细胞和嗜酸性粒细胞数目减少，对免疫系统有一定的调节作用。

2. 血睾酮与皮质醇的参考值

在血浆中，睾酮主要以结合形式存在（占97%~99%），只有少量（1%~3%）为游离睾酮，这些游离睾酮具有生物活性。正常成年男性的睾丸每天分泌睾酮24 mg左右。但血浆中睾酮存在着个体差异，正常男性在青壮年时期（20~50岁）的水平最高，平均参考值为19.95~24.50 nmol/L，女性平均参考值为1.33 nmol/L；此外，血浆睾酮也存在着昼夜差异，早晨起床时血睾酮水平较高。

皮质醇在垂体产生的促肾上腺皮质激素的作用下，在肾上腺皮质细胞线粒体内合成，并分泌入血，正常情况下每日分泌约200 mg，研究表明，男女优秀运动员正常安静状态下血清皮质醇水平与非运动员没有区别。在一日内不同的时刻，皮质醇分泌量变化幅度较大，这与人的生理节奏有关。由于一天中体内的血清皮质醇水平存在周期性的变化，因此采血时间应固定。

3. 血睾酮/皮质醇（T/C）与负荷量和身体机能的评定

不同的运动项目，由于负荷强度、负荷量不同，运动后 T/C 的变化也不同。许多研究表明，T/C 与长时间大负荷量的运动关系密切。

R. Morville 研究 14 名男性受试者 100 km 跑后的血睾酮等变化，结果表明，运动后血睾酮明显下降，从 17.47 nmol/L 下降至 7.35 nmol/L，但皮质醇比正常增加了 100%。正常情况下，皮质醇与血睾酮保持平衡，但长时间运动却产生"高皮质醇、低血睾酮"的激素紊乱现象，严重影响到运动能力。

研究表明，如果训练负荷适当，血睾酮变化不大；但过度训练，负荷量过大或运动员身体机能下降时，血睾酮明显下降，可见，血睾酮的变化除与负荷量有关外，还与身体机能密切相关。

短时间激烈运动，T/C 变化不大，有时血睾酮出现提高的现象。但长时间大运动负荷量或衰竭运动会使血睾酮下降，皮质醇升高，从而引起人体机能能力下降，运动能力也随之下降。

综上所述，T/C 与负荷量以及人的身体机能关系密切。故常作为评定负荷量的一个生物化学指标。

一般来说，如果训练后运动员血清血睾酮水平没有什么变化，说明训练负荷不足，对运动员刺激不大，需要根据训练目的增加训练负荷总量（包括强度和量）；如果训练后运动员出现血清血睾酮水平下降，但下降幅度不大，说明运动量合理，对运动员刺激足够；如果血睾酮下降幅度达 25% 以上，并持续不回升，说明训练负荷安排不合理，应及时调整。而相同负荷运动时，血清皮质醇浓度上升的幅度下降，是适应运动量的表现；运动后恢复期，血清皮质醇浓度下降速度慢，恢复时间长是机能状态差的表现。另外，训练周期前后进行取样比较时，运动员状态应保持一致。例如，运动员都应处于安静状态下，采样前一天运动负荷应大致相同，以免短期因素掩盖长期训练对血睾酮的影响。

在运动训练监控过程中，往往采用血睾酮、皮质醇两者比值进行评价身体机能和负荷量。当血睾酮、皮质醇两者比值保持在一定范围内，说明运动量适宜，运动员机能恢复情况、身体及精神状态较好；当血睾酮、皮质醇两者比值下降时，说明运动量负荷过大或运动员的身体机能下降。

4. 注意事项

（1）血睾酮有较大的个体差异，并且和运动员的性别、年龄有着密切关系，故采用血睾酮进行机能评定时最好积累个人资料进行纵向比较。

（2）取血时间、测试方法和测试操作对血清睾酮、皮质醇的测试值影响较大，进行运动员机能评定时可以采取统一取样时间和测试方法及试剂盒、规范测试操作过程、每次测试加质控、出现异常数值重复测试等手段尽量排除以上因素的干扰。

（四）尿胆原（Urobilinogen，Uro）

尿胆原是体内血红蛋白的代谢产物，因此，尿胆原排泄量的多少可以反映体内血红蛋白分解代谢和身体对运动负荷量承受情况。

1. 尿胆原的产生

尿胆原是体内血红蛋白分解的代谢产物。尿胆原产生于肝脏，经由胆道排出肠腔内的胆红素，经肠道细菌的还原作用而形成。生成的尿胆原，一部分经粪便排出；另一部分被吸收入血，其中少部分经尿排出体外。

2. 尿胆原的参考值

一般情况下，每天由红细胞破坏而释放出来的血红蛋白约 8 g，这 8 g 血红蛋白约产生 280 mg 胆色素，其中有部分代谢产物以尿胆原形式排出体外。尿胆原的正常值为 1 mg% 以下或 3~5 个单位。

3. 尿胆原与负荷量和身体机能评定

尿胆原与负荷量关系极为密切，在研究运动员的尿胆原排出量时，发现当加大负荷量，身体疲劳或机能下降时，晨尿胆原排出量增加，因此检查晨尿胆原可了解运动员身体状态。对游泳、排球运动员观察的结果表明，尿胆原也可作为评定负荷量的一个重要指标。

（1）游泳训练中尿胆原变化。游泳运动员一般早晨起床后尿胆原在 3.0 安氏单位以上时，常有主诉疲劳感。在游泳训练时，运动员在水中训练，水温低，不易排汗，尿量反而增多。正常训练后尿胆原低于清晨安静时，当训练后尿胆原高于清晨安静时，运动员身体反应常不好，连续几天，教练员要注意减少负荷量，这时运动员常伴有血红蛋白下降。

（2）排球训练时尿胆原变化。尿胆原能反映排球运动员身体疲劳和恢复过程。不同运动量训练后，尿胆原排泄量不同，运动量大，次日晨尿胆原多，当达 4.0 安氏单位时，即感到疲劳，身体感觉差（表 6-19）。

表 6-19　排球不同运动量训练后尿胆原排泄量　　（单位：安氏）

运动量	运动后	次日
一般运动量	3.0	2.4
大运动量	3.5	3.1
极大运动量	4.4	4.4

当运动负荷加大或机能下降时,晨尿胆原排泄量会有所增加。因此,在中长距离跑运动员大运动量训练期间可根据晨尿的尿胆原排泄量的多少,来了解运动员的身体机能状况。

如果大运动量训练次日晨尿胆原小于 2 mg% 时,一般认为机体对训练能够适应,机能恢复良好。若次日晨尿胆原高于 2 mg%,且高于前日训练后水平,提示运动员对训练的适应能力较差,机能水平下降,需及时调整训练计划。

如果大运动量训练后次日晨血红蛋白稳定,尿胆原变化不大,主诉无疲劳感时,表示身体对训练负荷的安排适应。如果血红蛋白值下降,尿胆原排出量增多,晨起主诉有疲劳感时,则应减轻训练强度或训练量。

4. 注意事项

(1) 在评定运动员机能时,经常综合运用血红蛋白和尿胆原指标,使评定结果更具可靠性。

(2) 单独使用尿胆原指标时,主要用于评定疲劳后机能恢复状态。运动后次日清晨取样,若机能恢复,则该值低于 2 mg%;若未恢复,则该值升高。

(五)尿酮体(Urine Ketone,UK)

酮体是丙酮、乙酰乙酸和 β-羟丁酸三者的合称,是肝脏组织中脂肪酸不完全氧化的代谢产物。一般反映脂肪供能情况比较困难,但用酮体可以间接了解脂肪在体内的动员与代谢情况。由于脂肪代谢与运动量有关,因此,利用运动后酮体的变化可以间接评价训练负荷量。

正常安静情况下,酮体的生成率低,而且肝外组织氧化率很强,人体血液中酮体含量很低,100 mL 的血液中仅含 0.8~5 mg 的酮体(通常<1 mg%),而尿中酮体含量更少,用常规方法不能测出。但在长时间运动、饥饿、禁食或某些病理情况下,脂肪动员大大加强,肝中酮体生成过多,超出肝外组织的利用能力,可引起血中酮体升高,尿中出现酮体,即酮血症和酮尿症。

尿酮体含量的变化还与运动员的训练水平有关。大量研究表明:运动训练具有抗酮症作用。不同训练水平的人进行 90 min 相同负荷运动后,经过训练的运动员酮体低于未经过训练的正常人,说明受过训练的运动员氧化脂肪和利用酮体的机能得到提高。

尿酮体这个指标除受运动因素影响外,还受到环境、性别、年龄和膳食的影响,如高脂肪膳食会引起尿酮体水平的升高。如果膳食中脂肪过多,会造成一过性血脂升高,大部分的脂肪会被各组织细胞吸收、代谢或储存,而不能被及时代谢掉的一部分脂肪则在肝脏被分解为酮体,使酮体水平一过性升高而被排泄到尿中。

综上所述，影响运动负荷的因素是多方面的，单一的采用生物化学指标评定运动负荷往往有一定的局限性，很难说明问题，但如果加上其他指标一起分析，即可得出另一个评价。例如，同时使用血尿素与血红蛋白评定负荷量及身体机能，当血尿素增加 1 mmol/L 左右时，应为负荷量少的评价，但如果此时血红蛋白下降幅度大且超过疲劳阈值，就应评价为负荷量较大，运动员身体机能下降。反之，当血尿素增加了 2~3 mmol/L 时，如果血红蛋白下降，应认为负荷量很大，运动员不能适应；如果血红蛋白不变或略有增加，应评定为运动量虽大，运动员比较适应（表 6-20）。

表 6-20 血尿素、血红蛋白与运动量评定

血尿素/(mmol·L^{-1})	血红蛋白	评价
增加 1	不变，上升	运动量小
	下降幅度大	身体机能下降
增加 1~2	下降	运动量大
	不变、上升	运动量中等
增加 2~3	下降	运动量很大，运动员不能适应
	不变	运动量大

另外，采用血乳酸可以评定运动负荷强度，但无法了解运动负荷量；同样，采用血尿素可以评定负荷量，却无法了解负荷强度。有些生物化学指标既与负荷强度有关，又与负荷量有关。如尿蛋白，运动负荷量大时，尿蛋白排出量增加，但当负荷强度加大时，其排出量更多，单独用尿蛋白作为评定指标，两者均很难确定。但如果增加另一些生物化学指标，如同时采用血乳酸、尿蛋白、血尿素三项指标进行综合评定，血乳酸与负荷强度有关，血尿素与负荷量及身体机能有关，尿蛋白既与负荷强度有关，又与负荷量有关，还与身体机能状况有关，这样，既可全面评定运动负荷的大小，又可客观了解运动员机体对训练负荷的反应。

三、监控训练方法的常用生物化学指标

训练方法在竞技运动中所起的直接作用早已为人们所认识。随着人们对血乳酸等负荷监控指标研究的深入，人们开始越来越多地根据已经掌握的客观规律来设计新的训练方法，如利用血乳酸来设计针对提高不同能量代谢系统做功能力的训练方法。每一种训练方法都是针对提高某一部分能量代谢系统的供能能力而实施的，综合运用多种训练监控指标对运动员进行全面评估，各指标的

变化情况如表 6-21 所示。

表 6-21 不同训练方法中不同监控指标的变化趋势

训练方法	发展目的	血乳酸/($mmol·L^{-1}$)	血氨	血清CK	血尿素	血红蛋白	尿蛋白	尿胆红素	尿胆原	尿酮体
无氧低乳酸训练	最大速度、力量	<3~4	-	↑	-	-	↑/-	-	-	-
最大乳酸训练	最大速度、力量耐力	>15（项目及个体差异较大）	↑	↑	↑/-	↓	↑	↓	↓	-
耐乳酸训练	亚最大速度、力量耐力	10~12	↑	↑	↑/-	↓	↑	↓	↓	-/↑
乳酸阈上强度训练	最大有氧代谢能力	9左右	↑/-	↑	↑	↓	↑	↓	↓	-/↑
乳酸阈训练	最大有氧代谢能力	4左右	↑	-	↑	-/↓	↑/-	-/↓	-/↓	↑
最大稳态乳酸训练	有氧耐力	<4	↑	-	↑	-/↓	↑/-	-/↓	-/↓	↑
乳酸消除训练	迅速消除乳酸	下降越快越好								

注：表中乳酸阈训练、最大稳态乳酸阈训练时间均默认为 60 min 以上。

评价训练方法的生物化学测试与评价训练负荷的生物化学测试的不同之处，主要体现在对测试取血时间的要求不同。评价训练负荷的测试取血时间要求相对固定，这样便于纵向比较，了解运动负荷变化的大体趋势，而且有时候训练的次日清晨测定恢复后的疲劳指标对安排当日的训练负荷更有价值。而评价训练方法的测试取血时间选择则是以追求获得指标变化峰值为目的，从而了解训练方法对运动员的真正影响，反映训练方法的真实效果。

第三节 运动训练的生物化学监控方法与原则

在具体训练监控中，训练负荷与方法的生物化学评定是一个多指标、多层次、多因素的整体综合评定，它由若干单项生物化学指标组成，各自具有独立的特性，同时又具有综合性和完整性。为了便于实际操作，本节将根据具体训练实践中的运作过程介绍生物化学训练监控的具体操作方法和操作原则。

一、训练课的生物化学监控方法及原则

训练课的生物化学训练监控一般是遵循一定的程序进行。首先必须根据训练目的要求，然后选择相应适合的生物化学指标，再根据训练课训练安排选择采样时间而实施监测、评价。

（一）明确训练目的和监控目的

一堂训练课往往只围绕一个训练目的、针对一个方面能力的提高来实施，要对其进行训练监控首先应明确该堂课的训练目的，即该堂课主要想提高运动员哪个方面的能力，该方面的能力是属于有氧还是无氧。明确了训练目的，也就明确了训练监控的目的。

（二）确定适合评价生物化学指标组合

教练员根据训练目的和运动员的具体情况（主要是训练水平、身体素质和竞技状态等）选择相应的训练方法和手段后，就可以选择相应的监控方法和手段。其基本原则是：① 该监控方法对训练方法引起的身体状况改变有灵敏的反映，它与训练负荷必须有很高的相关性，能够准确地反映运动负荷，是达到训练监控目的的基本要求；② 评定运动负荷的各生物化学指标又具有相对的独立性，即能够从某一种机制或原理上去反映训练负荷，基本很少有其他训练外的因素能够影响该指标或者能够有效地排除训练外因素的影响（表6-22）；③ 在用两个以上指标进行监控时既要注重指标的有效性，也要注重指标的互补性，同时兼顾简单、经济的原则，避免不必要的重复和浪费。

表6-22　不同运动监控目的与评价生物化学指标组合选择

监测目的	主要指标	辅助指标
一次训练课的运动负荷	血乳酸、血尿素	尿蛋白、血清CK、心率等
一周或一阶段训练的运动负荷	血红蛋白、血尿素、血清CK	血乳酸
运动训练后身体机能状态	血红蛋白、血尿素、血清CK	尿胆原、血睾酮、皮质醇等

（三）生物化学监控的具体实施

评价一堂训练课中一组训练负荷强度的指标主要是运动后的血乳酸，评价该堂训练课的总强度的指标主要是课后的尿蛋白以及次日清晨的血清CK与尿

胆原。评价一堂训练课的训练量常用指标主要是课后的尿蛋白、尿酮体，还有次日清晨的血尿素。由于尿蛋白对训练负荷强度和量都有反应，因此往往作为辅助指标，配合血乳酸、血尿素等指标共同使用，可以相互补充，科学地评定训练负荷。在训练监控中，有些指标安排在次日清晨测试，其目的是测定运动员恢复一夜之后的指标水平，而不是当日训练负荷引起的指标变化峰值，监控训练负荷的目的主要是根据运动员的状况及时调整训练负荷，因此，测定次日清晨指标水平综合考虑了运动员的各方面情况，真实反映了运动员对负荷的承受能力，能够真正帮助教练员科学地指导运动训练。监控一堂训练课的各指标具体应用方法和原则见表 6-23。

表 6-23　一堂训练课生物化学训练监控指标应用方法和原则

指标	应用方法	应用原则
血乳酸	长距离或耐力训练后的血乳酸峰值，一般为训练后即刻值。短距离或力量训练后一般测一组训练完成后 1~5 min 的血乳酸。取血时间要根据运动时间和血乳酸升高的幅度而定，运动时间越长、血乳酸升高幅度越小，则训练完成到取血之间的时间越短；运动时间越短、血乳酸升高幅度越大，则训练完成到取血之间的时间越长，但一般不会超过 5 min	要求检测到血乳酸升高的峰值，以准确反映身体能量代谢情况。适用于监控除 ATP-CP 无氧训练以外的所有训练强度，在安静状态下还可以监控运动员的紧张和调动状况
尿蛋白	训练课后 20 min 内留中段尿测定，尿蛋白越高，表示训练负荷强度或训练负荷量越大	一般不单独用于评价训练负荷，主要作为辅助指标
尿胆原	训练课后 20 min 内留中段尿测定，尿胆原越高，表示训练负荷强度越大	一般不单独用于评价训练负荷，主要作为辅助指标
尿酮体	训练课后 20 min 内留中段尿测定，尿酮体越高，表示训练量越大	主要作为辅助指标，高脂饮食使其升高、运动中补糖使其下降，注意排除这些因素的干扰
血清 CK	一般测一堂训练课后次日晨起的血清 CK 以反映（综合考虑了恢复能力的相对）训练负荷强度，值越高表示训练负荷强度越大。血清 CK 有累积作用，因此教练员应该在运动员开始训练前测一次安静值以了解其基础水平，用增长值反映实际强度	取血时间要固定，如着重了解训练效果也可以在训练课后即刻至 4 h 取血测峰值，注意特别大幅度的异常升高往往预示发生了肌肉损伤

续表

指标	应用方法	应用原则
血尿素	一般测一堂训练课后次日晨起的血尿素以反映（综合考虑了恢复能力的相对）训练量，血尿素越高表示训练量越大	取血时间要固定，如着重了解训练效果也可以在训练课后即刻至1 h取血测峰值，注意高蛋白膳食能使指标升高

在实际监控中，运动员之间存在较大的个体差异，每人的各指标的正常范围或疲劳阈值也有所不同。因此，以上每个指标在具体应用中，都还要遵循一个共同的"个体化"原则。

（四）提出训练意见和建议

在根据训练计划和具体的训练内容安排选定监控内容并完成测试之后，应根据测试结果评价训练效果，进而全面评价训练方法、负荷的合理性，为下一阶段训练提出意见和建议。

表6-24为某1 500 m自由泳运动员赛前一周训练强度的变化情况，结合训练总量和水上专项训练量综合评估训练负荷强度和训练效果（表6-24）。

表6-24 某1 500 m自由泳运动员赛前周训练课的负荷强度变化

日期	训练总量/m	水上专项训练量/m	即刻BLa均值/(mmol·L^{-1})	运动后6 h血清CK/(U·L^{-1})	次日晨起血清CK/(U·L^{-1})
星期一	陆上综合训练+水上训练	8 400	5.07±0.91 (n=8)	446	268
星期二	水上训练 9 260	5 300	9.91±1.76 (n=12)	520	400
星期三	陆上力量训练+水上训练 8 360	4 200	2.59±0.83 (n=6)	360	323
星期四	水上训练 10 660	6 800	11.49±2.55 (n=16)	620	404
星期五	水上训练 13 020	9 100	2.68±0.73 (n=6)	—	—
星期六	陆上力量训练+水上训练 5 960	1 700	4.80±1.24 (n=8)	332	226

续表

日期	训练总量/m	水上专项训练量/m	即刻 BLa 均值 /(mmol·L^{-1})	运动后 6 h 血清 CK/(U·L^{-1})	次日晨起血清 CK/(U·L^{-1})
星期日	休息+水上训练 2 300	100	—	—	—

如表 6-26 所示，该星期水上训练课共 7 次，陆上综合及力量训练共 3 次，星期日下午休息。星期二和星期四训练课运动后即刻 BLa 值较高，分别是 9.91 mmol/L 和 11.49 mmol/L，分析两堂重点训练课的间隔时间较为合理，星期三和星期五基本以低强度有氧训练为主，有利于运动员的疲劳消除和体能恢复。从表还可以发现，星期一至星期六连续检测该运动员运动后 6 h 血清 CK 变化，波动范围为 332~620 U/L，次日清晨血清 CK 波动范围为 226~404 U/L，与该运动员血清 CK 安静值比较，处于较高水平，结合 1 500 m 自由泳的主项能量代谢特点进行分析，认为该星期训练强度稍高，同时运动员主观感觉也表现较疲劳，可以适当调整训练节奏，增加低强度有氧训练课的比例，促进疲劳消除，防止过度训练。

二、一个训练周期的生物化学监控方法及原则

一个训练周期的训练安排往往是围绕提高运动员某一方面能力来进行的，如专门为了提高运动员的有氧代谢能力，或专门为了提高运动员的最大力量与最大速度，或专门为了提高运动员的速度耐力等。在实际操作上，一个训练周期的训练监控与每堂课的训练监控并无不同，只是在数据分析上将单次的数据分析变为将多次测试数据积累起来进行趋势分析，通过测试指标的变化来综合评定训练目标的完成情况。

下表为国家女子曲棍球运动员在备战伦敦奥运会赛前 8 周系统训练期间，测定的睾酮、皮质醇、血尿素、血红蛋白和血清 CK 等指标测试结果（表 6-25）。

表 6-25 国家女子曲棍球运动员备战伦敦奥运会期间
T、C、血清 CK、BU 和 Hb 的测试结果

	n	T/(ng·dL^{-1})	C/(ug·dL^{-1})	BU /(mmol·L^{-1})	Hb/(g·L^{-1})	血清 CK /(U·L^{-1})
基础值	21	59.8±15.4	19.9±4.2	5.0±0.7	134.4±6.9	108.9±42.8
第一周	21	43.8±14.7**	15.1±2.6**	4.8±0.6	133.0±7.4	255.1±261.2*

续表

	n	T/(ng·dL^{-1})	C/(ug·dL^{-1})	BU/(mmol·L^{-1})	Hb/(g·L^{-1})	血清CK/(U·L^{-1})
第二周	21	36.6±15.5**	21.2±5.2	4.6±0.6	131.7±9.2	141.9±55.9
第三周	21	37.6±14.2**	21.8±5.6	6.2±1.1*	130.7±9.5	143.0±90.8
第四周	21	34.3±15.7**	18.8±6.1	5.5±0.8	132.6±7.4	119.0±57.1
第六周	21	29.4±12.7**	14.6±4.2**	4.8±1.0	130.2±7.1	83.5±32.5
第七周	21	33.1±12.3**	16.7±3.0*	4.6±0.6	132.4±6.9	229.8±126.3*
第八周	21	30.9±13.8**	—	4.9±0.7	132.8±6.4	156.9±67.8

注：与基础值比较：* $P<0.05$，** $P<0.01$。

从表6-27可见，训练初期运动员的血清CK水平较低（91.7 U/L），训练中后期在165.1~222.6 U/L的范围内波动，说明赛前训练负荷强度对肌肉的刺激明显，且运动员恢复能力较好。而训练初期运动员的睾酮水平处于较高水平，训练期间呈逐渐下降的趋势；皮质醇值先下降再略回升，而后期下降，可见赛前训练期训练负荷能有效刺激机体的反应。赛前训练期运动员的血尿素值变化不大，在4.5~5.5 mmol/L的水平波动。不少研究表明，在赛前血尿素小于7 mmol/L是运动员状态较好的表现，说明整体机能状态良好。赛前训练期运动员的整体Hb值不高，且变化较小（125~130 g/L）。曲棍球运动对体能要求较高，备战奥运会训练负荷较大，因此运动员的Hb整体水平不高。综上可知，运动员在备战伦敦奥运会的赛前训练期间能较好地完成训练负荷，赛前的整体机能状态较好，除T在训练期间呈现显著性下降外，其他各项生物化学指标均处于较理想的水平，T呈现显著性下降的主要原因在于赛前训练期的训练负荷较大，或与调节睾酮水平的营养补充不到位有关。

本章小结

运动训练的生物化学监控是训练监控的一个重要组成部分，它通过利用生物化学的原理和方法，测定运动训练过程中运动员体内的一些生物化学指标的变化，以评价运动员训练时的负荷强度和量、训练方法和手段的合理性与有效性以及机体对运动训练产生的适应信息、恢复效果等，从而帮助教练员了解训练效果，正确评价和调整训练方案。

目前采用血乳酸、尿蛋白、血清CK、血氨等生物化学指标评定负荷强度；采用血红蛋白、血尿素、尿胆原、血睾酮等生物化学指标评定负荷量。本章重点介绍了这些生物化学指标在运动训练生物化学监控中的应用（表6-26）。

表6-26 部分生物化学指标在运动训练生物化学监控中的应用

指标	与负荷强度、量和身体机能的关系	正常参考值	某些阈值
血乳酸	10 s内短时间极量运动，强度大、乳酸少；30~90 s短时间极量运动，强度大、乳酸多；长时间亚极量运动，强度小、乳酸少	<2 mmol/L	有氧代谢区：<4 mmol/L；有氧向无氧代谢过渡区：4~12 mmol/L；无氧代谢区：>12 mmol/L
尿蛋白	强度、量越大，尿蛋白越多；次日晨尿蛋白增加表明身体机能差	随意尿<10 mg%；全日尿<150 mg/d	个体差异
血清CK	强度大，血清CK多，次日清晨血清CK高，表明身体机能差或骨骼肌损伤	男运动员：10~300 U/L；女运动员：10~200 U/L	疲劳：一般人200 U/L，运动员300 U/L
血尿素	负荷量大，血尿素多，次日清晨血尿素高，表明身体机能差	3.2~7 mmol/L	疲劳：8.33 mmol/L
血红蛋白	大运动量，血红蛋白下降，运动员适应，血红蛋白回升	男：120~160 g/L；女：110~150 g/L；理想值：160 g/L	疲劳：下降10%；过度疲劳下降至90 g/L；男：低于120 g/L；女：低于105 g/L
血睾酮	负荷量过大，血睾酮下降，身体机能下降	男：14~30 nmol/L；女：2~4 nmol/L	低于正常值25%
尿胆原	负荷量大，尿胆原增加，身体机能下降	3安氏单位（2.9 μmol/L）	不同项目阈值不同

在具体训练监控中，训练负荷的生物化学评定是一个多指标、多层次、多因素的整体综合评定，它由若干单项生物化学指标组成，各自具有独立的特性，同时又具有综合性和完整性。运动训练的生物化学监控应考虑到指标选择的合理性、可测性和易测性，所选用的生物化学指标与运动负荷之间的相关性，同时还须参考所选指标的正常值及疲劳阈值，并注意运动员个体差异和项

目特点，对某些生物化学指标进行长期的追踪测试。

在运动训练中，无论是对一堂训练课还是对一个训练周期的生物化学监控，均应从运动训练学与运动生物化学的原理出发，提出科学、准确地评定方法，同时对运动负荷不能只用单一的生物化学指标进行评定，必须采用多指标和长期追踪的综合评定。

思考与练习

1. 简述运动训练生物化学监控的内容及其在运动训练中的作用。

2. 何谓负荷强度？请结合训练实践选择一个指标，然后进行设计，应用这一指标对负荷强度进行调控。

3. 何谓负荷量？请结合训练实践选择一个指标，然后进行设计，应用这一指标对负荷量进行调控。

4. 在训练周期中，血尿素的变化通常呈三种变化规律，请根据运动生物化学原理来分析这三种变化规律与负荷量、身体机能适应性的关系。

5. 表6-27是前后两周晨生物化学指标的测定结果，请根据表中结果，分析1、3、8、12号运动员的测试结果，并将计算结果变化、评价及评价的依据填写在表6-28中。

表6-27　12名运动员（成年）某阶段前后两周生物化学指标的测试结果

序号	姓名	性别	血红蛋白/(g·L^{-1})		血尿素/(mmol·L^{-1})		血清CK/(U·L^{-1})	
			上周	本周	上周	本周	上周	本周
1	李××	男	142	121	5.85	7.67	162	235
2	张××	男	145	143	6.22	6.35	155	143
3	吴××	男	154	131	5.12	7.85	134	244
4	黄××	男	141	143	6.54	6.03	175	168
5	林××	男	132	156	6.98	7.25	187	182
6	朱××	男	118	125	8.51	7.11	257	169
7	汤××	女	132	135	6.88	6.75	152	147
8	李××	女	127	120	8.11	8.45	178	195
9	杨××	女	123	143	8.25	7.67	215	183

续表

序号	姓名	性别	血红蛋白/(g·L^{-1})		血尿素/(mmol·L^{-1})		血清CK/(U·L^{-1})	
			上周	本周	上周	本周	上周	本周
10	林××	女	135	136	6.98	7.12	178	174
11	陈××	女	136	159	7.88	7.86	171	175
12	管××	女	133	117	7.99	8.22	189	211

表6-28 生物化学测试结果评价报告

编号	姓名	性别	血红蛋白	血尿素	血清CK	评价		
						负荷量	负荷强度	身体机能

(1) 评价依据。

(2) 根据评价的结果,提出下周训练安排的建议。

第七章 运动训练适应与效果的生物化学评定

运动能力提高即训练效果获得是来自机体产生的运动性适应结果。在适宜的运动负荷刺激下，人体内产生一系列的适应变化，从而表现出身体机能和运动能力的相应提高。从运动生物化学原理分析，体能要求不同其训练方法也不一样，产生的运动适应变化也不相同。通常训练效果可通过身体素质的测量以及比赛时运动成绩测试得到检验。然而，由于运动成绩的影响因素较多，因此，采用以上方法难免会产生某些误差，不能客观真实地反映其运动水平，但如果从运动生物化学原理出发，则可从分子水平上分析体能素质相应的供能物质储量或代谢产物的变化，或者在相应体能要求下设计一定运动负荷采用某些生物化学指标观察其供能能力大小，以此探讨运动训练对不同体能素质的训练效果来反映人体对运动产生的适应。所以，采用运动生物化学原理评定训练效果是行之有效的方法。

第一节 运动训练适应的生物化学特点

运动训练的目的是按训练要求提高运动员身体对训练的适应能力，从而提高运动能力和成绩。适应是指适合客观条件或需要，在身体活动的恢复期，机体会产生自身形态、结构与机能的变化，以对抗身体活动的刺激，使这种刺激对身体的破坏或影响越来越小，从而使机能提高，表现出机体生物化学物质产生了适应性变化，不同训练方式引起机体特异性生物化学变化一样。

一、运动训练适应及其意义

运动训练与人体化学组成和物质代谢的变化相适应，这种适应性的获得是训练效果取得的体现。

（一）运动训练适应的概念

按照生物学的观点，可以把运动训练看作是一种适应过程，运动训练刺激能使机体产生适应。因此，运动训练适应可以理解为机体对不同运动方式所引起化学特性产生适应性变化的现象。运动训练适应结果是运动能力提高和身体健康的标志。

（二）运动训练适应的专项特点与意义

在运动训练的作用下，人体的化学和代谢水平会发生适应性变化。由于运动方式不同，引起的运动训练适应效应也不一致，因此，运动训练适应具有专项特点，机体发生的生物化学变化性质和程度由训练类型决定。例如，长期力量训练引起神经肌肉系统内适应性变化，从机能水平上表现为肌力增强。而长期的耐力训练则可以提高机体氧的运输和利用能力,从素质能力上表现为有氧代谢能力的提高。在运动训练中,研究适应首先可以帮助人们了解运动训练效果的生物化学本质,其次可以根据运动适应性变化特点指导选材,并且在训练的不同阶段对运动员的机能状态进行评定,合理安排运动负荷,及时调整训练计划,提高训练科学性。

二、力量训练适应性变化的生物化学特点

肌力是要求肌肉对抗外来阻力或者力量的复杂能力,肌肉力量产生的大小取决于收缩募集的肌纤维类型,在肌肉收缩过程中,其供能物质是肌细胞内储存的ATP,同时存在ATP合成的静息调节机制。产生最大力量或爆发力时,要求肌肉充分表现力量潜能和最大功率输出,能量基本上由磷酸原和糖酵解提供。力量训练可使骨骼肌细胞纤维肥大,肌肉体积增大,从而提高肌力。由于力量训练的类型和方法不同,引起骨骼肌细胞纤维的适应也有不同的特点。

抗阻力训练可优先使快肌纤维增大,在肌纤维组成不变的情况下可使快肌纤维(Ⅱ型)在正常范围内增大90%;速度或力量训练可选择性地使快速糖分解纤维(Ⅱb)或快速有氧糖分解纤维(Ⅱa)变得肥大;在抗阻力或力量训练及部分速度训练时,可使与肌纤维收缩有关的蛋白质增多,从而改善训练所要求的力量和做功(图7-1)。

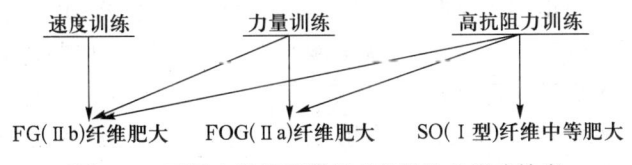

图7-1 不同力量类型训练对肌纤维的影响效应

力量训练适应性的另一生物化学效果是可提高ATP、CP、肌糖原储量及其代谢调节酶的活性(表7-1)。此外,力量训练虽然能在很多相关的运动中提高运动员的能力,但其对专项运动技术与运动能力的作用,是取决于训练中神经肌肉产生的适应特性,包括提高的肌肉力量能力在向专项运动能力的转移过程中,各种神经肌肉适应相互作用的结果。因此,要结合专项运动技术中肌肉的用力特点进行力量训练,使中枢神经系统支配的专项运动中的肌肉收缩方式与力量训练中获得的神经肌肉适应性改变相一致,并在力量训练和专项运动中使身体不同环节肌肉力量与活动更加协调和平衡匹配,尤其不能忽视协同肌和对抗肌的力量训练,这样才能提高力量训练在专项运动能力中的作用。

表 7-1 人体对力量训练适应性变化的生物化学特点

组织变量	适应性表现生物化学特点
神经系统	运动单位的募集数量和同步化程度提高
肌原纤维	数目增多，体积增大，收缩蛋白增多
无氧代谢酶活性	血清 CK、MK、PFK 活性上升
供能物质储量	肌肉 ATP、CP、糖原储量增多
肌纤维周围结缔	韧带、肌腱增粗，保护肌肉和神经接点，增加力量
骨质	无机盐密度增高，使支撑组织强壮有力

三、速度训练适应性变化的生物化学特点

快速运动时，骨骼肌以募集快肌纤维（IIb）为主，在运动最初 3 s 内，CP 分解提供合成 ATP 的大部分能量，约 30%能量由肌糖原无氧分解提供；在运动 5 s 后，所需能量逐渐以糖酵解供能为主，运动结束时，CP 接近耗尽，随着磷酸原供能逐渐为糖酵解供能替代，肌收缩输出功率下降，使最大跑速也出现下降。

速度训练适应后，骨骼肌发生明显的生物化学变化，主要表现以下 4 个方面：

（1）磷酸原供能能力增强。速度训练能明显提高肌肉 CP 储量，提高运动时 ATP、CP 分解速率和再合成，从机能水平上表现为最大功率输出增大和维持时间延长，运动后恢复能力提高。

（2）糖酵解酶活性增强，其作用是运动时肌糖原分解速度加快，并保持在更高速度水平上合成 ATP，因而糖酵解供能的输出功率增大。

（3）快肌纤维（IIb）选择性肥大，但是程度上比力量训练的效果稍弱（图 7-1）。

（4）改善肌肉缓冲酸能力。如 8 周的短跑训练提高肌肉缓冲容量 50%。相比之下，耐力训练这种适应性变化较差。

四、速度耐力训练适应性变化的生物化学特点

短时间速度耐力剧烈运动时，运动能量以无氧代谢为主。除了运动开始数秒内以 CP 供能为主外，糖酵解是主要的基本供能途径，ATP 转换速率最大时达到 3 mmol/kg·s 干肌。运动至力竭时，肌肉 CP 储量接近耗尽，血乳酸浓度可由运动前约 1 mmol/L 上升至 15 mmol/L，血浆碱储备从 24 mEq/L 下降至

3~4 mEq/L，血 pH 由安静时 7.4 下降至 6.8 左右。高浓度乳酸解离出的大量 H^+ 可使肌细胞糖酵解酶活性下降，Ca^{2+} 参与收缩蛋白兴奋-收缩耦联的过程受到干扰，其结果是降低无氧供能和肌纤维收缩能力。

速度耐力训练可引起参与无氧代谢特别是糖酵解酶活性产生适应性的提高，使之抗酸性能力增强，从而促进糖酵解代谢过程的速度，满足运动时机体对能量的需求。有研究结果显示：系统的无氧运动训练肌肉中 ATP 酶活性可提高 30%，血清 CK 活性增强，糖酵解酶如磷酸化酶、PFK、LDH 等活性也明显地提高。此外，速度耐力训练后还能提高肌糖原的合成能力，使肌糖原储量增多。

五、耐力训练适应性变化的生物化学特点

耐力运动时，能源物质的利用与时间和强度有关。10 min 内的大强度耐力运动，运动肌同时募集快、慢肌纤维，能量代谢主要以肌肉内 CP 和糖原为主，血糖也有参与，代谢方式以无氧代谢和有氧代谢彼此协同，有氧代谢供能的比例明显增多。长时间耐力运动时，主要增加慢肌纤维（Ⅰ型）的线粒体数量，ATP 的再合成主要依靠有氧代谢途径，能源物质的动用则有初始阶段的肌糖原氧化逐渐转向脂肪酸氧化供能。一般情况下，蛋白质供能很少，但当体内糖储备大量消耗时，蛋白质分解代谢增多。由于进行耐力运动时机体主要以有氧代谢为主，因此，机体氧的运输和利用是决定有氧耐力运动中 ATP 氧化磷酸化能力的重要因素。

长时间耐力训练适应后，机体发生明显的生物化学变化，表现在两个方面：一方面是明显改善呼吸循环系统机能，使运动时氧转运能力提高（表 7-2）；另一方面是增加慢肌纤维的线粒体数量（图 7-2），同时提高琥珀酸脱氢酶（SDH）、苹果酸脱氢酶（MDH）、肉碱酰基转移酶（CAT）和细胞色素等有氧代谢酶的活性，提高肌肉利用氧的能力，促进有氧代谢能力，从而提高有氧耐力。

表 7-2 人体耐力训练适应性变化的生物化学特点

参数	适应性表现	生理意义
慢肌线粒体	体积增大，数量增多	
有氧代谢酶	活性提高	有氧代谢能力提高
血红蛋白、肌红蛋白	含量增多	氧转运能力提高
运动肌微血管密度	增高	增强热交换、气体和代谢物交换能力

续表

参数	适应性表现	生理意义
能量物质	肌糖原、肝糖原增多 肌内脂肪储量增多	供能物质增多
肝糖原异生作用	非糖物质合成糖增多	运动时肝糖原消耗减慢
体脂百分数	减小	体成分改善

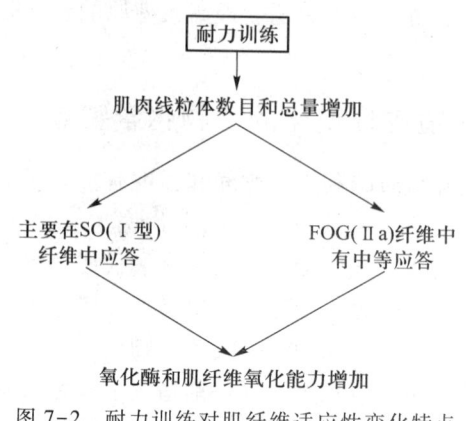

图 7-2 耐力训练对肌纤维适应性变化特点

第二节 力量训练和速度训练效果的生物化学评定

从运动生物化学观点出发，肌肉力量主要取决于肌肉收缩蛋白的数量和性能，肌肉中的收缩蛋白常指肌肉中的肌球蛋白和肌动蛋白以及两者相互结合时合成的肌动球蛋白复合体。从能量代谢的角度分析，力量与速度运动时的能量来源主要是 ATP 和 CP，由于运动训练对 ATP 储量的影响不明显，因此，力量、速度训练效果可从骨骼肌 CP 储量及其代谢产物和定量负荷下磷酸原供能能力进行评定。

一、理论依据

磷酸原供能系统是由高能磷酸化合物 ATP 和 CP 组成的能量供应系统。磷酸原供能系统供能时，首先由 ATP 在 ATP 酶的作用下水解直接供能，随之 CP 在 CK 催化下分解，把高能磷酸键转给 ATP，因此，其输出功率最大，在运动开始时启动最早和利用最快；同时，在此供能代谢过程中不需要氧气参与，也不产生乳酸。但由于骨骼肌中储存的 ATP、CP 非常有限，一般提供供能时间仅在 10 s 以内。所以，磷酸原供能系统在短时间、最大强度或最大用力地运动中是起主要供能作用的系统，是影响人体快速运动能力和爆发力的主要因素。故准确测定机体磷酸原供能系统供能能力一方面可以客观评价其速度、力量素质，另一方面可以评价磷酸原供能系统训练的效果，对指导运动选材和运动训练以及体育锻炼都具有重要的实践意义。

二、评定方法

根据磷酸原供能系统能源物质组成和代谢供能特点，从生物化学角度出发，测定磷酸原供能能力首先可以考虑采用直接检测骨骼肌中 ATP、CP 的含量以及 ATP 酶和 CK 的活性，但是由于检测肌肉中 ATP、CP 的方法需要进行肌肉活检或采用核磁共振技术，肌肉活检有很大的损伤性，并且操作要求高，程序复杂烦琐；而核磁共振技术虽然没有损伤，但仪器昂贵，测试费用高，故较少使用。因此在运动实践中，通常采用间接的测定方法，即间接测定组成磷酸原供能系统能源物质的代谢产物尿肌酐或者采用 10~15 s 的最大能力持续运动实验，通过其完成的总功和运动过程中产生的乳酸数量进行评价。目前，根据此原理设计的测定方法有登楼梯法、魁北克 10 s 测试和测试 Wingate 无氧功率实验、10 s 内快速运动评定法、磷酸原能商法（AQ）30 m 冲刺跑评定法等。本节重点介绍尿肌酐系数评定法、10s 内快速运动评定法、磷酸原能商评定法等间接方法。

（一）尿肌酐系数评定法

CP 在体内可以自行分解，失去磷酸后生成肌酐，后者经肾从尿中排出，即为尿肌酐。由于尿肌酐是 CP 的代谢产物，故通过测定尿肌酐可间接了解运动员体内 CP 的含量。

1. CP 与运动能力的关系

CP 是肌肉以高能磷酸键所组成的高能磷酸化合物。在正常情况下肌肉中肌酸在肌酸激酶催化下，接受由 ATP 转来的高能磷酸键合成 CP。运动时，当 ATP 浓度下降时，CP 在 CK 的催化下，把高能键转给 ADP 合成 ATP，以供肌肉活动之必需。目前认为，ATP 和 CP 在大强度运动时全部供能时间只有 6~8 s，但 ATP-CP 的输出功率最大，达 50 W/kg.BW。所以，在需要快速，又要爆发力的短跑、举重、跳跃、旋转、冲刺等运动中，ATP 和 CP 起着相当大的作用，并可直接影响其运动成绩。

尿肌酐量与运动能力的关系十分密切。对参加的游泳、摔跤、柔道运动员的尿肌酐量与运动成绩的关系进行研究发现，运动员的尿肌酐量与运动成绩呈高度相关（表7-3）。另有对举重项目的研究也证明，无论是抓举、挺举或是举重总成绩，尿肌酐的日排出量与其运动成绩呈高度相关（表7-4）。

表7-3 游泳运动员尿肌酐量与100 m游泳成绩相关系数

	自由泳	仰泳	蛙泳	蝶泳
相关系数	-0.914	-0.945	-0.651	-0.781
P	<0.01	<0.01	<0.01	<0.01

表7-4 尿肌酐日排出量与举重成绩的相关系数

	男（$n=31$）	女（$n=15$）
抓举	0.845	0.961
挺举	0.853	0.958
总成绩	0.869	0.963

2. 尿肌酐系数与磷酸原供能能力评定

肌内的肌酸和磷酸肌酸经脱水或脱磷酸生成肌酐，经肾脏清除后由尿排出，即为尿肌酐。正常人日排出量十分稳定，成年男子日排出量为1 000~1 800 mg，女子为700~1 000 mg，不受食物蛋白质含量和尿量的影响。尿肌酐日排出量的绝对值与肌肉发达程度、训练水平、性别和运动项目等有关，因此，常用尿肌酐系数即24 h尿中每kg体重的肌酐mg数间接反映肌肉质量或骨骼肌中CP、肌酸的含量，运动训练中测试运动员尿肌酐系数指标可用以运动员选材和训练效果的评定。

$$尿肌酐系数 = \frac{全日尿肌酐量（mg）}{体重（kg）}$$

正常男子尿肌酐系数参考值为18~32 mg/kg.BW；女子参考值为10~25 mg/kg.BW。运动员则在25~40 mg/kg.BW，有的甚至高于此最高值。从事不同项目运动的运动员，其尿肌酐系数不同，常以力量、速度项目的短跑、举重、投掷运动员的尿肌酐系数最高。在测定尿肌酐时，最好收集24 h的尿液，并分析全日尿肌酐量。

对少年游泳运动员的尿肌酐系数与运动成绩的研究结果发现，经过一年游泳训练后，受试者尿肌酐系数与运动成绩均有增加，而尿肌酐系数的增长与100 m游泳成绩的提高关系密切，说明尿肌酐系数越高，力量、速度素质越好。在训练期可用尿肌酐系数变化来评定训练效果。

（1）当尿肌酐系数增加，反映运动员经系统训练后，肌肉CP储量增加，磷酸原能力提高，肌肉发达，收缩力量增大。

（2）当尿肌酐系数不变或减少，反映运动员工作肌的机能或质量等维持在一定的水平上，或机能下降，也可能与肌肉脂肪相对含量增加有关。然而，高水平运动员如能维持一定水平，也是有效训练的结果。

3. 全日尿肌酐量测定方法

尿肌酐的测定方法非常简单，只需普通的仪器和试剂，且对运动员无任何损伤。然而，测定时需连续收集 3~5 d 全日尿样，使运动员感到活动受限制不堪其烦，往往会漏尿，特别是在大便和洗澡时。因此，收集 24 h 全日尿测定尿肌酐日排出量实际上是简而不便，难以广泛应用。为此，我国研究者提出了一段尿推测全日尿肌酐的方法。使用一段法时，最好应用次日晨（前一天 20：00 至次日晨 6：30）尿推测全日尿，因为收集夜间尿比较方便，误差小，晨尿肌酐量与全日尿肌酐量的相关系数最大，相关系数为 0.85。

全日尿肌酐排出量（mg）= 272.71+2.53×晨尿肌酐量（mg）

表 7-5 的计算单位是毫克（mg），故计算结果可直接代入以上公式，求出尿肌酐系数。

表 7-5 五段法与全尿法的相关性

时间		a	b	r
上午尿	06：30—12：30	558.67	2.094 1	0.693 7
午睡尿	12：30—14：30	788.74	2.682 6	0.550 8
下午尿	14：30—18：00	759.23	2.494 8	0.564 1
晚上尿	18：00—20：00	675.66	2.092 0	0.718 7
次晨尿	20：00—06：30	272.71	2.530 1	0.845 5

4. 注意事项

在应用尿肌酐系数时应注意：

（1）采尿测定时不能以任意一次尿代表日尿肌酐排泄量，应收集 24 h 尿液；也可采用上午尿，换算为全日总量。

（2）在测定运动员尿肌酐时，应考虑运动员是否服用肌酸或大量食肉。

（二）10 s 内快速运动评定法

磷酸原供能系统是由 ATP、CP 两种高能磷酸化合物组成，在骨骼肌中 ATP 仅能维持最大强度运动 1~3 s；随之 CP 分解，把高能键转给 ADP 生成 ATP，但 CP 的供能时间也仅有 5~7 s，即在以最大强度运动时，磷酸原供能系统供能时间在 10 s 内，在这过程中，糖酵解的供能比例大小就取决于磷酸原供能能力，而糖酵解代谢产物血乳酸是其供能比例大小的标志物。因此，测定 10 s 内最大负荷前后血乳酸变化可间接反映磷酸原供能系统的供能能力。

磷酸原供能系统具有快速和最大功率输出的特点，是进行 10 s 以内最大功率输出的基本能量来源。运动员在 10 s 内进行最大负荷运动时，如完成功率大或跑速快，而运动前后血乳酸差值少，则可以说明磷酸原供能系统供能能力强。

10 s 内最大负荷运动测定除了用于评价运动员的磷酸原供能系统供能能力外，也可用于磷酸原供能系统能力训练的监控，如羽毛球多球训练，从球的个数来说，常分为 10 球、20 球、30 球、40 球和 50 球等，从内容上分，则有多球杀上网、接四方球、多球前半身侧身击球、多球进攻、多球防守等。从训练内容分析，羽毛球多球训练可训练技术，而从羽毛球多球训练的组合、时间、球数等来看，则可训练体内各供能系统的供能能力。因此，可监测训练后血乳酸了解训练对发展磷酸原供能系统能力的情况。由表 7-6 可见 10 球×20 组与 10×60 m 跑后血乳酸接近。从以上监控血乳酸变化提示，10 球×20 组的羽毛球多球训练，不管训练内容如何，主要是训练发展磷酸原供能系统的供能能力。

表 7-6　10 球×20 组与 60 m 跑后血乳酸浓度（单位：mmol/L）

	例数	10 球×20 组	10×60 m 跑
男队	14	4.19±0.42	3.79±0.91
女队	16	4.33±2.23	6.16±0.87

值得注意的是，用血乳酸评定磷酸原供能能力时，运动后的血乳酸量越少越好，血乳酸增加值越低，磷酸原能商值越大，说明磷酸原供能系统供能能力越强。

（三）磷酸原能商（Alactic Quotient，AQ）评定法

乳酸是糖无氧酵解的产物，在短时间大强度运动或比赛时，如运动员乳酸的生成速率或量增大，说明此时是以糖无氧代谢占优势，相反则磷酸原代谢为主。因此，在缺氧状态下运动，乳酸的生成量又可作为区别磷酸原供能系统和糖酵解供能系统供能能力的主要指标。一般来说，10 s 左右的极大强度运动，乳酸生成量少，而所做的总功率提高，这是磷酸原代谢能力提高的表现。基于这一原理，Adalbert Szogy 提出了磷酸原能商评定法。

1. AQ 测定方法

受试者在自行车功率计（Monark 测功计等）做 2～3 min 准备，然后在最大负荷下以最大速度运动 15 s，运动负荷约为 600 W（100 r/min）。分别于安

静时和运动后第 6 min 测定受试者末梢血乳酸，以运动后 6 min 血乳酸减去运动前血乳酸作为 Δ 血乳酸（单位 mmol/L）。并计算 15 s 和 5 s 钟最大功率 AQ，可通过下列公式计算：

$$AQ = \frac{TWP15\ s\ (kJ)}{\Delta\ 乳酸\ (mmol/L)\ 15\ s}$$

式中：AQ：磷酸原商；TWP：15 s 总功（kJ）；Δ 乳酸：运动后血乳酸—运动前血乳酸。

AQ 的评价是看 AQ 值，AQ 值越高，说明乳酸生成少，功率输出大，故磷酸原代谢能力好。

2. AQ 与磷酸原供能能力评定

AQ 测定可反映机体在极量负荷运动时磷酸原与糖酵解供能的比例，因为在 15 s 的极量负荷运动中，如完成总功多，而运动过程中乳酸生成少，运动后最高血乳酸浓度就低，那么在 15 s 极量负荷运动中血乳酸增值少，磷酸原能商值大，表示磷酸原供能能力强，说明在 15 s 极量负荷运动中磷酸原供能系统供能比例大，糖酵解供能比例相对较小。因此，AQ 测试通常适合于评价速度、力量项目。例如，举重、短跑、短跨、跳跃、投掷和 25 m 游泳等专项运动员的运动能力，同时评价对磷酸原供能系统供能能力的训练效果。

对某省队 6 名女子短跨运动员夏训期前后 AQ 进行测试，两次测试血乳酸及 AQ 测试结果见表 7-7。两次测试结果显示，在短时间 15 s 极大强度运动中，机体主要以磷酸原供能系统为主，糖酵解供能系统为辅，所以机体产生的乳酸较少，血乳酸浓度较低，其值为 6~7 mmol/L，运动前后 ΔHL15 s 均在 4.7 mmol/L 左右。第二次测试结果表明，TWP15 s 和 AQ 分别比第一次提高了 14.9% 和 12.7%，反映女子短跨运动员夏训后，专项运动能力产生适应性变化，机体磷酸原系统供能能力提高，是有效训练结果的表现。

表 7-7 某省队 6 名女子短跨运动员夏训期前后 AQ 测试结果

	安静 Bla /(mmol·L^{-1})	运动后第 6 minBla /(mmol·L^{-1})	ΔHL15 s /(mmol·L^{-1})	TWP15 s/kJ	AQ /[kJ·(mmol·L)$^{-1}$]
第一次	1.62±0.36	6.32±1.12	4.70±1.23	7.4±0.77	1.57±0.51
第二次	2.32±0.49	7.11±2.77	4.78±2.74	8.5±1.99	1.77±0.57

3. 注意事项

（1）对于不同性别、年龄或体能水平的受试者，运动负荷可根据具体情况做适当调整，如 11~13 岁男少年，运动负荷为 400~450 W；14~17 岁男少年，运动负荷为 500 W；而 12~13 岁女少年为 300 W；14~17 岁女少年为

400 W 左右。

（2）受试者准备运动递增负荷至 100 rpm、600 W 要求后，才计时。

（3）运动后采血时间应为肌乳酸与血乳酸达到平衡时间，即所测应为最高血乳酸值。正式实验前如有可能应做预备实验，采用同样方法测试后分别在运动后 1 min、3 min、6 min、9 min 时间点采样测试血乳酸，以便获取最高血乳酸值的时间。

（四）30 m 冲刺跑评定法

在应用生物化学方法评定磷酸原供能系统供能能力时，应根据不同项目的特点灵活掌握，并在实践中逐渐积累经验，当前利用测定 30 m 冲刺跑前、后血乳酸值，间接地评定磷酸原供能系统供能能力的方法，是一种能在运动场上进行的实用方法。

30 m 冲刺跑一般需要 4~6 s，根据磷酸原的供能时间，该过程中基本依靠磷酸原供能，决定运动员的快速能力，因此，在许多要求运动员快速能力的项目中往往采用 30 m 冲刺跑来训练或评价其启动速度能力。

1. 30 m 冲刺跑测定方法

30 m 冲刺跑是一种评定磷酸原供能系统供能能力的方法。在运动场上取安静时血乳酸后，进行反复跑试验程序（表 7-8）。

表 7-8　反复跑试验程序

组合	每次间隔	组间间歇	血乳酸测试
3×30 m	2 min	5 min	
4×30 m	2 min	5 min	末次跑后 1、4 min
5×30 m	2 min	5 min	

在各次 30 m 冲刺跑时，均需记录跑速，即 30 m 跑的时间，然后取数次血乳酸测定中的最高值，计算血乳酸增加值＝血乳酸最高值－安静值。30 m 冲刺跑是以磷酸原供能系统为主，如果在测定中跑速快，血乳酸增加值低者，说明磷酸原供能能力强。

2. 30 m 冲刺跑与磷酸原供能能力评定

30 m 冲刺跑是以磷酸原供能系统为主要供能的运动，如果在测定中其跑速快，而血乳酸含量增加值低者，说明在每组 30 m 冲刺跑中糖酵解供能比例少，那么，磷酸原供能系统供能所占比例大，即磷酸原供能系统供能能力强。根据 30 m 冲刺跑过程中的供能特点，许多要求快速启动能力的项目，如足球，采用 30 m 冲刺跑或 20 m 折返跑；篮球、乒乓球、短跑、跆拳道等项目也采用

30 m 冲刺跑训练发展运动员的速度素质。

3. 注意事项

（1）在 30 m 冲刺跑测定中，尽管受试者进行准备运动，但由于一次 30 m 冲刺跑时间很短，不可能充分动员骨骼肌磷酸原供能系统的供能能力，为提高测试效果，通常采用多次 30 m 反复跑以便使肌肉黏滞性降低，并充分动员骨骼肌磷酸原供能系统的供能能力，同时使肌肉生成乳酸处于稳定水平。

（2）每次 30 m 冲刺跑的休息间歇应严格掌握在 2 min，间歇时间过短会导致乳酸堆积，影响结果评定。

（3）准确记录每次 30 m 冲刺跑的时间，以便配合血乳酸值进行评定。

第三节 速度耐力训练效果的生物化学评定

速度耐力的生物化学基础是糖无氧酵解的供能能力，由于糖无氧酵解的终产物为乳酸，因此，在速度耐力定量负荷运动过程中，如果糖酵解供能能力强，则速度耐力能力好并且肌乳酸含量高。在目前还尚无较满意的直接评定乳酸能供能能力方法的前提下，一般多采用测定定量负荷后血乳酸的浓度来进行间接评定。

一、理论依据

糖酵解供能系统是指糖无氧分解生成乳酸并合成 ATP 的供能过程。人体运动时，乳酸在肌细胞不断生成，并不断地向周围组织扩散，同时部分被其他组织氧化分解。当运动强度不大时，乳酸的生成与消除形成动态平衡。在一定范围内，乳酸生成量越大，运动可持续时间越长。当乳酸的生成大大超过一定范围时，大量乳酸堆积，从而反馈抑制糖酵解酶系，使糖酵解速率降低。由于血乳酸最大浓度受遗传因素的影响较大，所以，每个人产生乳酸的能力不同，对最大乳酸的忍受力也不同。在最大强度运动中，产生较多的血乳酸说明其通过糖酵解合成 ATP 的能力强，无氧耐力较好。运动实践研究表明：运动后的血乳酸最大浓度与耐力项目成绩高度相关。因此，可以说糖酵解供能系统供能能力是决定速度耐力素质的生物化学基础，测定糖酵解供能系统的供能能力可以评价运动员速度耐力素质，也可以了解糖酵解代谢能力的训练效果。

二、评定方法

在最大强度运动 30~60 s 时，糖酵解供能系统供能达最大速率，此后其供能速率逐渐下降，可维持 2~3 min，因此，糖酵解是 30~120 s 大强度运动的主要供能系统。目前，直接评定糖酵解供能系统供能能力尚无较满意的方法。由于糖酵解的终产物为血乳酸，故可结合糖酵解供能系统供能时间，通过测定不同运动时间的最大负荷运动后血乳酸的变化，间接评价糖酵解供能系统的供能能力。例如，中等时间无氧代谢能力测试时间为 20~50 s，主要评价磷酸原供能系统、糖酵解供能系统的供能类型运动员的能力，适应于 200 m 跑、50 m 游泳、短距离滑雪、篮球、排球、足球、垒球、摔跤、柔道、体操等项目；长时间无氧代谢能力测试主要是评价糖酵解供能系统代谢类型的运动能力，测试时间为 60~120 s，适应于 400 m 跑、100 m 游泳、1 km 自行车等运动项目。

目前，糖酵解供能系统供能能力测定的方法有很多种，如 Wingate 无氧测试、Quebec 90 s 实验、乳酸能商（LQ）评定法、60 s（或 400 m）最大负荷测试法、跑台无氧功评定法、两次跑台实验法等，在运动实践中，可根据器材场地条件和项目特点具体选择，本节重点介绍乳酸能商评定法、跑台无氧功评定法和 400 m 最大负荷测试法三种方法。

（一）乳酸能商（LQ）评定法

乳酸能商（LQ）评定法与上面提到的磷酸原能商（AQ）评定法较为相似，其运动负荷、方法与 AQ 的测定方法相同，所不同的是，测定 LQ 时，运动员必须在自行车上运动 45 s，并记录 45 s 总功率和运动前后的血乳酸，并按以下公式计算：

$$LQ = \frac{TWP\ (kJ)\ 45\ s}{\Delta HL\ (mmol/L)\ 45\ s}$$

其中：LQ：乳酸能商；TWP：45 s 运动的总功率，单位 kJ；ΔHL：运动后血乳酸—运动前安静血乳酸的绝对值。

LQ 评定反映机体在极量负荷运动时糖酵解供能系统供能能力，因为在 1 min 左右的最大负荷运动中，机体主要通过无氧代谢提供能量，而在无氧代谢供能中，磷酸原供能系统供能的时间很短，只在 10 s 以内。因此，在运动过程中主要依靠糖酵解供能系统供能，所以糖酵解供能系统供能能力将决定无氧耐力的运动能力。由于糖酵解的终产物是乳酸，所以采用 45 s 最大负荷运动完成总功率和运动后血乳酸的浓度高低及其比值大小来评价糖酵解供能系统的供能能力和训练效果。如完成总功率大、运动后血乳酸峰值高或者 LQ 值大，说明机体糖酵解供能系统供能储备好，在 45 s 最大负荷运动中糖酵解供能能力强或者机体产生单位乳酸时完成做功比例大。因此，在进行 LQ 测试时一定要结合完成总功率、运动后血乳酸峰值或者 LQ 值综合并客观评定。

（二）跑台无氧功评定法

跑台无氧功测试是在实验室条件下测定糖酵解供能系统供能能力的一种方法，运动时间设定为 45 s，强度按性别而定，该方法不同于 LQ 评定法，它完全属于一定定量负荷评定，因此，只要根据运动后血乳酸浓度峰值与运动前安静血乳酸浓度差值，就可以评定受试者的无氧耐力能力，即糖酵解供能系统供能能力。

1. 跑台无氧功测定方法

一般常采用跑台法和功率自行车法，在跑台法中，让运动员以一定的坡度（男：7.5%，女：5%），一定的速度（男：22 km/h，女：20 km/h），然后全力运动到筋疲力尽，分别于运动前与运动后即刻和第 3、4、5、6、8 min 测定血乳酸值。运动员跑的时间越长，产生的乳酸峰值越高，说明其无氧耐力越好。

2. 跑台无氧功与糖酵解供能能力评定

运动过程中，机体主要是由磷酸原供能系统和糖酵解供能系统供能。显然如果 ΔLA_{max} 低，则说明动用糖酵解供能比例较少，提示无氧耐力素质差。反之，ΔLA_{max} 高，说明该定量负荷下骨骼肌糖酵解供能系统供能比例大，提示无氧耐力素质好，这种测试方法通常用于评定短于 1 min 全力运动项目，如 400 m 跑、100 m 游泳的糖酵解供能系统供能能力比较适宜。而对于长于 1 min 的速度耐力项目，如 800 m 跑、200 m 游泳，在测试评定中还可以以同样速度和坡度进行尽可能长时间运动，直至力竭，记录运动至力竭时间，同样在运动后 3 min、5 min、7 min、9 min、11 min 采血测试血乳酸，以得到血乳酸峰值。受试者跑的时间越长、产生的血乳酸峰值越高，说明受试者骨骼肌糖酵解供能系统供能能力越强，同时，机体耐受乳酸长时间刺激的能力也较强。

3. 注意事项

（1）运动后恢复期各时刻采集末梢血要熟练迅速，控制好时间，否则不能准确反映即时的血乳酸值。

（2）运动后即刻和恢复期第 3、4、5、6、8 min 各时刻采血测试血乳酸，目的是捕捉这种负荷强度下运动后最大血乳酸，如事先已进行预实验知道最大血乳酸时刻，则不需要每次都进行多次采血。

（三）**400 m 全力跑血乳酸评定法**

这是一种评定最大糖酵解供能系统供能能力的方法，因为 400 m 跑是距离最长的短跑项目，400 m 跑所需时间一般为 45~60 s，其运动强度是极限强度或接近极限强度。400 m 跑开始的 10 s 内，主要由磷酸原供能系统供能，接下来主要是糖酵解供能系统供能，其维持最大强度的持续时间可达到 30~90 s。

也就是说，当 400 m 跑出发 10 s 以后，机体处于缺氧情况下，主要由糖无氧酵解来供能。即 400 m 全力跑时机体的供能方式主要是以糖酵解供能为主，如果在 400 m 全力跑时机体的糖酵解速率可达最高峰，其产物血乳酸浓度也会达到最高值。因此，采用测试 400 m 全力跑成绩及其跑后血乳酸最高值可以综合评定机体糖酵解供能系统的供能能力，该方法通常用于速度耐力项目运动员选材和无氧耐力训练效果的评定。

1. 400 m 全力跑测定方法

运动员在田径跑道上全力跑 400 m 时机体的供能方式主要是以糖酵解供能为主，在 400 m 全力跑时机体的糖酵解速率可达最高峰，故可通过测定运动员跑后的血乳酸值来评定其乳酸能供能能力。测试的具体程序为：① 取安静时血乳酸值；② 做准备活动；③ 全力跑 400 m，记录成绩；④ 运动后 3、6、9 min 取血测定血乳酸值；⑤ 结果分析、评定。

2. 400 m 全力跑与糖酵解供能能力评定

一般来说，全力跑 400 m 后 3~9 min，运动后的血乳酸可达高峰，如果所测得的血乳酸最高值在 14~18 mmol/L，说明该运动员的糖酵解供能系统供能能力好；相反，如果在 9 mmol/L 以下，则说明其糖酵解供能系统供能能力差。以上评价可应用于速度耐力项目运动员选材或一般情况下受试者的机能评定。研究表明，14~17 岁的青少年运动员在全力跑 400 m 时，其运动成绩（58.4 s）和成年人的成绩（58.26 s）基本相同，然而在跑后即刻以及在恢复期中，青少年的血乳酸值均低于成年人（表 7-9），在评定时必须注意这个特点。

表 7-9 青少年和成年人 400 m 跑后血乳酸的变化

（单位：mmol/L）

	跑后即刻	跑后 3 min	跑后 6 min	跑后 10 min	跑后 20 min	跑后 30 min
青少年	7.00	11.67	11.90	11.38	7.81	5.66
成年人	8.69	12.49	13.26	12.41	9.45	6.43

对于糖酵解供能系统训练效果的评定，应结合 400 m 跑成绩进行综合评价，即一个训练阶段结束后，如果 400 m 全力跑后，血乳酸最高值升高，成绩也提高了，这是运动员的糖酵解供能系统供能能力提高、训练效果好的表现；如果血乳酸最高值仍为原来水平，而运动成绩提高，这是运动员有潜力的表现；如果血乳酸不变或下降，而运动成绩下降，这是运动员机能水平下降或训练效果差的表现。

3. 注意事项

（1）受试者测试前一定要做好充分准备活动，以免受伤。

（2）运动后第 3、6、9 min 取指尖末梢血待测血乳酸值，目的在于获取运动后血乳酸的最高值，因此，如条件许可，可选择密集一点的时刻测试血乳酸，如在恢复期第 2、3、4、5、6、8 min 各时刻进行测试，这样获取的血乳酸最高值比较准确。

第四节 有氧耐力训练效果的生物化学评定

通常通过有氧训练发展运动员的有氧耐力。有氧耐力的生物化学基础是有氧代谢供能能力，它是运动训练中的一项主要内容。对于大多数运动项目，尤其是耐力项目，如长距离跑、游泳、自行车等运动项目来说，运动员要取得好成绩，主要取决于运动员有氧能力水平的高低。训练期中科学地进行有氧耐力评定，可为教练员及时调整训练计划以及控制适宜训练强度提供依据，同时对运动员的成绩提高也是至关重要的。

一、理论依据

有氧代谢供能是机体长时间运动时主要的供能方式，其供能能力的高低决定了长时间运动项目的运动能力。在长时间耐力运动中，机体的氧气供应充足，肌肉收缩所需的能量主要来源于糖类、脂肪和蛋白质等能源物质的有氧氧化，运动后的乳酸升高不大；如果升高多了就说明无氧酵解参与供能的比例增多，有氧氧化供能比例下降。在同一强度运动，如果运动后乳酸增高值少，可说明其有氧代谢供能能力好；反之，其有氧代谢供能能力差。所以，从物质代谢出发，还是较多采用运动时或运动后乳酸的变化来评定运动员的有氧代谢供能能力。

在过去一段很长时期内，人们总是用最大吸氧量（$\dot{V}O_{2max}$）评定运动员的有氧能力水平。目前许多学者研究证明，与 $\dot{V}O_{2max}$ 比较，乳酸阈能更客观更好地反映运动员的有氧代谢供能能力（表 7-10）。

表 7-10　乳酸阈与部分有氧代谢项目成绩的相关系数

项目	相关系数（r）
3.2 km 比赛	0.88
半程马拉松	0.99
马拉松	0.98

续表

项目	相关系数（r）
5 000 m	0.89
3 000 m	0.90

二、评定方法

有氧训练以乳酸的堆积状况作为评定和指导训练的指标，是有氧训练的重要理论依据。目前测定有氧代谢供能系统供能能力所用的方法有多种，如最大摄氧量、乳酸阈、最大乳酸稳态和自行车功率以及 12 min 运动等测试方法，在运动实践中，可根据器材场地条件和项目特点具体选择，本节重点介绍乳酸阈评定法、最大乳酸稳态评定法、自行车功率评定法和 12 min 运动评定法 4 种方法。

（一）乳酸阈评定法

乳酸阈是指在递增运动负荷中，人体运动达到某一强度后，机体内出现氧需要量大于氧供给量，细胞进入无氧氧化过程，体内的供能方式由有氧代谢为主，向无氧代谢转换的临界点，用乳酸的开始升高来表示。通常以血乳酸含量达到 4 mmol/L 时所对应的强度或功率来表示。乳酸阈的测定方法很多，一般以乳酸-强度曲线为原理。乳酸阈测定对耐力的评定以及训练强度监控指导具有重要的实践意义。

1. 乳酸阈的测定方法

运动实践中，乳酸阈的测定方法常采用实验室模拟训练测定和运动现场递增速度测定。

（1）实验室模拟训练测定。

乳酸阈实验室模拟训练测定可按以下程序进行：

① 受试者进入实验室，换上运动服，穿好跑鞋，静坐 15 min 后，测定受试者安静时心率，采集受试者指尖外周血 20 μl 加入到样品管待测血乳酸。

② 令受试者骑功率自行车 1~2 min 作为准备活动。

③ 然后实验者发令并开始计时，受试者在跑台或功率自行车上做逐级增加功率的定量负荷运动。共分 5 级，每级负荷 3 min。依照表 7-11 安排各级负荷强度及间歇时间。在递增负荷运动过程中连续记录实际完成的跑速或功率、心率等指标，在第 1、2、3、4、5 级末采集指尖末稍血 20 μl 至测定管，待测血乳酸。

表 7-11　递增负荷实验程序

测功器	性别	起始负荷	递增负荷	持续时间	间歇
功率自行车	男	50~100 W	40~50 W	3 min	不间歇
	女	50 W	40~50 W		
跑台	男	2.5 m/s 3.5 m/s	0.5 m/s	3 min	30 s
	女	2.5 m/s 3.0 m/s	0.5 m/s		

④ 测定出各级负荷后的血乳酸值,然后根据每级血乳酸及其对应负荷强度在坐标纸上绘出血乳酸-强度曲线,然后取 4 mmol/L 血乳酸对应的功率值,即为乳酸阈对应的功率或跑速(图 7-3)。

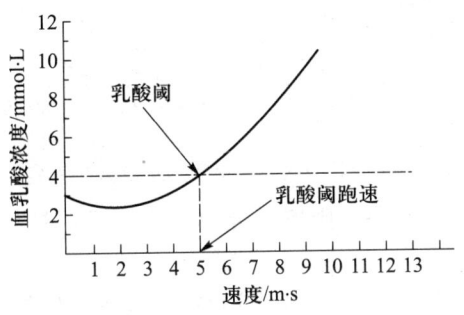

图 7-3　血乳酸—强度曲线

(2) 运动场测定。

在运动场上测定时,可采用 3~5 级。如在田径场上采用 5×2 400 m 跑,测试中由教练员用口令调整跑速,以达到匀速跑(表 7-12)。测试每组运动员运动后血乳酸浓度后,以速度和血乳酸值画出血乳酸-强度曲线,确定乳酸阈值。

表 7-12　运动场测定乳酸阈试验程序

性别	段落组 /m	起始速度 /(m·s^{-1})	递增速度 /(m·s^{-1})	末级速度 /(m·s^{-1})	间歇 /min	取血
男	5×2 400	3.0	0.5	5.0	2	组后第
女	5×2 400	2.5	0.5	4.5	2	2 min 末

2. 乳酸阈与有氧代谢能力的评定

乳酸浓度不仅仅用于评定糖无氧酵解供能能力，有时更多用于评定运动员的有氧代谢供能能力。很多研究结果表明，乳酸阈和个体乳酸阈是评定有氧代谢供能能力的主要方法。

图 7-4 速度-血乳酸（I-Bla）曲线既可评定耐力水平，也可评定有氧耐力训练效果。一般来说，随着耐力水平的提高，I-Bla 曲线明显右移，乳酸阈功率（或跑、游速度）增大。假如 I-Bla 曲线与前次所测比较出现右移（a-b-c-d），说明乳酸无增高，而速度却增快，运动员的耐力能力明显提高；假如 I-Bla 曲线出现左移，则是血乳酸增加了，而速度反而减慢，运动员的耐力能力下降；假设 I-Bla 曲线徘徊或无位移则是耐力运动能力无改善。

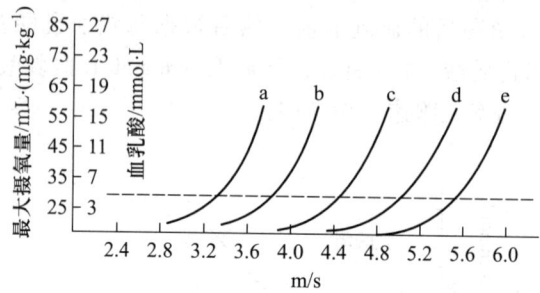

图 7-4　乳酸阈与有氧耐力训练效果评定

因此，乳酸阈跑速越快，则有氧能力越强。目前被广泛采用的评定标准（表 7-13）。

表 7-13　乳酸阈评定训练水平的参考标准

乳酸阈跑速/($m \cdot s^{-1}$)	训练水平
3.0~3.5	缺乏耐力训练
3.5~4.0	耐力训练较差
4.0~4.7	中等耐力训练
4.8~5.2	耐力训练较好
5.3~5.6	优秀耐力训练

由于在完成运动负荷时，每个人都具有不同的血乳酸动力学变化特点，因此，对于不同运动项目和不同个体，如果一律以 4 mmol/L 血乳酸浓度及所对应的功率作为乳酸阈值，必然会忽视个体差异性。

德国的 Stegmarn（1981）提出了在血乳酸动力学变化曲线上标定个体乳酸阈的方法。个体乳酸阈不仅可用于诊断不同运动员个体有氧代谢能力的差异与优劣，也可以定量的根据不同运动员的具体情况，提供相应的有氧耐力训练的计划，根据运动后乳酸阈的强度选择最佳的训练强度，为科学训练提供理论依据。更重要的是，根据个体无氧阈的变化，可以科学评定耐力训练效果。所以，个体乳酸阈在运动实践中的应用越来越广泛。

（二）最大乳酸稳态评定法

最大乳酸稳态（MLSS）这一概念在 1985 年由 Heck 提出后，已有多名研究者对其进行了研究。1993 年，Tegtbur 将最大乳酸稳态定义为"在恒定负荷运动中，除了运动开始短暂的变化外，血乳酸浓度不再增加的最大运动强度"。换句话说，最大乳酸稳态时的强度，代表着乳酸转运进入血液与乳酸被转运出血液达到平衡的最大强度。

最大乳酸稳态主要用于评定氧转运系统的适应性和专项耐力运动的能力。这一有氧代谢能力的测试方法，无须机体达到力竭程度，是监测耐力训练效果和评定机能的灵敏手段之一。

研究证实，跑台和功率车测试中，乳酸阈（4 mmol/L）及个体无氧阈与最大乳酸稳态负荷的均值相一致。但也有报道，在划船测功器测试中，4 mmol/L 乳酸阈及个体无氧阈的负荷及乳酸均明显高于最大乳酸稳态的相应值。

1. 最大乳酸稳态测定

最大乳酸稳态测试需要进行几次恒定负荷运动测试，每天只进行一次，除受试者由于意志原因不能坚持而提前终止外，每一级恒定负荷试验至少应该持续 30 min。不同项目初始强度不同，一般为 $50\% \sim 60\% \dot{V}O_{2max}$，然后每次加大运动负荷（4%~5%），直到观察到血乳酸浓度稳态为止。每次测试程序如下：

（1）受试者进入实验室后，穿上跑鞋，做充分准备活动后，在跑台上进行跑步适应。

（2）由实验者逐渐调节跑速至预定强度，开始计时，匀速跑步 30 min。

（3）在持续跑第 15、20、25、30 min 各时刻采集指尖末梢血测血乳酸。

比较各次恒定负荷运动后 20 min 血乳酸测试结果，如发现其中一次恒定负荷运动中的血乳酸在 3 mmol/L 左右，且其升高值不超 1 mmol/L，则此恒定负荷为乳酸最大稳态强度。

2. 最大乳酸稳态与有氧代谢能力的评定

在欧美国家，有关 MLSS 的研究很多，并且认为 MLSS 是一个被公认的测定耐力能力的黄金标准，也是有氧训练中的临界强度。在训练中当运动强度高于 MLSS 时，就出现摄氧量（$\dot{V}O_2$）、通气量（VE）和血乳酸浓度升高，就会导致机体过早疲劳而使得运动能力下降，直至运动终止。因此，对于耐力项目运动员的有氧训练来说，MLSS 是一个适宜的训练强度。一般将略高于 MLSS 强度的训练作为高强度训练（即强化耐力训练），占训练总量的比重不宜过大，略低于该强度训练作为低强度训练（即一般耐力训练），所占比重较大。但在训练中也要注意 MLSS 的个体差异。

MLSS 受训练方式、运动水平、环境和年龄等因素影响。采用不同的运动方式进行最大乳酸稳态试验，获得的 MLSS 是不同的，Beneke 在用划船测功器和功率自行车两种方式对同一组运动员进行测试时发现，采用划船测功器测试的 MLSS 显著低于功率自行车，但此时的心率无显著差异。同时，他还发现不同运动项目运动员进行 MLSS 测试时的乳酸值不同，对应的强度也不同，原因可能与其从事不同专项的优势工作肌群有关。因此，在进行 MLSS 测试时，应采用与运动员运动专项相同或接近的运动方式，如径赛运动员使用跑台，自行车、速滑运动员使用功率自行车，赛艇运动员使用划船测功器等，以免造成测试结果偏差而失去对训练的指导意义。

MLSS 测试时的血乳酸值及此时的运动强度与运动成绩有关，不同 MLSS 水平可以出现相同的 MLSS 负荷和强度，但运动员成绩越好，其稳态负荷也越高。有研究人员曾对我国 7 名优秀自行车运动员研究发现，经过三周高原训练后稳态试验时的心率和血乳酸值明显下降，因此认为，MLSS 测试时的血乳酸水平是监测训练效果和评定机能的敏感指标之一。

（三）自行车功率评定法

评定有氧耐力的方法还有自行车功率评定法，让运动员在自行车功率计上完成 10 min 运动，根据运动后血乳酸变化来评定其代谢机能。10 min 自行车运动，主要是有氧代谢供能（占 85%~90%），机能水平越高者，血乳酸相应越低。如优秀耐力项目运动员血乳酸浓度低于 3 mmol/L。根据 10 min 运动后血乳酸变化，可将耐力运动员分为 5 个等级（表 7-14）。

表 7-14 在自行车功率计上运动 10 min 后血乳酸浓度及技能评定

指标	安静	休息 10 min 后进行测定和评定				
		优秀	很好	好	及格	不及格
血乳酸/(mmol·L^{-1})	2	<3	4~5	6~7	8~10	11~15

（四）12 min 运动评定法

12 min 跑是一种强度低、运动时间长的有氧耐力练习，是目前测定有氧耐力最常用的方法。依据 12 min 跑的成绩，教练员可以推断运动员的耐力水平，依据不同年龄、性别和级别的等级评价标准，对运动员进行耐力水平评估。

（1）测试安静时血乳酸值。

（2）让受试者在做准备活动后进行 12 min 跑，记录 12 min 的最大跑距和跑后第 3、5、10、15 min 血乳酸值，用跑距和血乳酸值综合评定。

（3）评定。跑的距离长，跑后血乳酸消除速度快，是有氧代谢能力强、机能状态好的表现；跑的距离短，跑后血乳酸消除速度慢，是有氧代谢能力差、训练水平低的表现。

总之，关于代谢供能系统供能能力的评定，除采用上述常用的方法外，更应根据专项特点和运动能力的要求，选择适合发展专项供能代谢的方法，才能获得最佳的效果。

本章小结

长期适宜负荷的训练可引起机体内发生大量的适应性变化，使身体机能改善、运动能力提高。不同性质训练所引起的机体适应性变化不同，力量训练可使肌肉收缩力增强和横截面增大；速度训练可使肌肉收缩速度产生适应性加快，磷酸原和糖酵解供能能力加强；耐力训练可使肌肉收缩耐力产生适应性增大，糖酵解和有氧代谢供能能力增强。

磷酸原供能系统是短时间、最大强度运动的主要供能系统，决定人体快速运动能力和爆发力。目前，在运动实践中，通常采用尿肌酐系数评定法、10 s 内快速运动评定法、磷酸原能商（AQ）评定法等间接方法来评定磷酸原供能系统供能能力，对指导速度、力量训练和运动选材具有重要的实践意义。

糖酵解供能系统是 30～120 s 大强度运动的主要供能系统。由于糖酵解的终产物为血乳酸，故可结合糖酵解供能系统供能时间，测定不同运动时间的最大负荷运动后血乳酸的变化，目前常采用乳酸能商（LQ）评定、跑台无氧功评定和 400 m 最大负荷测试等方法来评定糖酵解供能系统供能能力，为速度耐力项目运动员选材和无氧耐力训练效果的评定提供理论依据。

有氧代谢供能是机体长时间运动时主要的供能方式，其供能能力的高低决定了长时间运动项目的运动能力。目前，国内外测定有氧代谢供能系统供能能力常采用乳酸阈评定法、最大乳酸稳态评定法、自行车功率评定法和 12 min 运动评定法等方法。有氧耐力训练效果评定对科学地进行有氧训练，提高运动员的有氧工作能力具有重要意义。

思考与练习

1. 解释运动训练适应的概念，试述研究运动训练适应的意义。
2. 试述力量训练适应性变化的生物化学特点。
3. 速度训练适应后骨骼肌发生哪些明显的生物化学变化？
4. 骨骼肌对耐力训练的生物化学适应表现在哪些方面？
5. 试述有氧耐力训练效果生物化学评定的理论依据，通常有氧耐力训练效果生物化学评定法有哪些方法？试举例说明。
6. 根据图7-4提供的信息，请回答下列问题：

（1）试述实验室采用逐级递增负荷测试乳酸阈的方法。

（2）比较5位运动员的有氧耐力。

（3）如要提高5位运动员的有氧耐力，可采取何种方法训练，在训练中如何安排他们的训练强度？

（4）如在训练中监控运动员的训练强度外，还要监控训练的负荷量和身体机能状态，试提出监控中可选择的生物化学指标，并对预期结果进行分析。

参 考 文 献

[1] Charles B. Corbin, Gregory J. Welk, William R. Corbin, et al. Concepts of physical fitness: active lifestyles for wellness [M]. 4th ed. New York: The McGraw-Hill Companies, 2008.

[2] Claude Bouchard, Eric P. Hoffman. Genetic and molecular aspects of sport performance [M]. Wiley-Blackwell, 2011.

[3] 陈吉棣. 运动营养学 [M]. 北京: 北京医科大学出版社, 2002.

[4] 冯炜权. 运动生物化学原理 [M]. 北京: 北京体育大学出版社, 1995.

[5] 冯炜权, 翁庆章, 等. 血乳酸与运动训练——应用手册 [M]. 北京: 人民体育出版社, 1990.

[6] 冯炜权, 谢敏豪, 王香生, 等. 运动生物化学研究进展 [M]. 北京: 北京体育大学出版社, 2006.

[7] 冯美云. 运动生物化学 [M]. 北京: 人民体育出版社, 1999.

[8] 冯连世, 冯美云, 冯炜权. 优秀运动员身体机能评定方法 [M]. 北京: 人民体育出版社, 2003.

[9] 冯连世, 李开刚. 运动员机能评定常用生理生化指标测试方法及应用 [M]. 北京: 人民体育出版社, 2002.

[10] 冯连世, 张漓. 优秀运动员训练中的生理生化监控实用指南 [M]. 北京: 人民体育出版社, 2007.

[11] 林文弢. 运动生物化学 [M]. 北京: 人民体育出版社, 1999.

[12] 林文弢. 休闲体育营养 [M]. 北京: 人民体育出版社, 2007.

[13] 林文弢. 运动负荷的生化评定 [M]. 广州: 广东高等教育出版社, 1996.

[14] 林文弢, 翁锡全, 黄丽英, 等. 补充复合磷脂对人体运动机能影响的研究 [J]. 体育科学, 2002, 22 (6): 94-97.

[15] 李裕和, 翁锡全. 运动健康生物化学 [M]. 广州: 广东高等教育出版社, 2016.

[16] 马军, 冯宁, 阿布都艾尼·吾卜力, 等. 儿童青少年身体脂肪含量和非脂体重的变化分析 [J]. 首都公共卫生, 2007, 1 (1): 17-24.

[17] 全国体育学院教材委员会审定. 运动生物化学 [M]. 北京: 人民体育出版社, 1990.

[18] 王镜岩, 朱圣庚, 徐长法. 生物化学 [M]. 3 版. 北京: 高等教育出版社, 2002.

[19] [美] T.M. 德夫林, 等. 生物化学: 基础理论与临床 [M]. 王红阳, 等译. 北京: 科学出版社, 2008.

[20] 翁锡全, 黄丽英, 林文韬. 补充复合磷脂对力竭运动后血清酶活性的影响 [J]. 中国临床康复, 2003, 7 (15): 2242-2243.

[21] 翁锡全，林文弢，曹建民. 运动生物化学实验［M］. 北京：人民体育出版社，2011.

[22] 翁锡全，林文弢. 运动遗传学［M］. 北京：人民体育出版社，2006.

[23] 翁锡全. 运动训练生物化学［M］. 广州：广东高等教育出版社，2016.

[24] 吴其夏，余应年，卢建. 新编病理生理学［M］. 北京：中国协和医科大学出版社，1999.

[25] Widegren U, Ryder JW, Zierath JR. Mitogen-activated protein kinase signal transduction in skeletal muscle: effects of exercise and muscle contraction［J］. Acta Physiol Scand, 2001.

[26] 许豪文. 运动生物化学概论［M］. 北京：高等教育出版社，2001.

[27] 杨则宜. 优秀运动员营养实用指南［M］. 北京：人民体育出版社，2007.

[28] 杨荣武. 生物化学原理［M］. 北京：高等教育出版社，2006.

[29] 张爱芳. 实用运动生物化学［M］. 北京：北京体育大学出版社，2005.

[30] 张蕴琨，丁树哲. 运动生物化学［M］. 北京：高等教育出版社，2006.

[31] 张洪渊. 生物化学原理［M］. 北京：科学出版社，2006.

[32] 周爱儒. 生物化学［M］. 6 版. 北京：人民卫生出版社，2005.

[33] 中国肥胖问题工作组数据汇总分析协作组. 我国成人体重指数和腰围对相关疾病危险因素异常的预测价值：适直体重指数和腰围切点的研究［J］. 中华流行病学杂志，2002, 23 (1)：5-10.

[34] Maughan R J, Gleeson M. The biochemical basis of sports performance［M］. Oxford University Press, 2010.

[35] Mougios V. Exercise biochemistry［M］. Human Kinetics, 2006.

[36] Houston M E. Biochemistry primer for exercise science［M］. Human kinetics, 2001.

[37] Newsholme E, Leech A. Functional biochemistry in health and disease［M］. John Wiley & Sons, 2011.

郑重声明

高等教育出版社依法对本书享有专有出版权。任何未经许可的复制、销售行为均违反《中华人民共和国著作权法》，其行为人将承担相应的民事责任和行政责任；构成犯罪的，将被依法追究刑事责任。为了维护市场秩序，保护读者的合法权益，避免读者误用盗版书造成不良后果，我社将配合行政执法部门和司法机关对违法犯罪的单位和个人进行严厉打击。社会各界人士如发现上述侵权行为，希望及时举报，本社将奖励举报有功人员。

反盗版举报电话　　(010) 58581999　58582371　58582488
反盗版举报传真　　(010) 82086060
反盗版举报邮箱　　dd@hep.com.cn
通信地址　　　　　北京市西城区德外大街 4 号
　　　　　　　　　高等教育出版社法律事务与版权管理部
邮政编码　　　　　100120